本书系中国社会科学院“青启计划”（编号：2024QQJH145）阶段性研究成果

本书获2023年国家社会科学基金青年项目“铸牢中华民族共同体意识视阈下的‘认同安全’研究”（项目批准号：23CMZ002）的出版资助

中国民族话语的现代转换与实践研究

王江成 ◎ 著

學苑出版社

图书在版编目（CIP）数据

中国民族话语的现代转换与实践研究 / 王江成著 .
北京 : 学苑出版社，2025. 5. -- ISBN 978-7-5077
-7187-9

Ⅰ. D633.1

中国国家版本馆CIP数据核字第2025A45C95号

出 版 人： 洪文雄
责任编辑： 陈 佳
助理编辑： 余兴亚
出版发行： 学苑出版社
社 址： 北京市丰台区南方庄 2 号院 1 号楼
邮政编码： 100079
网 址： www.book001.com
电子信箱： xueyuanpress@163.com
联系电话： 010-67601101（营销部）、010-67603091（总编室）
印 刷 厂： 北京建宏印刷有限公司
开本尺寸： 710mm × 1000mm 1/16
印 张： 18.25
字 数： 268 千字
版 次： 2025 年 5 月第 1 版
印 次： 2025 年 5 月第 1 次印刷
定 价： 98.00 元

序　言

辛亥革命推翻了中国历史上的最后一个王朝后，古老的国度便开启了现代国家建构的过程。在这样的历史进程之中，中华民族也开始自己的现代构建，并从历史形态转变成为现代形态。在中华现代国家建构及中华民族现代国家的背景下，王朝国家历史演进中形成的众多族类群体的演变和整合问题，也被历史地凸显了出来。其间，历史上长期存在并发展演进至近现代的“族类群体”（整个的“族类群体”和各个“族类群体”）与现代“民族”概念的遭遇，促成了富有特色的民族话语建构与民族建设过程。

民族话语与民族建设具有丰富的内容，并持续进行着互动。一方面，现代民族概念话语的引入、传播和建构直接影响着民族建设的实践；另一方面，民族建设的实践进程反过来又推动民族观念和话语的演进。具体来说，中国近现代的民族话语和民族建设实践中，存在着两类民族话语和两类民族建设实践，即各民族话语与中华民族话语，各民族建设与中华民族建设。并且，这两种话语及建设实践还总是相互交织纠缠，从而呈现出“一体两面”“辩证统一”的样态，一面是中华民族建设，一面是各民族建设（主要是少数民族建设）。国内学术界对各民族建设（建构）的研究不多，或关注单一少数民族的历史建构过程，并把少数民族的这种建构性扩展到前现代，并不从现代民族概念角度把历史上对“族类群体”的建构与近代以来开启的民族建设区别开来。

王江成的著作《中国民族话语的现代转换与实践研究》，以民族话语的现代转换为切入点，讨论现代民族话语传播、建构及其影响下中国近现代的民族建设过程，并聚焦各民族建设（少数民族建设）过程，重点回答中国历史上发展演变至近代的各个“族类群体”在现代民族观念话语的影响下怎样一步步地转换为“民族”的问题。对于这个转换过程的建构性，则用“建设”概念进行描述，强调了这种建构过程的中国特色，是国内第一本系统研究少数民族建设的专著。

王江成从事民族政治学研究，并借鉴民族学、人类学的理论和方法，重视历史学长时段的研究方法，形成了跨学科研究视野，因而在少数民族建设的研究中，注意到了族群理论与民族主义理论之间的张力，突破了原生论与建构论的二元对立，批判了西方学术界关于中国少数民族形成的“凭空杜撰论”和“民族识别创造论”的片面认知，提出了基于中国实践的“民族建设论”。基于这样的基本看法，他的著作既肯定历史悠久的各种民族群体，又关注这些历史悠久的族类群体在近现代以来发生的转换，包括民族称谓的获得、民族认同的形成和各民族格局的确立等根本性的变化，因而厘清了历史上众多族类群体的事实，以及这些族类群体与近现代以来建构起来的民族的本质区别，进而提出，要表达历史上的族类实体和近现代以来的民族的区别，就必须重视相关的概念、话语的内涵和边界，并加以妥善运用。因此，他在著作中用“族类群体”来表述前现代民族，并提出了其他的一些概念和表述。

该著作在分析和论述的过程中，回应了西方学术界对中国民族识别和中国少数民族认同的曲解，强调少数民族建设在长期历史政治过程中实现的复杂性和渐进性，并且这个过程并不是孤立推进，而是百年来中国社会变迁的一个重要侧面，是中华现代国家构建过程中的重要变量；强调少数民族并不是杜撰、制造或创造的产物，更不是在一块“白板”上随意比画的结果，而是近现代社会政治力量在中国历史发展中自然形成及演变的“族类群体”的基础上建设的结果；强调了少数民族是建设主客体相互作用的结果。在实际推进的过程中，近代以来的社会政治力量推动了少数民族的建设，即推动了“族类群体”朝着“少数民族”转换。少数民族自觉的过程并非完全是被动接受，既不单纯是少数民族建设主体推动的结果，更非西方解构主义学派所认为的完全是中国共产党的主导。少数民族对社会政治力量建设结果的自愿接受并主动参与建设，也从一个特定的角度表明了少数民族建设的合理性。

该著作对历史学和民族学的一些传统研究议题，从政治学的角度进行了梳理和阐释。比如对“五族共和”的政体观与民族观的“二重”解读，以及对作为民族观的“五族共和”思想的“两个面相”的分析，即五族合一与五族平等。对少数民族自认少数民族称谓的梳理、对统一多民族国家理论和少数民族政党认同的讨论、对“兄弟民族”内涵的理解，对中国共产党民族观念话语变化的政治过程分析，对少数民族认同与民族形成关系的确定等，从而丰富和深化了这些问题的内涵。

总体上看，这是一本有价值的学术著作，蕴含着中国近现代以来各民族形成与建设的丰富内容，提出了可供学界参考的概念和议题，对于中国近代以来的民族建设的论述具有参考价值。当然，本书也还有需要完善的地方，比如第一手史料的挖掘和史论结合的程度还不够，其中涉及的许多具体问题也还需要做进一步的梳理和讨论。由此来看，这个议题还有继续拓展的空间。作者本人，也可利用在中国社会科学院民族学与人类学研究所民族理论研究室从事专职研究工作的有利条件，进一步研究中国现代国家建构与中华民族自觉过程，以及中华民族自觉过程涉及的民族概念、话语、观念、主客体互动等问题，对这个议题的研究做进一步的升华。同时，也相信，他会推出更多有价值的研究成果。

是为序。

周平

2025年5月10日

前言

本书的核心问题是中国近现代以来的民族建设过程，这个过程的核心逻辑是由“族类”到“民族”的转换。这个转换缘起于概念、指称等话语的转换。话语是表达观念的工具，学术话语是建构思想和指导实践的理论工具和知识表达。作为一种理论的话语会随着实践的发展和知识的传播更新而不断更新，并反过来指导实践。中国传统的民族话语或族类话语在现代民族概念传入中国之后发生了现代转换的过程，并首先体现为由“族类群体”到“某某民族”的民族指称变化，进而开启了中国现代民族建设的实践历程。相较于“建构”或“构建”，本书使用“建设”①作为核心表述，意在突出强调中国近现代以来民族建构的族类基础和积极意义。

现代民族建设是现代国家建构的重要内容，对于族类历史悠久的国家而言，现代国家建构首先需要完成民族建设的任务，处理好民族与国家的关系，实现族际政治整合。中国的民族建设是在中国现代民族话语的影响下一步步推进的，在中国民族话语现代转换的过程中，现代中国面临着呼之欲出的“庞大族类群体”和各个族类群体的双重族类现实，在这种背景下，中国出现了极具特色的二重性民族建设过程，即中华民

① 除国外学术界对中国少数民族的解构中使用了建构、创造、杜撰等表述，以及尊重国内相关研究原文表述之外，本书在描述各民族的构建过程时统一使用“建设”一词。同时，本书所使用的民族建设并非单纯的发展意义上的民族建设，而是突出民族形成和建构过程。

族建设和各民族建设的交织纠葛，这是中国民族建设的基本面相。

中国民族建设以中国历史发展中自在并演变至近代的“族类群体”、在外来民族概念引入之后一步步转变为自觉的民族的历史政治过程作为研究对象，以中华现代国家及中华民族建设为历史政治背景，以近现代以来的主要社会政治力量同民族的互动为主要建设形式，对它的历史政治分析为认识中国民族的生成演变提供了新的视角，为铸牢中华民族共同意识提出了关于各民族的新的阐释，为回应西方学术界对中国少数民族的解构提供了全新的思路。

民族并非历史发展中长期存在的“族类群体”的自然延续，而是近现代以来在“族类群体”的基础上一步步建设的结果。今天中国的民族具有明显的建构性。在建构的过程中，既有社会政治力量等建构主体对民族的建构，也有民族本身的自觉，二者相互作用、相互影响，共同推动了中国民族的发展演变。本研究试图还原近现代以来民族建设主客体不断互动而演绎的那个“历史场景”，这个场景便是中国民族建设的过程，即中华民族和各民族是怎样被建设起来的历史政治过程，重点讨论各民族（核心是少数民族）的建设过程。

清末是中国现代民族话语兴起与民族建设的准备阶段。这一时期，西方列强入侵，王朝国家面临前所未有的变局。在此条件下，近代社会政治精英接触到了西方的民族主义思想及“民族”概念，希冀运用民族主义来重塑宛如一盘散沙的中国。而因国内各个“族类群体”的客观存在，以及对民族概念的模糊认识，遂把“庞大族类群体”划分为不同民族，并且，因汉族意识的率先发迹还出现了“汉族”与“国内他族”的区分。与此同时，民族主义思潮在政治上冲击着清王朝，王朝国家治下的各个“族类群体”也受此影响，其已有的演变轨迹发生改变。其中，汉族之外的一些“族类群体”的自觉意识开始萌发，特别是他们中的一些精英成为“先觉者”。

民国时期，不同政治力量和社会力量全面开启了对中国现代民族话语的建构，并形成了三种具有代表性的民族建设路径。一是近代民族主义思潮下的民族建设。南京临时政府时期，五族共和观念正式形成，满、蒙、回、藏等“族类群体”获得了民族称谓；北洋政府时期，五族共和思想得到一定程度的实践，袁世凯政府特别注重处理同少数民族上层的关系，“五族”对民国的认同有所提升，政治参与意识有所增强。但这一时期，北洋政府与各民族的“互动”是缺乏整体性的，广大少数民族下层仍然受到多重压迫。同时，因国家实力羸弱，少数民族多徘徊在“内向”与“分离”之间，近代以来所开启的“民族国家构建”目标仍未实现，国家仍处于混乱和挨打的境地；南京国民政府时期，国民党从国族主义的角度看待国内民族，有意淡化各民族意识，并构建“边疆民族”“宗族”等概念来指称少数民族，更禁止滥用“少数民族”名词并改称“边疆民族”，推动“边疆民族”概念的传播使用。同时，在日本帝国主义的持续压力下，基于抗战的需要，国民政府组织了“西南苗夷民族”“西南边区民族”等调查，为了引导正确认识国内民族，国民政府废除民族蔑称并改订“西南少数民族”命名。然而，与国族主义目标相伴的另一个结果是各民族或“边疆民族”的范围在拓宽，越来越多的民族对象被发掘，国内民族被不断细分。并且，在“各民族”观念不胫而走和各民族客观存在的情况下，国民党和国民政府终究没有否认国内民族，在政治话语和立宪话语中提出了“中华民国各民族均为中华民族之构成分子”的表述。除此之外，国民党地方势力也在多样的民族观念下对各民族进行着不同性质和不同程度的建设。

二是马列主义民族理论影响下的民族建设。马克思列宁主义为中国社会政治精英带来了新的希望，中国无产阶级开始觉醒，特别是“五四运动”的爆发推动了马克思列宁主义及其民族理论话语在中国的传播。在苏联和共产国际的帮助下，中国共产党应运而生，同时，促成了国共合作和国民革命运动的兴起，具有“自决解放”意涵的“少数民族概念”被正式提出，广大少数民族在国民革命的洗礼下经历了一次新的觉醒；国共合作破裂后，党在马列主义民族理论的指引下，给予了国内各民族极大关注，形成了一整套争取和动员少数民族的民族观念和实践，推动少数民族相关概念的构建和运用，强调各民族平等、自决自治，推动民族区域自治的局部实践，强调少数民族问题对于中国革命的重大意义，特别重视开展少数民族工作等，使得越来越多的少数民族获得民族称谓，少数民族的政治内涵不断显现，少数民族日益凸显。

三是以民族学、人类学为代表的学术界对各民族的研究和关注。与国民党对“边疆民族”（生活在边疆地区的中华民族）的认知不同，以民族学、人类学、社会学等学者为主所进行的“边疆民族”研究强调从文化的角度来区分国内民族，他们认为“边疆民族”是不同的“非汉族团”，而对“边疆民族”的调查越深入，各民族的范围越扩大。

同时，主要是在南京国民政府时期，不同政党、不同社会力量在秉持不同民族观念交流互动的过程中还存在分歧和碰撞，并在论争博弈的过程中出现了两个趋向：其一是论争各方“民族认识”的进步，使得任何一方社会政治力量都无法简单的否认少数民族的客观情况；其二是“各民族群体意识”的强化。在民族意识普遍提升的背景下，共产党从正面推动了少数民族建设，特别是推动少数民族逐步认同“少数民族称谓”；国民党防患各民族意识觉醒的片面之举反而引起了各民族的反弹。而从上述两个趋向来看，南京国民政府时期，民族建设效果明显提升。

中华人民共和国成立后，中国共产党执掌国家政权，党的民族观念和话语取得了统治性地位，民族识别工作开启了民族建设的新阶段。中国共产党一直以来所坚持的一整套民族观念和话语即将在国家层面实践，凸显了划分及识别少数民族的现实需要。比如民族区域自治、民族代表制等的实践开启了以民族为单位的治理路径，并急切地指向“中国到底有多少个民族”的问题。而各省自报的400多个民族名称则直接导向了民族识别工作。之后，新中国的民族识别确认了56种得到各民族自觉认同的族称，实现了民族建设主客体逻辑的基本重合。民族识别以官方的形式固定了56种民族认同，明确了民族认同主体，强化了民族的认同边界，推动着各民族的彻底觉醒，使得56个民族与历史上众多“族类群体”的区别不仅体现在数量上的变化，更重要的是在性质、内涵和认同上存在差异。不仅如此，民族识别所确认的民族与近代以来已经获得“族”或“民族”称谓的那些“族体”也有显著区别。近代以来的“各族”既没有取得今天各民族的政治地位和法律地位，也没有获得作为民族的集体性权利，更没有形成由党和国家相关政策保障的权益。

民族识别后，党和国家的民族观念话语、学术界所进行的民族研究以及各民族自身都不同程度地强化了民族识别所确认的“族体”发展逻辑，并在官方确认的民族框架内推动着各民族建设。具体来看，党和政府的民族观念实践巩固了经民族识别确认的民族建设成果，发展了民族识别所确认的民族利益；而民族研究则不断助力民族工作；各民族自身则在“民族”话语下不断努力，自我奋进。

民族建设在一个长期的历史过程中进行着，它有着特定的基础、条件、要素和类型，中国的民族建设实践孕育了中国的民族建设理论，中国的民族建设理论丰富了中国的民族话语，核心是中华民族与各民族的双重民族话语。中国的民族建设在不同阶段不同社会政治力量的推动下得以实现，并产生了深远影响。从民族建设主客体的角度看，这些影响主要集中在国家、民族、政党。比如，通过对各民族的建设提升了各民族的国家意识和中华民族意识，增强了各民族对党和国家的认同，推动了各民族的发展进步。同时，各民族与中华民族的交织纠葛增加了中国民族话语和民族建设的复杂性，需要从“国家社会”[①]的认知逻辑出发，推动各民族发展与中华民族共同体建设的衔接。

① 相对于“无国家社会”而言，目前的国际体系仍是以国家为基本单元所构成。在国家社会场域中，民族从属于国家，国家以民族为内核。

目　录

导 论

一、研究的选题

（一）问题的提出

在很长一段时间里，在中国提起“民族”主要是指国内各民族特别是少数民族，民族政策、民族工作等主要围绕少数民族展开，民族平等、民族团结、民族地位、民族权利的评价也以少数民族为中心。一方面，一套围绕少数民族形成的民族观念话语在党和国家的发展历程中产生了积极的政治效果，实现了预期的治理目标，赢得了少数民族的认同，推动了少数民族的发展。另一方面，在铸牢中华民族共同体意识的民族工作主线指引下，中华民族共同体建设任重道远。而在历史影响与现实条件的交锋下，本书尝试从各民族（主要是少数民族）的角度思考问题，并产生了诸多疑问：第一，中国各民族的由来，他们与历史上存在的诸多“族类群体”是何种关系？第二，“少数民族”作为“非汉族类群体”的整体性指称是何时出现的？何时得到了“非汉族类群体”的自觉认同？第三，中国历史上是否有与今日少数民族一样获得政治地位、法律地位、集体权利的人们群体？第四，少数民族强调的是“少数”还是“民族”？如果强调“少数”，今天中国一些单一少数民族的人口数量早已相当于或超过世界上许多大国的人口总数，那么，为何还要称之为“少数”？如果强调的是“民族”，少数民族的“民族”与中华民族是什么关系？第五，各民族、中华民族在中国民族生态中是否具有特定的内涵，以及相应的政治考量？它与西方的民族、族群有何区别？这一系列问题进一步引发了笔者对民族形成特别是“少数民族形成和演变”这一命题的浓厚兴趣，并以此确定了选题的大方向。

事实上，今天中国的民族并非历史发展中的“族类群体”①的自然延续。“非我族类，其心必异”，“族类”概念在中国源远流长。中国历史上出现的强调血缘、历史、文化等而生活在一起的诸如“某某”“某某人”的群体当属“族类”。而“民族”是近代以来一步步建设的结果，它同商品经济、国内市场、民族主义、民族国家紧密关联在一起。中国的民族建设是外来因素（民族国家扩张、民族概念引入、民族主义推动）介入之后，中国社会政治力量与中国既存的“族类群体”互动的结果。

中国民族建设具有二重结构：一是与现代国家结合在一起的中华民族（庞大的族类群体）建设，中华民族建设展开自中华现代国家建立伊始，到中华人民共和国成立而初步完成，至今，中华民族建设仍须加强。关于国家民族构建、中华民族建设、中华民族共同体建设的研究已经汗牛充栋，并产生了诸多有影响的成果。一是国内各民族（各个“族类群体”）建设。在中国当前的民族结构中，核心是少数民族建设。同时，“少数民族构建交织于中华民族构建的过程之中，两者相互纠缠并相互影响，共同构成了中国特色的民族构建过程，形成了一种民族构建的双重变奏”②。

民族建设肇始于近代社会政治力量对中国民族概念构建过程中显现的“国内诸族”、“国内他族”、中国“各民族”、被压迫民族、弱小民族等概念的传播和运用，正是在近代社会政治力量的作用下，“族类群体”逐步获得民族称谓，并在民族观念话语的影响下开始向“民族”转换。特别是在中国共产党的推动下，民族认同等民族的核心要素逐步确立，各民族彻底自觉。而围绕这一民族话语转换过程与民族建设过程的研究可谓凤毛麟角，故选择“民族话语的现代转换与民族建设”作为本书的选题。

（二）研究意义

1.理论意义

从理论上看，为认识中国各民族（核心是少数民族）的形成和演变提供

① 既是中华大地上整个的“庞大族类群体”，也有其内部的各个族类群体。

② 周平：《中国民族构建的二重结构》，《思想战线》2017年第1期。

新的视角，为中国少数民族理论提供新的阐释。已有的研究忽视了中国历史发展中的“族类群体”在外来“民族”概念引入及民族话语转换之后所发生的转变过程，进而忽视了近代以来才被逐步确认的各民族与中国历史发展中存在的众多松散的“族类群体”的区别。而由“族类群体”向“民族”转变的过程因与民族主义和中华现代国家建构紧密关联而具有了特定的内涵，主要是表现为突出的建构性和政治属性。而中国学术界对各民族建设的研究较少涉猎，甚至否定。相反，国外的中国问题研究专家对该问题的质疑或解构倒是层出不穷。因此，在这样的研究背景下，本书主要回答中国历史发展中的“族类群体”是怎样被一步步建设为“民族”的这一重要理论问题。

2.现实意义

从现实来看，为巩固各民族对党和国家的认同提供价值参考。民族建设研究的价值取向是要对今天中国各民族尤其是少数民族所取得的发展进步做出一个更加合理的说明。毋庸置疑少数民族的发展进步离不开党和国家的推动，而梳理这样的建设过程绝不是要否定少数民族本身或少数民族历史，更不是要否定党和国家赋予少数民族的权益，它的核心是要回答党和国家在少数民族发展进步过程中所发挥的关键性作用。同时，随着少数民族的不断发展，也出现了一些新的问题，如何有效地平衡少数民族利益同国家及其他政治主体的关系等问题凸显出来。而本书提出了这种价值考量。

二、国内外相关研究

（一）“少数民族”的相关研究

1.国外学者关于“少数民族”概念及内涵的研究

“美国政治地理学家鲍曼（J. Bowman）在《战后新世界》（*New World*, 1921）一书中的英文词汇‘Minority Treaty’被当时的国人翻译为‘保护少数民族条约’。”[①] 这是英文文献用词与中文“少数民族”词汇对应的最早提法，但这里的minority更多是统计学意义上的“少数”的意思。实际上，

① 转引自杨思机：《“少数民族”概念的产生与早期演变——从1905年到1937年》，《民族研究》2011年第3期。见［美］鲍曼：《战后新世界》，张其昀等译，竺可桢校，商务印书馆1930年版，译者序第11页。

minority并不能准确诠释中国少数民族的完整含义。与少数民族含义相接近的外文词语主要有ethnic group（民族、族群）、nationality（民族性）、этнос（族类共同体）等。

从ethnic group的角度来看，“ethnic group概念最早于1935年出现在英文文献中”[①]。日本学者松本真澄在《中国民族政策之研究》一书中也用ethnic来对译中文“民族”，并阐述中国自清末到1945年的国内民族问题及民族政策[②]。通常来看，ethnic group更加强调人们群体的历史、文化等特征。在ethnic group与nation的关系上，安东尼·史密斯强调nation的ethnic基础[③]。ethnic group与nation是两类不同性质的群体，ethnic group不具有nation的政治属性，而是对nation解释限度的补充。不管把ethnic group翻译成中文的民族还是族群，在整个欧美，它强调的都是现代民族（nation）之外的人们群体。

另外，西方学者还使用文化民族概念来指称nation之外的群体。菲利克斯·格罗斯（Felix Gross）在民族和民族问题上的研究重点是多民族国家的民族。他关注到了民族与国家的非一致性，认为存在一种文化意义上的民族（nationalities），也称之为文化民族（nation-culture），而多民族国家内部的民族就是典型的文化民族。他把“文化民族”视为“在文化上不同于居住在同一国家内的主体民族的人”[④]。

应该注意的是，郝瑞（Stevan Harrell）从“‘民族/nation’与‘族群/ethnic group’的概念入手，认为中国的‘民族’（这里是指56个民族）不具有nation单一民族国家人群的意义，它与斯大林的民族定义嫁接在一起，但与该定义又不尽相同。而ethnic group又是一个主位概念，强调流动性，因此，他认为中国政府识别出来的彝、苗、瑶等少数民族既不符合斯

---

① 朱伦：《西方的“族体”概念系统——从“族群”概念在中国的应用错位说起》，《中国社会科学》2005年第4期。

② ［日］松本真澄：《中国民族政策之研究——以清末至1945年的“民族论”为中心》，鲁忠慧译，民族出版社2003年版。

③ Anthony D. Smith，*The Ethnic Origins of Nations*，Oxford：Blackwell Inc.1986，p.149.

④ ［美］菲利克斯·格罗斯：《公民与国家——民族、部族和族属身份》，王建娥、魏强译，新华出版社2003年版，第24页。

大林的民族定义（四要素），也不符合西方的族群概念（自我意识和自我认同等），从而用于指称这些人群的中文‘民族’一词对外既不能翻译成nation或nationality，也不能翻译成ethnic group，而只能被翻译成minzu”[①]。

此外，苏联民族学界也有相关研究。为了将族类共同体与国家主权脱钩，苏联民族学家史禄国（C. M. 希罗科戈罗夫）在其民族研究中直接使用拉丁文ethnos的俄文形式этнос。史禄国简要地指出，этнос是“以起源、习俗和语言的统一而联结起来的人们集团”[②]。20世纪30年代，史禄国进一步指出，этнос是“那些讲一种语言、承认自己的统一起源、具有一整套习俗和生活方式、以传统来保持和被人尊崇并以传统而同其他同类者区别开来的人们的集团”[③]。而在斯大林民族理论起支配作用的苏联民族学界，史禄国开创的ethnos（этнос）研究之所以能延续下去，是因为只有具备建立共和国和自治共和国条件的人们群体才能称之为“民族”（nation、нация），这为史禄国关于этнос的研究提供了学术空间。Ю. В .勃罗姆列伊继承和发展了史禄国关于этнос的研究，他主张从文化的角度来认识этнос，认为этнос是“历史上形成的特殊的社会群体类型，是人们集体存在的特殊方式，这个共同体按照一定的自然历史途径形成和发展，它不以加入共同体的个别人的意志为转移，能够依靠自我再生产而稳定地长期地生存”[④]。苏联解体后，俄罗斯民族学界继承和坚持了ethnos（этнос）理论，并与西方国家的ethnic group理论结合起来应用于俄罗斯的本土研究[⑤]。

通过以上梳理，国外学者从性质而非数量上对人们群体进行界定和分类。在族体概念的使用上对本国不同阶段和性质的人们群体进行区分，比如把现代民族（国家民族）称为nation，нация，把国家民族之外的人们群体称为ethnic group，ethnic，nationality，этнос.中国在很长一段时间里主要是从

---

① ［美］斯蒂文·郝瑞：《论一些人类学专门术语的历史和翻译》,《世界民族》2001年第4期。

② 贺国安：《勃罗姆列伊的探索：关于“民族体”与“民族社会机体”》,《民族研究》1991年第1期。

③ ［苏联］Ю. В .勃罗姆列伊：《民族与民族学》，李振锡、刘宇端译，内蒙古人民出版社1985年版，第26页。

④ 张宏莉：《俄罗斯этнос（民族）理论中的几个术语》,《民族研究》2006年第1期。

⑤ 高永久：《“民族”概念的演变》,《南开学报》（哲学社会科学版）2009年第6期。

族体的规模区分出多数民族与少数民族，而没有从性质入手对不同层面的“民族”进行区分，并且用同一个中文词来指称两种不同性质的人们群体。我们在一段时间里所进行的区分容易在社会认知层面混淆56个民族与中华民族（国家民族）的关系，或者说没有厘清和界定56个民族之“民族”与中华民族之“民族”的区别抑或是说这种区分仅存在于知识精英和相关实务工作者。从这个角度看，中文里面的“民族”与“族群”之分具有积极的学术意义和社会意义。

2. 国内学者对少数民族概念、内涵、形成等的研究

中文“少数民族”一词的提出要追溯到1905年。韩锦春认为，1905年汪精卫的《民族的国民》一文已经使用了“少数民族”一词[①]。杨思机在《“少数民族”概念的产生与早期演变》一文中分析了“少数民族”概念产生的三种来源及不同内涵：一是清末排满思潮中出现的“汉多满少”的对比，这里的“少数”仅具有数量上的含义；二是一战后欧洲保护少数民族条约中的minority；三是共产国际民族殖民地问题理论中的“被压迫民族”。共产国际的“被压迫民族”概念被中国人习惯转称为“弱小民族”后，又与“少数民族”概念混在一起，被国共两党用来指称“非汉族类群体”[②]。之后，少数民族概念及内涵开始复杂起来。

杨思机的研究发现，国共合作破裂后，为了消除共产国际的影响，1929年国民党三大有意避开一大的宣言，“少数民族”一词在国民党的文件中变得罕见，取而代之的是“边疆民族”“宗族”等概念。而中国共产党则积极推动少数民族相关概念的运用，但由于受到具有国际主义内涵的“被压迫民族”概念的影响，共产党对少数民族内涵的把握在特定阶段存在“错位”的情况，从被压迫人民的角度把生活在被压迫国家的外国人也称为少数民族，使得少数民族的范围超出了国内民族关系的范畴。

随着中国共产党对中国统一多民族国家历史国情的认知和把握，少数民族概念及内涵逐步清晰。时至今日，“少数民族”的用法已经十分固定，

---

① 韩锦春：《试论我国辛亥革命前在民族理论上的一些思考观点》，《民族研究》1987年第6期。

② 1924年，国民党一大使用了“少数民族”的提法；1926年，共产党在文件中首次使用“少数民族”概念。

是指民族识别后所确认的汉族之外的人口处于相对少数的55个民族。但应该明确，少数民族的内涵不仅仅局限于统计学的意义，特别是民族识别确认的民族身份及与之相关的民族地位和权益等突出了中国少数民族的特性。

关于少数民族的形成，中国学者的认知结合了马克思主义民族理论和中国悠久的族类历史两个方面。按照马克思主义关于民族的一般解释，民族的产生经历了氏族—胞族—部落—部落联盟—民族这样的历史过程。结合中国的族类传统，少数民族历史上就有，其中，民族史学科对少数民族历史的梳理做出了重要贡献，并在这种认识取向下，形成了诸多有关中国各个少数民族形成的文本书写。比如，杨建新的《中国少数民族通论》从广义民族的角度来书写少数民族的历史、语言、文字、文化、民族关系等。他指出："中国少数民族的形成大体有两种类型和途径：一种是原生型，一种是融合型。所谓原生型是指经历了原始社会末期的发展阶段，由部落发展成了民族；所谓融合型民族是指已经成为民族的众多民族成分由于某种原因发生融合而形成的民族。"① 而从民族的政治属性来看，广义民族是包括前现代民族在内的一般性的民族范畴，前现代民族的融合再生与现代民族的建设有着本质区别，后者具有民族主义和现代民族国家的特定背景。事实上，从外来"民族"概念在近代传入中国之后才开启了民族划分的角度看，中国的少数民族是近代以来一步步建设的结果，他们是现代意义上的民族。

（二）关于"少数民族构建"的研究

1.西方学者关于"少数民族构建"的相关研究

世纪之交，全球化飞速发展各国各领域的交流与碰撞并不鲜见。而受意识形态和西方本位主义立场的影响，以杜磊（Dru C. Gladney）、路易莎（Lounisa Schein）、李福瑞（Ralph Litzinger）、欧挺木（Timothy Oakes）、郝瑞（Stevan Harrell）、白荷婷（Katherine Palmer Kaup）、墨磊宁（Thomas S. Mullaney）等为代表的西方学者对中国的民族识别及少数民族的产生提出了不同看法，甚至有意解构，先后被解构的中国少数民族有回族、苗族、彝族、壮族、瑶族、维吾尔族等。

---

① 杨建新：《中国少数民族通论》，民族出版社2009年版，第16页。

布拉克特·威廉姆斯（Brackette F. Williams）指出，所谓“少数民族实际上是民族国家在想象、构建其自身同质性的过程中挑剔出来的杂质，制造出来的‘他者’”①。这是西方“同质政治”的典型观点。他抛出了“少数民族欠债说”的荒谬论点，认为作为主流民族之外的“杂质”，少数民族会竭力妆点、发明自己的传统，并把这种行为当作是被迫向国家偿还一种他们不曾亏欠而且也永远无法偿还清楚的债务。同时，认为少数民族行为的目的是为了摆脱自己遭受的民族歧视。

美国人类学家、中国穆斯林研究专家杜磊（Dru C. Gladney）1991年出版的成名作——《中国穆斯林：人民共和国的族群民族主义》在解构中国少数民族的相关研究中具有始作俑者的地位。在杜磊的《中国穆斯林》之后，西方学术界有关解构中国少数民族的大量著作基本延续了杜磊的研究思路和理念。即认为“中国的少数民族是党和政府通过民族识别发明创造出来的。无论是斯大林的民族理论还是西方的族群理论都不能解释中国少数民族的存在，因为这些理论都忽略了国家对于这些少数民族的构建”②。

美国华盛顿大学人类学、彝学教授，“泛西雅图学派”或“华盛顿大学学派”的重要人物郝瑞（Stevan Harrell）对中国的民族识别以及少数民族（主要是彝族）的认同提出了婉转的批评。首先，在与李绍明教授商榷之后，他虽然部分接受了中国民族识别工作的科学性，但仍坚持认为中国民族识别还考虑到行政上的方便，比如把“彝族”做了重新划分和归类，以防彝族的规模太大。同时认为，如果没有民族识别，中国的少数民族应该有400多个③。其次，对彝族的统一性提出质疑，认为中国彝族各支系的“聚拢”带有任意性。最后，他还从“民族”和“族群”两个概念出发，认为中国并无主位性的“族群”概念，而中文“民族”又不具有西方nation的相应特征，故而

① 转引自潘蛟：《解构中国少数民族：去东方学化还是再东方学化》，《广西民族大学学报》（哲学社会科学版）2009年第2期。

② Dru C. Gladney. *Muslim Chinese*: *Ethnic Nationalism in the People's Republic*, *Council on East Asian Studies*. Harvard University，1991，p1.

③ 新中国成立初期，全国自报的民族名称有400多种，仅云南省就有262种。但他们中的很多都不能称之为族体，比如种甘蔗的群体自称甘蔗族，等等。黄光学、施联朱主编：《中国的民族识别——56个民族的来历》，民族出版社2005年版，第104页。

主张用minzu来指称中国的少数民族[①]。

美国学者白荷婷（Katherine Palmer Kaup）的《创造壮族：中国的族群政治》是解构中国少数民族、质疑中国民族识别的一本经验研究著作。该书的核心观点是认为共产党创造了壮族。“在白荷婷看来，目前被中国政府冠以壮族称谓的各个少数群体，原本无共同的语言，无共同的文化，无共同的历史渊源，也无共同的族群认同，完全是中国政府出于复杂的政治考虑所创造出来的少数民族。”[②]她认为，“在中国的经验中，壮族为民族识别提供了一个很好的例子，因为在民族识别以前，壮族并未意识到本身是一个独特的、有边界的民族。如果用原生性、工具性、结构性和支配性等范式来理解壮族建构的复杂性，那么，在中国共产党领导的最初十年，中央政府的支配性目标决定了其对壮族的民族政策，国家利用壮族原生性的情感和忠诚去说服壮族，他们需要一个在共产党领导下的‘自治政府’来管理本民族事务。在1979年教育和经济体制发生结构性变化后，壮族知识分子们又被国家民族政策动员起来去实现工具性的目标”[③]。

美国Rutgers大学的高级讲师、女人类学家路易莎·歇恩（Lounisa Schein）1982年就进入中国西南贵州黔东南苗族地区进行田野调查，并以此为基础撰写了一部人类学作品。2000年杜克大学出版了她的专著《少数民族法则：中国文化政治里的苗族和女性》[④]。该书的核心议题是族群身份和文化政治。路易莎通过对苗族族群身份形成过程的考察，试图证明苗族是国家“创造”的民族的研究预设，认为当代中国的民族识别是一个生产族群身份的少数化过程，且这种少数化过程是具有霸权性质的。同时，“指出在中国的文化政治中，汉族进行自身族群身份建构和文化书写的时候，少数民族以

① ［美］斯蒂文·郝瑞：《田野中的族群关系与民族认同：中国西南彝族社区考察研究》，巴莫阿依、曲木铁西译，广西人民出版社2000年版。

② 罗彩娟：《“壮心可鉴”：壮族的族群认同与国家认同研究》，中国社会科学出版社2019年版。

③ 卢露：《壮族分类体系与认同变迁的再思考——兼评〈创造壮族：中国的族群政治〉》，《西北民族研究》，2012年第2期。

④ Louisa Schein. *Minority Rules*, *The Miao and Feminine in China's Cultural Politics*. Durham & London: Duke University Press, 2000.

文化他者的身份再现了汉族的身份认同，即所谓的‘内部东方主义’”[①]。

除此之外，美国杜克大学李瑞福（Ralph Litzinger）[②]、科罗拉多大学教授欧挺木（Timothy Oakes）[③]等的著作及研究皆遵循了他者政治、差异政治（中央政府与地方社会二元对立、核心圈与边缘的不平等）的研究范式来看待中国及中国境内的少数民族，并对少数民族的身份认同和民族归属提出了质疑和解构。

有趣的是，在有意解构中国少数民族认同的西方学术界中也存在不同声音。与郝瑞、杜磊、白荷婷、路易莎有关少数民族的“国家创造说”有所区别，美国哥伦比亚大学博士、斯坦福大学历史系中国现代史专家墨磊宁（Thomas S. Mullaney）对他的西方同行提出了一定程度的反思。针对郝瑞对中国民族识别科学性的质疑，墨磊宁指出民族为“分类”所塑造，它从未完结，并永不完结[④]。意即民族本就处于动态的构建过程当中。而构建民族的一整套分类标准又是一套公共知识建构的过程，换句话说，他认为中国的民族识别有着特定的分类标准和历史、语言、文化等依据；针对白荷婷所坚持的共产党创造民族的观点，墨磊宁分析了中国民族识别分类标准的历史延续性，以及社会科学家在民族识别中的重要角色[⑤]；针对他的西方同行对中国族群身份构建的“内部东方主义”、“内部殖民主义”、“文化霸权”、国家主位、威权政治的预设，墨磊宁并没有否认中国民族识别的政治性或政治动机，相反，他把民族识别看成是现代中国的立国之道和国家工程。[⑥]

总的来看，西方学术界普遍坚持中国少数民族是构建的产物，在探讨

---

① 雷勇、陈斌：《解构话语下的族群身份与文化政治——以路易莎的〈少数的法则〉为中心支讨论》，《贵州民族大学学报》2014年第4期。

② Ralph Litzinger. *Other Chinas*：*The Yao and the Politics of National Belonging*. Durham & London：Duke University Press，2000.

③ 欧挺木，美国科罗拉多大学教授、人文地理系主任，国际知名的中国区域经济和族群文化研究学者。参见Timothy Oakes. *Tourism and Modernity in China*. London：Routledge，1998.

④ ［美］墨磊宁答：《“民族识别”的分类学术与公共知识建构》，刘琪、舒瑜、张思思、何文海问，《西南民族大学学报》2008年第6期。

⑤ ［美］托马斯·S.墨磊宁：《国家的眼睛：社会科学家在中国民族识别工作中的角色》，曹何稚译，载林超民主编：《民族学评论》第4辑，云南人民出版社2015年版。

⑥ 安琪：《评墨磊宁的〈立国之道：现代中国的民族识别〉》，《民族研究》2012年第3期。

中国少数民族构建的过程中特别强调中国政府的主位性，以及被构建或识别的“族类群体”的客位性，而却眼睁睁地忽视中国政府在少数民族工作中所取得的成绩；只看到国家对于民族景观的塑造，而不见因少数民族自身权利的诉求所促成的国家民族政策的制定和调整。而实际上，从国家整合的角度看，民族识别本就不仅是一项有关“族群性”或“民族性”的社会调查，其更是一项加强国家统合的“政治性”工作。

2. 中国学者关于“少数民族构建”的相关研究

围绕西方学者对中国少数民族的解构，我国学者作了一定程度的回应。针对郝瑞对中国彝族认同及统一性的质疑，已故著名民族学家李绍明从民族识别科学性、彝族认同的原生性、族群理论等角度直接回应了郝瑞的观点，即著名的“郝李之争”。李绍明认为：“中国政府识别的彝族内部在经济、社会、文化、族群自称方面的确存在差异，但在族称、语言、起源传说方面有共同性，把这些人群都认定为彝族是正确的。”①

针对白荷婷的“创造壮族论”或“壮族建构论”，李富强认为：“白荷婷的这种观点其实是西方后现代主义思潮下民族主义研究的一种观点。……在族群和民族主义研究上，它的最大特点就是否定民族原生论（该理论认为，民族认同或民族性来自具有共同世系或共同文化的根基性情感联系），认为族群和民族在本质上都是场景性的存在，具有政治上的工具性。所以，20世纪70年代以后，族群认同理论中的情景论（circumstantialist）或工具论（instrumentalist）取代了族群原生论（primordialist），成为主导理论。该理论认为民族认同或民族性是在一定社会背景中为了实现群体利益的实践活动的产物。白荷婷的‘共产党创造壮族’的观点可以说是族群情景论或工具论在壮族研究中的反映。”②李富强指出：“壮族的形成及认同是在历史中形成的，而不是共产党创造的产物，20世纪50年代的民族识别确定了壮族人民当家做主的地位，为壮族的发展奠定了政治基础。”③

---

① 李绍明：《从中国彝族的认同谈族体理论——与郝瑞教授商榷》，《民族研究》2002年第2期。

② 李富强：《壮族是创造的吗？——与西方学者K. Palmer Kaup等对话》，《桂海论丛》2010年第2期。

③ 同上。

潘蛟则系统性地梳理了西方解构主义思潮对中国少数民族解构的历史、进路、取向、动机、立场、范式等，认为我们目前的回应还远远不够，并且容易掉进西方学者预设的思维范式中而难以自拔，即仅围绕西方学者提出的某些问题进行“查缺补漏式”的回应，或者就是做西方解构主义的响应者或沉默者。[①]而对西方学术界关于中国少数民族的解构性观点的响应或是沉默，在客观上已经掉进西方学者的讨论场域当中，同时，也是对民族识别及中国56个民族的形成过程缺乏全面认识的表现。因此，我们的回应应该基于中国的民族结构和现实状况之上，一方面，要跳出西方学者对我们某些领域的质疑而“就问题回应问题”的误区，进而才能真正抓住西方学者解构背后隐藏的逻辑和动机，另一方面，要用中国民族研究话语回应西方学者对中国少数民族的曲解或有意误读，即应该以开放的心态认识我国民族识别的相关特性。

有一些中国学者则对西方学者针对中国少数民族的解构进行了翻译、引进和介绍，并结合中国经验提出了相应评价和理性评判。目前，从中国知网数据库查询得知，大部分针对中国少数民族、民族识别的著作及文章已经被中国学者关注到，形成了诸多成果。比如，马海云的《回族研究的新视野：一个方法论的讨论——兼评杜磊〈中国穆斯林〉》，《回族研究》1998年第4期；常宝、阳妙艳的《中国地方与族群文化的多元化及其情景——兼评杜磊（Dru Gladney）的〈民族国家是否构建了民族？〉》，《社会科学战线》2008年第8期；卢露的《壮族分类体系与认同变迁的再思考——兼评〈创造壮族：中国的族群政治〉》，《西北民族研究》2012年第2期；雷勇的《西方中心主义视野下的中国民族识别——以白荷婷的〈创造壮族——中国的族群政治〉为中心》，《广西民族研究》2012年第4期；雷勇、陈斌的《解构话语下的族群身份与文化政治——以路易莎的〈少数的法则〉为中心支讨论》，《贵州民族大学学报》2014年第4期；王富文（Nicholas Tapp）的《评路易莎的〈少数民族准则〉》，胡鸿保译、纳日碧力戈校，《世界民族》2003年第3期；曹何稚译的托马斯·S.墨磊宁的《国家的眼睛：社会科学家在中国民族

① 参见潘蛟：《解构中国少数民族：去东方学化还是再东方学化》，《广西民族大学学报》（哲学社会科学版）2009年第2期。

识别工作中的角色》，载林超民主编：《民族学评论》第4辑，云南人民出版社2015年版；刘琪、舒瑜、张思思、何文海等访谈墨磊宁的《“民族识别”的分类学术与公共知识建构》，《西南民族大学学报》2008年第6期；安琪的《评墨磊宁的〈立国之道：现代中国的民族识别〉》，《民族研究》2012年第3期；等等。

在上述回应性和介绍性的研究之外，中国学者针对少数民族的形成、性质及相关问题做了诸多“本土化”研究。

周平认为，“中国的各个民族群体尤其是少数民族的构建性显而易见。诚然，这些民族群体都是在长期的历史发展过程中逐步形成的，曾经也有‘族’的称谓，但它们在本质上却只是历史文化共同体。这些历史文化群体在当代中国获得民族的称谓，享有民族的地位和权利，以及其历史文化的挖掘和整理乃至语言文字的创造，都是中华人民共和国成立后党和国家促成的，是党和国家实施的‘民族识别’政策的结果。因此，离开了构建性，各个民族群体的性质、地位、权利乃至文化，都无法得到合理的说明”①。孙保全进一步肯定了少数民族的构建性。而在分析少数民族构建主体的过程中，他认为，既有各种社会政治力量对少数民族的构建，也有少数民族的自我构建。②

姚大力在有关讲稿中说道：“民族是一种人为构建的范畴，从所谓‘民族消失’的历史现象最容易看出来。他指出：民族是‘想象的共同体’的主张，对于还普遍地将民族视作‘宛若存在于自然界中的实体’的观念来说，是一个重要的突破。在具体的研究中，他从历史建构的角度多维度地探讨了维吾尔民族的构建，认为维吾尔民族的构建有两方面的条件：一是伊斯兰教从南疆传入，渐次代替佛教，形成了一个宗教意义上的‘维吾尔’对‘突厥’的替代；二是苏联的政治影响，苏联把其境内的‘突厥人’定义为‘维吾尔人’，然后由居住在那里的‘维吾尔’知识分子将这一概念带回了新疆，也就构建成了一个全新的维吾尔族。”③另外，他还关注到“满洲”向满族的

① 周平：《再论中华民族建设》，《思想战线》2016年第1期。关于历史文化共同体的论述，可进一步参阅读周平：《论民族的两种类型》，《云南行政学院学报》2010年第1期。

② 孙保全《实体化与结构化：中华民族历史建构的双重逻辑》，《思想战线》2017年第2期。

③ 姚大力：《想象的共同体——维吾尔民族的历史建构》，载清华国学院编《全球史中的文化中国》，北京大学出版社2014年版。

演变过程。[①]

关凯认为："中国社会中的民族身份是一个很复杂的系统，不仅包含了政府规定的身份系统，也包含了许多民间的创造。民族是一个边界，只有对照才有意义，只有遇到了外人，我们才会去想我们是什么民族。他把民族看成是一个较为开放且动态的范畴，希望中国社会能够对涉及民族的知识建构有一个开放性的态度，理解'民族'实际上是一种在现实环境下实时发生的动态建构过程。"[②]

覃乃昌从民族认同的角度分析了广西民族识别的进程，他认为："族群是偏重于文化特征的概念，民族是偏重于政治的概念。广西历史上就已经形成了12个各自具有共同历史来源、文化上各具特点并内部认同的族群，经过民族识别，这些族群被确定为民族，使他们从族群认同走向民族认同。但是，这种民族认同是建立在族群认同的基础之上的。"[③]这种认识否定了"凭空构建民族、制造民族"的论断。同时，与白荷婷对民族识别及其民族区域自治的政治性（国家统合）和墨磊宁对民族识别——国家系统工程的论述有着共同的形式，覃乃昌也认为，"民族识别是实行民族平等政策的国家行动"[④]。但与西方学者特别注重强调共产党进行民族识别的政治动机和国家的政治统合、政治平衡等又有所不同，包括覃乃昌在内的大多数中国学者更关注民族识别的直接目标和显现条件。

其他一些学者从历史学（民族史）视角分析了某个"民族"形成的历史逻辑，强调了民族构建（少数民族）的完成离不开历史上各个"族类群体"内部的整合与统一。比如，李东红的《从地方一族到国家公民——"白族模式"在中国民族建构中的意义》一文就属这类研究。他在文中强调"白族的历史与文化经历了乡土起源、地方传统形成与发展、国家公民身份建构三个

① 参见姚大力、孙静：《"满洲"如何演变为民族——论清中叶前"满洲"认同的历史变迁》，《社会科学》2006年第7期。

② 关凯：《当代中国社会的民族想象》，《中国民族报》（理论周刊·论坛）2010年7月9日，第006版。

③ 覃乃昌：《从族群认同走向民族认同——20世纪中后期广西的民族识别研究之三》，《广西民族研究》2009年第3期。

④ 覃乃昌：《实行民族平等政策的国家行动——20世纪中后期广西的民族识别研究之一》，《广西民族研究》2009年第1期。

阶段，之后，白族也由地方一族发展成为国家公民，实现了民族认同与国家认同的对接，促进了中国统一多民族国家的繁荣、稳定与发展”[①]。毋庸置疑，这类研究对于探讨少数民族的历史依据和统一多民族国家的民族（国族）整合有重要意义，但它倾向于民族发展演变史的研究，侧重于民族构建的历史与族类基础问题，而没有直面少数民族构建的本质和属性，甚至也不承认少数民族的构建性。而从“少数民族构建”这个政治性凸显的命题来看，需要回答更多的是近代民族主义引入以来各政党、阶级等社会政治力量对“族类群体”的政治构建。

还应提及的是，港台地区的相关研究则更加注重历史、政治和现代性的结合。比如，香港科技大学马健雄副教授的重要著作——《再造的祖先：西南边疆的族群动员与拉祜族的历史建构》——讲述了拉祜族建构的历史政治逻辑，作者在书中讲道：“拉祜作为一个政治实体的兴起、他们的群体自我意识的动员和表述，以及他们的群体身份被国家、被地方政府的逐步建构和改写，是与中国的边疆政治结为一体的历史过程。……经过1949年之后的‘民族区域自治’政策，拉祜再被国家承认而纳入少数民族体系之中（之前有过衰落，1953年，经过民族识别，正式确认为拉祜族）”。但是拉祜进入到国家体系之后，由于其身所处的复杂的边疆局势，拉祜这样的群体对于国家的意义，莫不基于他们在国家‘稳定边疆’的政治考量中的特殊地位”[②]。

台湾学者吴启讷（主要研究边疆政治史、族群政治史）特别关注近代国家转型过程中的边疆政治、族群政治、少数民族等。他从统合边疆的角度分析了民族识别（构建少数民族身份）的政治性。他认为：“经由1950年代到1970年代的‘民族识别’，中共在中国大陆建立了制度化的‘民族’身份，在此基础上，进一步建立了以否决少数民族脱离中国国家体制为前提的‘民族区域自治’制度，就此搭建起中华人民共和国境内族群关系的整体框架。……这项被称作‘民族识别’的工作，并不是中国共产党异想天开、无

① 李东红：《从地方一族到国家公民——“白族模式”在中国民族建构中的意义》，《思想战线》2014年第1期。

② 马健雄：《再造的祖先：西南边疆的族群动员与拉祜族的历史建构》，香港中文大学出版社2013年版，第188页。

中生有的行动。”[①]与墨磊宁对族群分类认识的历史维度（民国时期民族“分类学”遗产）一致，吴启讷指出：“‘民族识别’既是古代中国王朝人群分类传统的某种延续，也是从20世纪前半期西方人类学与中国政治需求结合之下诞生的‘科学’分类法基础上成长出来的新枝；其过程既吸收了苏联民族思维和民族政策的精髓，也发展出基于政治现实的独特论述和手段。”[②]在他的文章中，还从国族整合、国家统合的角度分析了民族识别及民族区域自治制度，他认为，“‘民族’身份和‘民族区域自治’制度的建立，是清末、民国时期国族整合过程的延伸”。并指出，“共产党这样的整合过程有着更为宽广的政治思维和格局。它超越了清末、民国的‘行省化’政策和同化政策”，认为“中共借由行政区划将民族区域自治导向国家整合”，“中共推行民族区域自治制度的手法灵活、细腻而有原则，最终不止成功地在法律上将少数民族地区事务明确定位为主权国家内政，同时也将该制度中潜在的离心因子有效局限在可控制范围内，真正实现了中央政府对这些地区直接有效的政治统治和行政管辖”[③]。

整体上看，中国学者对“少数民族构建或建设”这一具有挑战性的命题并没有达成共识，从目前关于少数民族构建研究的情况看，大致存在四种意见：第一种完全否定或反对少数民族构建论，强调少数民族的原生情感及联系；第二种虽承认少数民族的构建性，但把少数民族的这种构建性扩展到前现代，换句话说，没有从“民族主义与民族”现代性的角度把历史上对“族类群体”的构建与近代以来开启的民族建设区别开来；第三种是目前中国少数民族构建研究当中正在形成的“中间学派”，他们承认少数民族的构建性，并把对少数民族的构建与近代中国民族主义传播、近代中国国家构建、中华民族构建及中华民族共同体建设等关联在一起，既明确了少数民族构建的现

① 吴启讷：《人群分类与国族整合——中华人民共和国民族识别政策的历史线索和政治面向》，载《民族社会学研究通讯》2013年第138期；《再造国族——中国民族识别的历史与政治面向》，载“中央研究院”近代史研究所编印：《两岸分治：学术建制、图像宣传与族群政治（1945—2000）》，2012年。

② 同上。

③ 吴启讷：《民族自治与中央集权——1950年代北京借由行政区划将民族区域自治导向国家整合的过程》，载《“中央研究院”近代史研究所集刊》2009年第65期。

代性，积极承认民族识别及少数民族构建的政治性，也不否认少数民族构建的“族类基础”；第四种则是港台地区的族群政治研究，他们积极吸收西方学者有关中国民族识别及少数民族构建的相关成果，并从族群历史、边疆政治、国家统合等角度分析了中国少数民族构建的历史逻辑、政治逻辑等。

三、研究内容

（一）总体思路

本书使用民族建设的表述，核心问题是中国各民族建设，重点是少数民族建设，这种建设具有建构性。认为今天中国的56个民族并非历史发展中存在的“族类群体”的自然延续，是近代以来被一步步建设为民族的。本书要回答的是，中国历史发展中的各个“族类群体”是怎样被建设为56个民族的？这是一个复杂的历史政治命题，搞清楚本问题的关键有四个基本要点：第一，如何界定“民族建设”的基础，以及建设完成；第二，“族类群体”建设成为民族有哪些要求、标志或要素；第三，“各民族建设”通过哪些条件来达成；第四，“各民族建设”在一个历史进程中实现，分成几个阶段，各个阶段的内涵和特征，不同阶段中促进各民族建设的因素，以及各民族建设取得的成效。

（二）分析框架

沿着上述思路基本上可以搭建起“中国各民族建设研究”的分析框架。

第一，交代各民族建设的基础和起点。“族类群体”是民族建设的基础，它的本质是历史文化群体，外来“民族”概念的引入是各民族建设的起点。

第二，具体展开各民族建设过程。按照历史阶段分析每一个时期促成各民族建设的条件、因素、变量，以及取得的成效。其中，各民族建设主客体的行为、重要事件，以及其他变量是推动各民族建设的重要动因。

在各民族建设主体方面，近代以来的各政党、各阶级、知识精英、学术团体、地方势力等社会政治力量在各民族建设过程中发挥了重要作用，特别是中国共产党发挥了关键性作用。而从取得的成效来看，其他社会政治力量与中国共产党对各民族的建设有本质区别。诚然，在其他社会政治力量的推动下，一些“族类群体”在近代以来已经获得“族”或“民族”的称谓，但其他社会政治力量并没有固定“少数民族”的用法和各民族的格局，也没有以此为基础，保障少数民族的集体权利和维护少数民族的集体利益，更没有实现民族平等与团结。

从各民族建设客体的角度看，历史发展中的“族类群体”在近代民族主义和民族概念引入以后，逐步从自在走向自觉，从松散的族类认同走向固定的民族认同。在这方面，“族类群体”的民族意识和自觉程度是主要线索。需要指出的是，“族类群体”的自觉意识在各个阶段有着不同的内涵。早在20世纪70年代初，王尔敏先生就曾敏锐地指出：“中国近代民族主义实际上由三种自觉意识组成，一种是族类自觉意识，一种是文化自觉意识，一种是近代国家‘主权’意识。”[①]这一划分对分析“族类群体”的变化过程很有启发。实际上，很难认为“民族”概念一引入，中国的“族类群体”就具有了民族意识。但必须明确，无论是“族类自觉意识”“文化自觉意识”，还是“现代国家意识”或“国民意识”，皆是近代中国民族主义形成后，“族类群体”自觉的重要内容。“族类群体”正是在这样的自觉过程中一步步体认到“民族”的归属意识。同时，在少数民族自觉的过程中，少数民族精英的“先觉”起到了引领作用。

从重要历史事件看，民族识别是各民族建设过程中的关键节点。民族识别达成了各民族的基本要求。比如，民族称谓的确定，民族认同的构建，各民族的彻底自觉等。

从其他社会变量的角度看，从清末到中华人民共和国成立之间，社会条件不断变化，经历了国家转型及政权变更、民族观念的发展、马克思主义民族理论的引入、民族观念和话语的碰撞等，这些变量必然会影响各民族的建设。

第三，总结各民族是怎样被建设起来的，它有什么逻辑。包括建设的形式、条件，如何推进，要素如何实现，以及特征、结构和效应等。

---

① 王尔敏：《清季学会与近代民族主义的形成》，《中国近代思想史论》，社会科学文献出版社2003年版，第177—197页。

（三）主要内容

各民族的建设过程是本书的主要内容。在这个过程中，对各民族建设主客体的把握是关键。从建设主体来看，梁启超、孙中山、君主立宪派、革命派、南京临时政府、北洋政府、国民党、共产党、国民党地方势力、学术机构和学者的活动，以及新中国的民族实践是主要内容；从建设客体来看，汉、满、蒙古、藏、回、苗、瑶、夷、番、僮、俚等“族体”先后自觉、不断凸显，直到民族识别后，被确认为56个。而主体对客体的作用及客体的真实反应是论证的关键点，它能够反映出主客体的相互影响。

（四）重点、难点

各民族建设客体即各民族（主要是少数民族）自身的活动轨迹及对各民族建设主体的影响是本研究的重点和难点。如果缺少对史料的搜集，很难把握这一问题。但对这一过程的论证能够很好地证明各民族的自觉进程。比如，清末民初国家转型过程中“各民族”发生着什么样的变化，“五族共和”对各民族的影响及“各民族”的反应，五四运动对各民族的冲击，抗战爆发与各民族的觉醒，新中国的民族识别与各民族的彻底觉醒等。要回答这些问题，需要充分的史料作为论据，对于一位政治学研究者来说，这是难点。

（五）核心概念

1.“族类群体”

“族类群体”是本研究的一个基本概念，周平教授在他的相关研究中多次使用了“族类群体”的提法，并把它与“民族”概念及其指称群体相区别。笔者以此为基础，用“族类群体”概念来指称现代民族（nation）形成之前长期存在的“人们群体”。具体包括马克思主义民族理论语境中的氏族、部落联盟、部族和中国传统语境中的“族类”，包括某某人、种族、家族、宗族等。因此，本书的“族类群体”是一个前民族时代的复合性概念。

本书之所以采用“族类群体”的概念而没有直接使用“族群”的提法是出于两方面的考虑：一是族群（ethnic group）概念于1935年才在西方文献中出现。在中国，最初由台湾学者译进，20世纪80年代特别是90年代以来，被引入大陆。新进的“族群”概念所指称的群体与历史上的“族类群体”在外显特征上有一定区别。二是族群（ethnic group）概念在西欧和20世纪60年代的美国，以及在中国的使用都有着特定的背景及内涵。在西欧，族群（ethnic group）被用来指称现代民族（nation）产生之前的一切人群共同体。在美国则拓展到流动群体、移民群体、种族群体等次级群体。在中国，有学者建议使用“族群”概念来替代56个民族层面的“民族”，引起了相应的讨论和争议。相比民族概念，族群概念是一个泛称，使用弹性较大，有时指称56个民族及内部各个支系，有时指称历史上的各大族群（华夏族群、百越族群等），有时可包含民族或国族。而族群概念在中国运用中出现的泛化现象与其在西方学术界当中的泛化不无关系。比如，弗雷德里克·巴特的“族群边界论”讲的“族群”就是一个很泛化的人类群体，它与中国的“少数民族”完全是两个概念。综合两方面因素，族群概念的内涵不固定。而笔者的研究对象却十分清楚，因此，笔者采用了“族类群体”来指称现代民族、族群产生之前的人们群体。

2.民族

中文“民族”一词对应的外文单词众多，仅英文就有ethnic group、nation、nationality、ethnos等。ethnic group在西方的用法较为宽泛，含义也不十分固定，主要指一国之内主流群体之外的次级群体。nation的内涵在西方则十分固定，现代性、与民族国家关联是其主要属性，它是现代民族国家的范畴，是民族主义的产物。与此同时，nation概念也是一个特定的时空概念，它是近代西欧民族国家时代的特定术语。而近代中国知识精英也是从nation的角度来使用“民族”一词的，即用“民族”来对译西方的nation，用西方的nation（具体是德国取向的nation）来指导中国的现代民族国家构建及民族建设。换言之，西方近代以来形成并传入的民族概念及民族主义思想是中国民族建设及各民族建设的基本理论范式。但由于之后民族国家的“多族化”特点以及学术界对民族主义和民族概念的诸多讨论，造成中文“民族”一词的内涵被“泛化”。并把民族主义之前的族体形式也称为“民族”，把民族国家内部的“历史文化群体”也称为“民族”。时至今日，对中文“民族”一词的内涵要区别看待。比如中华民族与各民族或少数民族的内涵和属性有着本质区别。

3.少数民族

“少数民族”是本书的核心概念。从中国民族建设的历程看，“少数民族”的内涵有一个不断发展、构建和演变的过程。经历了统计学意义上的“少数”到“汉族以外的民族”的变化。在外文翻译中，先后出现了minority、national minorities或minority nationalities、ethnic minorities、ethnic group等。但从中国少数民族内涵的演变历程来看，上述英文词都不能很好地表达中国少数民族的特有内涵。从现代民族国家及国族建设的角度看，中国少数民族的内涵存在“应有”和“现有”的区别。从“现有”的层面看，在中国共产党的视域中，少数民族在中国特定的民族话语中形成了特定的指向，即指国内汉族以外的民族。同时，少数民族获得相应的权利和保障。有一段时期，主流意识形态及学术话语中主要用nationality来翻译中国的少数民族。使用nationality虽合理地反映了中国少数民族具有的集体权利和特定的政治属性，但nationality的表述存在“民族主义风险”。值得我们注意的是，在马克思主义语境中，对nationality与nation两种不同地位的群体进行了区分，而在中文语境中则未加区别地把nation和nation内部的群体都称为“民族”。这是中国“民族”概念混乱的一个重要方面。从“应有”的角度来看，少数民族当属国族（nation）内部的“文化民族”“历史文化群体”或者“族群”（ethnic group）。虽然ethnic group并不能很好地表达中国少数民族所具有的集体权利和政治地位，但是强调少数民族的历史文化属性或使用ethnic group来翻译“少数民族”毕竟是对少数民族“应有”内涵的考量。

而中外学术界交流中产生的对中国少数民族内涵的讨论以及国内学术界的争议，使得如何准确而完整地表述中国的少数民族成为一个问题凸显出来。从现代国家及国族建设的长远发展，以及中国少数民族的特定指向及中国民族概念的特定语境来看，使用中文语境中的汉语拼音“minzu”来对译中国“各民族”（核心是少数民族）似乎更能说明中国各民族的特殊性。但在中外交流的层面，笔者仍使用ethnic minorities来翻译“少数民族”。

4.族群

本书使用的“族群”概念不同于“族类群体”概念，“族群”是民族国家时代的概念范畴。“族群”概念之于中国是20世纪90年代的产物，它在西方则经历了从西欧到北美的嬗变。

5.“族体”及“族体形式”

“族体”概念是本书构建的指称“人们群体”的泛称，文中主要以“族体形式”的面貌出现，它是一个总括性的概念，包括“族类群体”、民族、族群等，它与“族类群体”“族群”的区别主要体现在时间跨度和内涵上。

四、研究方法

本书涉及政治学（民族政治学）、历史学、民族学（民族史）、社会学等领域的相关问题，因此，需要综合运用多学科的分析方法来开展研究，具体包括以下方法：

文献研究法 通过多种途径全面收集并整理目前国内外关于民族和民族主义、民族构建、民族国家理论、中华民族理论、少数民族概念、少数民族建设、马克思主义民族理论、民国时期的民族理论与民族政策、共产党的民族理论、共产党的民族政策（民族政策价值取向、民族纲领性文件、民族区域自治制度）、共产党的民族工作实践（民族识别、民族事务治理）等方面的文献资料，包括国内外书籍、历史文献、官方文件档案、专题报告、网络期刊文献等。其中，学术资料有书籍、学术论文、学位论文等；官方文件档案资料包括民族工作回忆录、民族问题文献汇编等；网上图书馆资源如中国学术期刊数据库、中国优秀硕博士学位论文数据库、中国重要报纸全文数据库等。

历史分析法 英国历史学家J. R.希里把研究历史和研究政治之间的关系描述为“没有政治科学的历史无果，没有历史的政治科学无根”[①]。在各民族建设的历史政治过程中，历史与政治之间的关系显得更加紧密，必须将社会政治力量对各民族的建设放到具体的历史条件中去考察。在不同的历史时期和特定的历史背景下，各个阶段的“民族建设”具有不同的内涵和特征，取得了不同的成效，如此才能更有深度地厘清各民族建设的整个过程。

政治过程分析法 1908年美国政治学家A. F.本特利发表了《政治的过

① 转引自［美］莱斯利·利普森：《政治学的重大问题——政治学导论》，刘晓译，华夏出版社2001年版，第16页。

程》一书，首次把政治过程当作政治分析的核心。1951年 D.B.杜鲁门在《政府之过程》一书中进一步发展了这一思想。作为一种中观层次的研究方法，“政治过程可以理解为在特定历史阶段政治主体、政治客体及政治主客体间关系的变化与发展的过程”[①]。以此分析各民族建设过程，可以认为近代以来的社会政治力量、各民族自身、社会政治力量与各民族的相互作用构成了国内各民族建设过程中的重要政治主体或主要内容。

比较分析方法 比较研究方法是比较政治学研究的经典方法之一。“比较方法最简单的逻辑线索就是：于异中求同，于同中求异。”[②]梳理西方民族构建的有关研究，为中国各民族建设研究提供相应的理论参考。同时，通过民族构建的中西比较，认识中国民族建设的特殊逻辑，确定中国各民族建设的特定内涵。

五、可能的创新

本书选择了一种极具挑战性的研究视角。从建设或“构建”的视角认识中国各民族特别是少数民族，既面临诸多理论研究层面的压力，也存在诸多认知上的困难。而本书在此条件下对“构建”做出了新的阐释，即强调构建的建设意涵。一方面，国内传统的民族研究多认为中国的少数民族历史上就有，不存在“构建”的问题。而国外相关研究则秉持一种西方中心主义偏见，认为中国的少数民族是党和政府杜撰或创造的。本书并不否认少数民族的构建性，同时，也不赞同西方学者对构建论的绝对化。而是从中国历史发展中的“族类群体”演变至近代以后所发生的转变过程的角度来定义“构建”，即为“建设”。既对历史发展中存在的“族类群体”与“民族”概念引入之后构建的“各民族”做出了区分，又对那种认为“少数民族”是凭空杜撰的观点进行了回应。另一方面，在对各民族建设进行研究的过程中，还会遇到诸多认知难题。比如，容易掉进族群建构论和民族主义理论的混乱之中而不能自省，容易孤立地看待各民族建设。而本书认为，中国的民族建设有

① 包雅钧：《政治过程分析方法的回顾与反思》，《东方论坛》2007年第6期。

② 张浚：《比较研究：一种跨文化的政治学分析方法》，《政治学研究》1997年第1期。

着特殊的历史逻辑和特定的政治内涵，少数民族建设与中华民族建设、中华现代国家构建紧密关联，中国的少数民族建设是在中华现代国家构建过程中一步步实现的。从各民族建设的背景来看，中国的各民族同中华民族一样，都是西方民族概念引入及近代中国民族主义兴起之后，在“族类群体”（各个“族类群体”与“庞大族类群体”）的基础上一步步建设为民族的。再比如，容易夸大少数民族构建的负面影响。而本书则认为，各民族建设客观上推动了各民族的发展进步，同时，在特定时期对民族、国家、共产党都带来了积极影响。

提出了具有一定创造性的学术概念或观点。其一，使用“族类群体”概念指称中国历史发展中存在的众多凸显历史文化属性的“某某人”，并把它与民族概念引入之后而构建的“民族”相区别。其二，提出“少数民族建设”这一命题。从目前的少数民族研究来看，提出少数民族建设本身就是一项突破，是一种创新。但绝不是为了实现某种创新而抛出“构建论”，问题的关键是，如何认识各民族的建设，以及少数民族建设与中华民族建设、中华现代国家构建的关系。其三，认为各民族建设主要是少数民族建设处于动态发展的过程之中。

发掘了一些能够矫正固有认知的史料。其一，过去常常把国民党的民族政策笼统地表述为“大汉族主义的民族政策”或是民族同化政策等。而本书进一步精细相关内容认为，其中既有强调民族同化的声音，也有承认各民族一律平等的主张。其二，忽视少数民族对“少数民族称谓”存在认同的问题。研究中发现，少数民族在一开始并不认同或不情愿接受“少数民族”这一概念指称，甚至以为“少数民族称谓”带有歧视意味。正是在共产党的努力下，少数民族才不断认同或接受“少数民族称谓”。其三，过去学术界普遍认为现代意义的“民族”一词来源于日本，并最先出现于1899年梁启超的《东籍月旦》一文，而本研究则有新的发现：一方面，“民族”一词可能先经中国传入日本，并在日本获得现代含义之后，又在近代被中国人引入；另一方面，现代意义的“民族”一词在1899年梁启超的《东籍月旦》一文之前已经出现。

第一章

中国现代民族话语的兴起与民族建设的发端

民族具有明显的构建性，中国现代意义上的民族是外来“民族”概念话语引入以后在“族类群体”的基础上一步步建设的产物，它发端于王朝国家的转型及其引发的社会剧变。具体来看，清末中国遭遇“三千年未有之大变局”，王朝国家被迫转型，并开启了“西学东渐”的历史进程，西方国家的民族主义思想以及民族概念在此进程中传入中国。近代社会政治力量希冀借用民族精神拯救国家，并宣扬各自的民族观念。在此过程中，中国的民族主义流派众多，话语纷争不断，对西方民族概念的认知也还比较模糊，特别是受现实政治的影响，并在现实政治的极力促推下，社会政治力量把在西方作为政治原则的民族概念与中国既存的凸显历史文化属性的各个“族类群体”嫁接在一起，以“民族”来指称中国历史发展中的各个“族类群体”，进而开启了“庞大族类群体”内部的民族划分，开启了各个“族类群体”向“民族”的转换进程；同时，社会发生急剧变化，晚清政府为挽救危局做着最后的政治努力，其他政治派别在“建国”的目标下推动革命与改良，列强则对边疆民族进行威逼利诱。重要的是，在特定的社会条件下，各个“族类群体”自身不同程度地卷入国家转型的变化过程中而开始觉醒。

第一节　“族类群体”与民族

关于少数民族的形成，学术界主要存在两种认知取向：一种认为中国的少数民族是自然形成并与中国历史共始终。同时，少数民族认同的维系是基于原生性的情感，可称之为“原生论”；另一种则认为，中国的少数民族是近代西方民族概念引入之后一步步构建的产物，今天的少数民族有着特定的构建过程，是为“构建论”[①]。两种取向各有不同的视角，且存在争论。而从少数民族本身来看，应该首先回答两个问题：第一，今天的少数民族与中国历史上存在的“族类群体”是否有区别，有何区别？第二，少数民族中的“民族”概念源于何处？中国历史上是否有现代意义上的“民族”概念？弄清楚这两个问题是本研究立论和展开的前提。

一、历史发展中的“族类群体”并非现代国家时代的“民族”

中国历史上的“族类”观念源远流长。“非我族类，其心必异”便是中国传统族类观的重要内容。“族类”更多是一个文化概念，“在汉语中，‘族’是一个表示具有某种共同属性的事物的概念”，“对于人类而言，‘族’这个概念表达的是一个‘群’的涵义”[②]。何为“群”？通俗而言就是“在一起”。“族类”在中国传统族类观中就是表示共同生活在一起的一群文化有别的人，从本质上看，“族类”也是人类社会发展进程中的一种人群共同体形式，在人类社会发展史上，这些文化有别的“族类”可能是氏族、部落、部族，也可能是人类历史上存在过的一切人们群体。而以文化为显著特征的“族类”（中国历史上以“文野之别”而有所指的群体，比如夷夏）与凭借政治纽带联

① “原生论”与“构建论”是族群认同、民族理论研究中具有特定内涵、背景的学术流派及学术用语。在西方族群理论（族群性研究或族群认同研究）中，存在着客观论（文化论）、主观论（边界论、原生论、情景–工具论、族群–想象论等）等诸多理论流派（参见周传斌：《族群理论的流变及其与民族理论的关系》，《黑龙江民族丛刊》2005年第5期）；在西方民族主义理论（民族认同、民族构建Nation-building）中，存在“原始主义”“永存主义”“现代主义（强调nation的构建性）”“族群–象征主义”“后现代主义”等学术流派（参见叶江：《当代西方的两种民族理论——兼评安东尼·史密斯的（nation）理论》，《中国社会科学》2002年第1期）。除此之外，还有马克思主义所讲的原生形态民族（广义民族），以及斯大林那个著名的资产阶级上升时期民族（现代民族）的定义。虽然不能简单地套用西方或外来的族群理论或民族（nation）理论来分析中国的“少数民族”，但笔者在此借用“原生”与“构建”来对中国“少数民族”的形成作特定的分析。

② 周平：《民族政治学》（第二版），高等教育出版社2007年版，第22页。

结在一起的民族有着本质区别。笔者把民族构建之前的所有人们群体统称为“族类群体”，并与现代民族相区分。

而“族类群体”的形成表现为“聚众成族”的过程，要完成这样的过程，则需要有一定的纽带把它们联结起来，联结它们的纽带规定着它们的性质。何为纽带？简单而言，就是把人们群体联系在一起的稳定性的、标志性的变量。核心纽带就是把群体联结在一起的最能反映群体性质和特征的核心变量。比如，氏族是由血缘关系组成的血亲团体，联结氏族的核心纽带就是血缘；随着血缘关系的扩大，单个氏族很难满足改造自然的需要，一些氏族联合起来，形成了共同的部落，并出现了共同居住的地域；而在血缘与地缘的基础上形成的更大范围的部落联盟则出现了更为显著的地缘关系。在“民族”构建之前，联结“族类群体”的纽带始终没有超出历史文化的范畴，联结中国历史发展中形成的“族类群体”的纽带不是诸如政治、权力、国家、领土、边界、认同等现代政治因素，而是血缘、地域、历史、文化、语言、宗教、信仰、习俗、符号等历史文化变量。从“族类”产生并保持一定恒久性的特征来看，历史、语言、文化等是联结“族类群体”的核心纽带，也规定着“族类群体”的本质。并且，以历史、语言、文化等纽带联结在一起的“族类群体”在历史上都不叫民族，甚至也不叫族，它们没有固定的称谓、固定的身份、固定的认同和集体的（政治）权利等。它们与现代意义上的民族完全不在同一个范畴当中。

同时，中国历史发展中的各个“族类群体”有着自身的演变规律及特点。它们在“中国场域”中自然发生、生长、演变。在中国历史上，“族类群体”在政治上不受“历史中国”疆域之外的其他力量影响，经济上符合马克思主义所认为的生产力与生产关系的演进规律，文化上受儒家大一统思想的影响甚至支配。“族类群体”就是按照中国政治、经济、文化等方面的规律在自然演变的。“族类群体”这种自然的演变逻辑形成了与之相匹配的“自然”特点，比如，自在性，封闭性，相对松散性或不固定性，历史性、文化性等。

具体来看，自在性是相对于自觉性（遇他而自觉为我）而言的。通俗来讲，“自在”意为“自发”，自发状态下的族类意识比较朦胧，并且停留在表面，它们多以外在的特征来认识自我和“他者”。而“自觉”则意味着“自为”，对自我的认识更加深入和稳固，对聚合在一起的诉求更加迫切，对本民族内核的深挖更为主动。从某种程度上讲，从“族类群体”到“民族”的过程是从自在群体到自觉民族的过程，对于“族类群体”而言，这一过程是质的飞跃，并非一蹴而就。同时，它涉及认同逻辑的变更，这一变更有一个适应的过程，即要适应和接受新的认同符号。“族类认同”的形成依托的是血统、世系、历史、文化等自然纽带，而民族认同的形成主要依靠民族国家的构建和民族主义的推动，它是政治构建的结果；“族类群体”的封闭性是相对于民族的开放性而言的，“族类群体”的生产生活环境较为单一封闭，其意识更多停留在“自我”状态。而民族则是民族国家时代的基本人群共同体形式，民族形成的时代，商品经济、统一的国内市场等都已形成，民族间的交往互动较为频繁；“族类群体”的相对松散性、不固定性并非是认为“族类群体”缺少凝聚力[①]。而是认为，相比民族主义之后的民族的稳定性而言，“族类群体”融合、迁徙较为自然，边界较为模糊。“族类群体”的“身份互换”或者身份认定较为松弛，也没有获得固定的自治区域和相应的集体权利等；历史性、文化性是“族类群体”的本质属性，表示族类认同的形成以历史文化为纽带，离开了悠久的族类历史文化很难说清楚“族类群体”的族源、族属等问题，“族类群体”的维系也将成为问题。

二、外来“民族”概念的传入与中国现代民族话语的兴起

在西方现代“民族”概念引入中国之前，中国历史上有“民”有“族”，唯独没有现代意义上的“民族”。而对民族的认定历来都是一条重要的政治原则，民族自构建之日起就与民族国家结合在一起。虽然近年来有权威学者在中国古汉语文献中发现“民族”一词，但“民族”作为一个与“国民”结合在一起的政治概念的出现则是近代以来的事情，并且，“民族”一词在中国的传播和使用也是发端于近代。近代传入中国的“民族”一词有着特定的源头和内涵。

民族（nation）是近代西欧国家转型过程中的产物，是在西欧王朝国家

① 事实上，在历史上的“华夷之分”“非我族类、其心必异”等“文化族类观”“异族观”的背后恰恰反映出各个“族类群体”的内部较强的血缘关系、历史文化联系。

整合国内居民的基础上建立并处于发展演变中的族体形态。在西欧国家转型和民族构建的过程中，民族主义发挥了积极作用，民族主义促进了民族的成熟和真正形成。正是在民族主义的影响下，在王朝国家末期，民族的诉求不断井喷，并很难得到完全满足。到了资本主义上升阶段，资产阶级借用民族主义推翻了王朝国家，建立了民族认同基础上的主权国家，创建了现代民族。现代民族（nation）与民族国家紧密锁链，它是民族国家的特定范畴。有学者就把民族国家构建的过程看成是“民族过程与国家过程重合的历史进程，同时还是一个现代民族最终形成的过程”[①]。而这些与民族国家互为依存的现代民族其实就是“国族或国家民族”（nation），实际上，现代民族概念也是在民族国家及国族的意义上逐步向外传播的。伴随着19世纪大量民族国家的建立及民族国家理论的向外散布，一个个崭新的民族（nation）相继被构建出来。正因为如此，白芝皓（Walter Bagehot）把19世纪的历史诠释为“民族创建（nation-building）的世纪”[②]。

当然，中国的少数民族与nation意义上的民族有层次上的差异，二者有着不同的性质、内涵和政治属性，而只有与民族国家结合在一起的民族才是真正意义上的国家民族（nation），它既可以指民族也可以指国家。但应该注意的是，中国的少数民族概念也是西方现代民族概念传入中国之后才开始出现的。进一步讲，具有nation意涵的，本该用来指称国民整体的“民族”一词在近代中国被囫囵吞枣地使用了，造成“民族”一词成为划分国民内部各个族类群体的新符号。重要的是，在民族主义的刺激下，民族称谓得到国内各个族类群体的热望和认同。一时间，“汉、满、蒙、回、藏、夷、苗”诸民族称谓被不断嫁接，并且，“民族”在当时似乎成为一个可以随意使用的概念，中国民族、中华民族、国内他族、中国“各民族”等概念被混用，不仅如此，学人甚至从外貌特征来使用“断发民族”“编发民族”[③]的提法。也正如旅日学者王柯所指出的那样，“民族”是一个来自日本的误会，即认为当时的中国人没有搞清楚日本所使用的“民族”一词的准确内涵及对应实体。或许很长一段时间里“民族”在中国仍是一个“说不清”的概念的源头

① 周平：《对民族国家的再认识》，《政治学研究》2009年第4期。

② Walter Bagehot，*Physics and Politics*（London 1887），pp.20–21.

③ 参见梁启超《梁任公近著第一辑》上卷，上海商务印书馆1923年版，第59页。

正始于此。而在近代特定的“民族”语境下，从“民族”一词本身来看，很难分清后来少数民族中的“民族”一词与近代思想界使用的“民族”有何区别，也就是说，今天国人使用的具有双重内涵的“民族”一词与近代以来国人引进和传播的“民族”概念有历史的延续性。一言以蔽之，少数民族虽不是nation意义上的民族，但今天关于中国少数民族的一整套话语和实践，正是在西方现代民族概念传入之后，在近代中国社会政治力量以及民族主义思潮、马克思主义民族理论和其他诸多条件的共同推动下不断构建和确立的。时至今日，少数民族在中国民族语境中有着特殊的地位，形成了固定的族称和民族认同、相应的集体权利。它们与中国历史上强调历史文化属性的“族类群体”，强调夷夏之别、华夷之分的“族类”有着本质区别。整体来看，少数民族话语、身份、地位和格局是近代以来在外来“民族”概念引入以后中国社会政治力量一步步构建的结果。

第二节 中国现代“民族”观念的酝酿

外来“民族”概念引入中国后有一个不断运用的过程，包括在中国传播、构建，以及受到中国传统族际关系结构的挑战。在形式上表现为把国家版图内的“庞大族类群体”划分为不同的“民族”，并出现了对民族的认识，即民族观念。同时，因“汉族”意识的凸显而引发了“国内他族”观念，而如何看待和认识汉族以外的民族则成为近代中国民族主义争论的起点。

一、“民族”概念在中国的运用与民族划分的开启

（一）近代以来“民族”一词开始在中国出现和使用

学术界流行一个说法，即认为现代意义（与国民、主权、民族主义、民族国家等密切关联）的“民族”一词来源于日本，并最先出现于1899年梁启超的《东籍月旦》一文[①]。但随着研究的深入，关于中文“民族”一词的更多

① 梁启超在1899年所撰写的《东籍月旦》中使用了“东方民族”“泰西民族”等词。

“谜底”被揭开。

一方面，一些学者对西方现代意义的“民族”一词在中国传播和出现的时间存在不同看法。一是对梁启超使用“民族”一词的时间存在不同观点。有中国学者认为《东籍月旦》并非撰写于1899年，而是1902年[①]。除此之外，日本学者松本真澄也认为“民族”一词是“梁启超滞留日本期间，将英语nation译为日文汉字新词“民族”，并于1898年时输入汉语中的”[②]。二是部分学者通过研究，将“民族”一词在近代中国的“最早”使用时间不断提前[③]，这实际上认为“民族”一词在中国的最先使用者并非梁启超。

另一方面，反对“民族”舶来说，认为“民族”一词在中国古汉语中就已经出现和使用。郝时远的观点比较具有代表性，他认为“在中国古代文献中，‘民族’作为名词形式应用于宗族之属和华夷之别的一些例证，证明了‘民族’一词是古汉语固有的名词”[④]。也有学者持不同看法，黄兴涛在德国早期来华传教士郭士立所撰的中文杂志和著作里，见到了“昔以色列民族如行陆路渡约耳旦河也，……”[⑤]的句子。他认为这为“民族”的英文舶来说提供了依据，但无从考证这位传教士所使用的“民族”是翻译自英文的哪个词。同时强调，“总的说来，‘民族’一词在古代中国使用不多，多系不确指的分类泛称，并不能与某个具体民族连结起来组成‘某某民族’之说。甚至连‘某某族’这一类的构词，在中国古代也似乎不流行”[⑥]。而“现代意义的‘民族’一词和概念的流行开来，应当说主要还是得益于日本汉字新词

① 侯德彤：《汉文中“民族”一词的出现并非始自〈东籍月旦〉》，《东方论坛》2002年第6期。

② [日]松本真澄：《中国民族政策之研究——以清末1945年的“民族论”为中心》，鲁忠慧译，民族出版社2003年版，第48页。

③ 更多研究参见：韩锦春、李毅夫：《汉文“民族”一词的出现及其初期使用情况》，《民族研究》1984年第2期；彭英明：《关于我国民族概念历史的初步考察》，《民族研究》1985年第2期；何叔涛：《对20世纪在中国最有影响的三大民族定义的简要评析》，《黑龙江民族丛刊》2009年第4期；黄兴涛：《“民族”一词究竟何时在中文里出现》，《浙江学刊》2002年第1期，《清末现代“民族”概念形成小考》，《人文杂志》2011年第4期，《重塑中华：近代中国“中华民族”观念研究》，北京师范大学出版社2017年版。

④ 郝时远：《中文“民族”一词源流考辨》，《民族研究》2004年第6期。

⑤ 黄兴涛：《清末现代“民族”概念形成小考》，《人文杂志》2011年第4期。

⑥ 同上。

'民族'对译西文nation的用法的形成"[①]。笔者赞同后一种观点，认为中国近代以来从日本引入的"民族"一词是带着nation的意涵一道进入中国的现代词。而古文献中出现的"民族"一词的用法并不固定，更多表述为"民之族类"，更像是"族类"的含义。中国历史上较为固定的"族类"实体更多是"某某人"等。

（二）中国近代的知识精英开始关注和研究"民族"现象

作为中国近代系统研究民族现象的第一人，1903年，梁启超在《新民丛报》第38–3号刊登《政治学大家伯伦知理之学说》一文，翻译、介绍德国政治法学家伯伦知理（Bluntschli Johann Caspar）的民族（nation）定义，并指出伯伦知理对民族论述的八个特征。简要而言，是指地域、血统、肢体形态、语言、文学、宗教、风俗和生计。对此，梁启超认为："有此八者，则不识不知之间，自与他族日相阂隔，造成一特别之团体，固有之性质，以传诸其子孙，是谓之民族。"[②]经梁启超的翻译、介绍和充实，伯伦知理的民族（更加强调历史、起源、文化）定义在中国传播开来并产生了极大影响。包括革命派、其他知识精英（比如柳亚子等）对民族的定义都受到伯伦知理的影响。革命派在当时较有影响的代表人物汪精卫在1905年《民报》的创刊号和第二号连续发表了《民族的国民》一文，实属于与君主立宪派论战的招牌论文，他在文中提出了"民族六要素说"："民族云者，人种学上之用语也。其定义甚繁，今举所信者曰：民族者，同气之继续的人类团体也。一兹所云气类，其件有六：同血系、同语言文字、同住所、同习惯、同宗教、同精神体质。"[③]

（三）中国近代"民族"概念的构建及调适

梁启超等在评介、研究外来"民族"概念的过程中，也在构建中国的

---

① 黄兴涛：《重塑中华：近代中国"中华民族"观念研究》，北京师范大学出版社2017年版，第55页。

② 梁启超：《饮冰室文集》，中华书局1989年版，第71—72页。

③ 见汪精卫（汪兆铭）：《民族的国民》，《民报》1905年第1、2期，载《辛亥革命前十年间时论选集》卷二上册，生活·读书·新知三联书店1963年版，第83页。

“民族”概念，并且这种构建还处于不断调适的过程当中。具体来看，1899年，梁启超在《东籍月旦》一文中首次使用“民族”一词，提出并使用了“东方民族”“支那民族”“泰西民族”“民族之变迁”等概念和表述[①]，而从梁启超所接触到的具有明显“德国取向”——血缘、文化共同体的“民族”概念的角度来看，会发现梁启超首次使用的“东方民族”“泰西民族”里的“东方”“泰西”等在本质上都不是国家（国民）概念或政治概念，而是一个历史文化概念。1901年，梁启超在《中国史叙论》一文中用“中国民族”指称“四万万同胞”，意指清朝疆域内的所有中国人。此处的“中国民族”或“中国人”涵盖了清朝疆域内的所有种族[②]。其内涵更像是梁启超所追求的具有统一性的、包容性的，并与“日本民族”相对应的概念。1902年，在《论中国学术思想变迁之大势》一文中，梁启超正式提出“中华民族”一词。或许是因“华夏–汉人”文化传统的强势所致，梁启超正式创建并使用的“中华民族”概念指的又是汉族。可见，这时梁启超仍无法准确诠释国民（中国人）与民族（中华民族）之间的关系，其原因还是受其所接触到的“文化共同体的民族说”的影响，故狭隘地理解了中华民族的内涵。吊诡的是，在他使用“中华民族”来指称汉族的同时，该文还使用“中华”来指称清朝疆域内的“中国人”。1903年，梁启超在《政治学大家伯伦知理之学说》一文中主张在“小民族主义”之外，实行“大民族主义”，他提出，“只有以汉族为中心吸收满族，合汉、满、蒙、回、苗、藏为一大民族，才能实现大民族主义的目的”[③]。从“大、小民族主义”说的创立来看，这时候的梁启超已经把他所接受到的“民族”概念与中国的族类传统（两个类型的“族类群体”）有效地衔接起来了。

从1901到1903年，梁启超对“民族”概念的使用经历了“中国民族”—

① 参见梁启超：《饮冰室文集》（四），中华书局1989年版，第90、94、100页。

② 梁启超把黄种人分为两类：甲类为中国人、日本人、朝鲜人、暹罗人等有固定居所之民；乙类为蒙古人、鞑靼人、鲜卑人等游牧民。在梁启超的意识中，“中国人”是指除掉甲类中的日本人等与乙类浑然一体的清朝疆域类的全体住民。参见［日］松本真澄：《中国民族政策之研究——以清末1945年的“民族论”为中心》，鲁忠慧译，民族出版社2003年版，第48页。

③ 梁启超：《政治学大家伯伦知理之学说》，《饮冰室文集》第2册文集之十三，中华书局1989年版，第75页。

“中华民族（汉族）”—“合诸族为一大民族”的调适过程。一方面，体现了“民族”概念引入之初受中国两类“族类群体”并存的影响。事实上，直至1923年在《中国历史上民族之研究》一文中，梁启超对民族概念本身及对民族概念指称对象（民族、国民）的理解和运用才达到了一个比较成熟和稳定的阶段[①]。可见，一种外来概念要进入一个新的场域，必然要经历“本土化”的过程，而这个过程往往在理论和实践层面都会遇到困境。另一方面，也反映了中国学人把现代“民族”概念与传统“族类群体”衔接起来的尝试和努力。实际上，梁启超对中国现代“民族”概念的运用做出了重大贡献，他创造性地提出了两类民族概念，特别是“大民族”概念。“大民族”概念的提出既符合其“中华文化共同体”的民族观，也符合其“统一”的国家观。

与此同时，革命派的代表人物孙中山也早早使用了“民族”一词。1904年在《中国问题的真解决》[②]一文中，孙中山已经正式使用“民族”概念；1905年在同盟会的入会誓词中则提出了“驱除鞑虏、恢复中华”的革命口号，此处的中华是指“汉族”。实际上，起初，“对革命派来说，梁启超引入的‘民族’一词，就是汉种族的意思”[③]。但随着政治形势的发展，孙中山及其革命派对民族概念的运用也处于不断的修正和调整的过程当中。1924年“新三民主义”的正式阐发标志着孙中山民族主义思想的日趋成熟，一是

① 梁启超在1923年《中国历史上民族之研究》一文中明确提出了自己有关民族的成熟见解。他认为：“民族既与种族不同，也与国民不同。种族是人种学的范畴、国民是法律学的对象，而民族虽以血缘、语言、信仰为成立之有力条件，但断不能以此三者作为民族之分野。”“民族成立之唯一的要素，在‘民族意识’之发现与确立。”他认为在民族特征诸要素中，民族意识最为重要。什么是民族意识？梁启超那句“对他而自觉为我”的名言体现得较为生动。用后来的语境分析，即表现于共同文化上的共同心理素质，这是民族特性的关键。意即民族意识能够保持民族特性的长久与持续。而此时梁启超论述的民族意识是指“大民族”意识，也正是在这篇文章里，梁启超提出了比较健全或比较符合中国族类群体凝聚中国历史疆域特点的“中华民族”概念。即“凡遇一他族而立刻有‘我中国人’之一观念浮于其脑际者，此人即中华民族之一员也”。参见梁启超：《中国历史上民族之研究》，《饮冰室合集》专集之四十二，中华书局1989年版，第1—2页。

② 转引自史春风：《孙中山〈中国问题的真解决〉浅析——纪念孙中山诞辰150周年》，《思想理论教育导刊》2016年第11期。

③ 参见［日］松本真澄：《中国民族政策之研究——以清末1945年的“民族论”为中心》，鲁忠慧译，民族出版社2003年版，第55页。

国族主义（国族同化）；一是国内各民族一律平等。同时提出了民族定义的“五种力说”[①]。

（四）中国近代的知识精英对日本“民族”概念存有误解

在梁启超、革命派等近代知识精英引进、传播、解释“民族”概念的过程中，有一个常常不被正视而又应该首先思考的问题应该提及，即近代知识精英自身并没有完全理解日文汉字新词“民族”的准确内涵和适用对象。实际上，梁启超对日本“民族”概念的理解在一开始也是不完整的。而要阐释这个问题，则需从nation概念的源头和向外传播的过程说起。

1.西方的nation概念从词根上看孕育着政治和文化的双重含义，但这种双重含义在nation概念向外传播的过程中有所侧重，这也是造成今天西方民族主义理论产生重要分歧的主要原因。其中，现代化起步较早的英、法两国，政治发展比较成熟，尤其是经过法国大革命的洗礼，nation的政治（法律）共同体意涵被凸显，这是nation概念传播中的“英、法取向”（政治民族主义或公民民族主义），即特别强调nation的政治共同体属性，后来的美利坚民族构建采用了“英、法取向”；而后进的德国在英、法两国政治、经济、军事的压力之下，出于心理的反弹，更多强调nation的历史文化（血缘、种族）意涵，并形成了理解nation概念的“德国取向”（文化民族主义或族裔民族主义）。[②]不过在近代西方，特别是“英、法取向”的nation概念里，nation的政治与文化内涵又难以决然分割，这是今天西方“族群–象征主义”

① 从某种程度而言，在外来民族概念传播以及中国“民族”概念构建的近代历史上，我国学人对民族的定义影响最大的当属孙中山。1924年在重新修正三民主义的演讲中，孙中山提出了有关民族定义的“五种力说”或“五要素说”，认为英文“nation”有两种解释，一是民族，一是国家。由王道自然力造成民族，由霸道武力造成国家。自然力包括五大力，其中最大的力是“血统”，次大的力是“生活”，第三大的力是“语言”，第四个力是“宗教”，第五个力是“风俗习惯”。自然力造成的民族是无法依靠武力征服得来的。（参见孙中山：《民族主义》，载《孙中山选集》，人民出版社1981年版，第617—620页。）由于孙中山的重要影响，之后民族时期的权威书籍、官方解释基本上采用了孙中山的“五种力说”来界定民族。

② 参见林同奇：《“民族”“民族国家”“民族主义”的双重含义——从葛兆光的〈重建“中国”的历史论述〉谈起》，《二十一世纪》2006年4月号（总第94期）。

民族理论学派的基本观点。但必须承认，作为政治共同体的nation的出现也成为区分传统历史文化共同体与现代政治共同体的关键节点，也是nation-building的起点。发展至今，nation的含义已经十分固定，特指国家民族，并实现了与国家的同构，即在一个民族国家内，只有一个nation。同时，为了对一国之内nation之外的人们群体做出说明，创造了ethnic group概念（族群），或是对政治共同体与文化共同体进行了区分。

2.当西方的nation概念传入日本之后，日本原本没有能够同时表达政治与文化双重属性的词语。近代日本人对nation内涵的理解与本国的政治运动有关。日本在自由民权运动时期将nation理解为“国民”，后经国粹主义运动的强化而结合了文化共同体（血缘、种族）的内涵。换句话说，在国粹主义运动时期传播开来的“民族”概念，实际上是“国民”与“大和族”的结合。对此，旅日学者王柯指出：“他们构建‘民族’概念，就是为了从文化和血缘的侧面更加强调日本nation的同质性。”①也正是从这个角度看，日本人理解的“民族”概念更加接近于“德国取向”，即历史、文化、血缘共同体倾向。同时必须明确，日本人在认识西方nation概念的过程中经历了两个阶段，他们“先是从‘国民’的角度开始接受西方的nation概念，然后又从‘民族’的角度对nation进行了再认识”②，并最终实现了民族、国民、国家三者的有机统一。

3.戊戌变法失败之后，梁启超于1898年10月17日流亡到了日本，在滞留日本期间，深受日本国粹主义者有关“民族”解释的影响③（简单说，“一个国家就是一个民族”的思想），并把日文汉字新词“民族”引入中国，进而使得“民族”概念逐步在中国传播并使用。但问题的症结在于梁启超在滞留日本期间所接触到的“民族”概念正处于日本人对西方nation理解的“民族”阶段（国粹主义者从文化、血缘的角度来强化日本nation〈国民〉的一体性），

① 王柯：《“民族”：一个来自日本的误会》，《二十一世纪》2003年6月号。

② 刘劲聪：《日本人“民族”概念的形成——近代日本学者相关研究考察》，《广东外语外贸大学学报》2012年第5期。

③ 梁启超亡命日本不久，就与日本国粹主义的重要思想家志贺重昂、陆羯南连续见面，可见，他对这些思想家的“民族”观念定是有所了解。参见王柯：《“民族”：一个来自日本的误会》，《二十一世纪》2003年6月号。

进而把“民族”理解为血缘基础上的文化共同体，而忽视了日本对于nation理解的“国民”阶段。但实际上，日本人是先构建了国民认同(政治认同)，进而才通过强化日本人的血缘、种族的一体性来巩固日本国民的整体性。进一步说，急于在日本寻找救国之道的梁启超在迫切汲取日本社会科学知识的同时，并没有太多的精力或者说碍于环境的限制而忽视了对日文汉字新词“民族”的全面理解。这就造成他在没有真正弄清楚“民族”应该是什么或指称什么的情况下，“囫囵吞枣”地把“民族”概念与中国既存的历史文化群体(族类群体)结合起来，使得中国“民族”概念的构建陷入危险的境地①。也正是从这个角度看，梁启超成为中国“民族”概念构建的“始作俑者”②。

其实，不仅是梁启超，在中国近代思想家开始大规模东渡日本之时，正值日本国粹主义运动兴起的阶段，一些日后有重要影响的民族主义思想家，都在这时与日本国粹主义传播者有过实际的接触，这其中就包括中国近代民族主义思想的又一重要人物孙中山。③因此，当时他们所理解的“民族”更多都是强调血缘、种族基础④。

---

① 正因为如此，当梁启超逐步意识到“民族”与“国民”的关系之后，开始把中国的民族朝着“合”的方向叙述。1903年，他便提出在小民族主义之外，应更加注重大民族主义。这里的大民族实为与国民、国家结合在一起的国民整体。

② 在当时特定的背景下，一方面，经过梁启超对“民族”概念的介绍和使用，近代中国思想界对“民族”“种族”“国家”“国民”等有了初步的认识，并出现了中国的“民族”称谓。但另一方面，各派社会政治力量对外来的民族概念理解不一，特别是对外来民族概念把握不准，了解不够。因此，当用外来民族概念与中国的既存族类群体结合的过程中，容易出现指称上的混乱和概念上模糊，而带来这种混乱的人便是梁启超。事实上，梁启超本人也是到了1923年左右才在对民族的认识和用法上逐步稳固和统一。

③ 参见王柯:《“民族”：一个来自日本的误会》,《二十一世纪》2003年6月号。

④ 从这一点看，中国近代民族主义代表人物混淆“民族”与“种族”似乎有迹可循。事实也是如此，从“民族”概念引入之初直至20世纪20年代，无论是君主立宪派还是革命派，普遍存在把“民族”与“种族”混用的情况，甚至彼此不分。比如梁启超，他虽然专门对“民族”“种族”“国民”等做过区分，并且对民族的内涵或要素做过学术层面的关注。但就是到了1922年，他仍旧以体貌特征将国内各民族区分为“编发民族”“断发民族”等(参见《梁任公近著第一辑》上卷，1923年版，第59页)。而革命派一开始则持有比较激进的种族复仇主义，包括章炳麟(章太炎)、邹容、陈天华等人都是从种族复仇、民族光复的立场来想象和构建自身所主张的“单一民族(汉种)”，革命派的民族革命在本质上是种族革命。

（五）中国的“族类”传统与民族划分的开启：由华夷之分到民族区别

当梁启超把西方现代“民族”概念经日本引入近代中国后，中国既存族际关系中存在着两种不同类型的“族类群体”：“一类是经过融合、混杂、联结、共存而呼之欲出的‘庞大族类群体’；另一类则是组成庞大族类群体的各个次一级的族类群体，尤其是以汉、满、蒙、回、藏、苗、夷等族体最为活跃。两类‘族类群体’的存在既为中国民族概念的构建和使用提供了丰富的族类基础，也对民族概念的运用提出了挑战，即民族概念应该被用来指称庞大族类群体？还是用来指称组成庞大族类群体的各个次一级的族类群体？而在民族概念运用的特定条件下，在近代知识精英对民族内涵的特定理解下，在中国既存族际关系结构的影响下，两类‘族类群体’都获得了‘民族’的指称。特别是当‘庞大族类群体’内部的各个‘族类群体’也被称为‘民族’之后，中国的民族划分由此开启，即中国版图上的‘庞大族类群体’被划分为不同‘民族’。”①

必须强调的是，近代以来的民族划分与历史上的“族类”划分有显著区别。历史上中国版图内的“族类群体”虽有华夏——蛮夷的区分，但重在文物同异、文野之别，同时，还强调华夷之变、华夷共主。换言之，华夷之间并没有严格的分界线，相反在文化、血统等方面却有着千丝万缕的联系。汉人或汉族既吸收了蛮夷，同时也有融进蛮夷；而近代以来的民族划分则与民族主义有关，其目标是实现相应的政治诉求甚至“建国”。当“庞大族类群体”内部的各个“族类群体”被“不恰当”的称为“民族”后，近代中国的“民族主义建国”目标变得混乱起来。这也是梁启超在从历史、文化、血缘、种族等角度使用民族概念后，又马上提出“大小民族主义”的划分，并强调大民族主义立国的重要原因。

更重要的是，用民族概念来划分国家版图内的人（国民）还表示一种新的人群划分方式的出现，这种新的划分方式必然伴随着新的知识生产。而民族认识或民族观念与历史上的“族类观念”处于不同的发展状态。前者因与

① 周平：《中国民族构建的二重结构》，《思想战线》2017年第1期。

民族主义有关而具有一种聚拢的意识，即民族意识。后者则停留在自发的状态，聚合或分离十分自然。同时，从国家的角度看，不同的民族观念会形成不同的民族主义立场（实为政治立场），而民族主义立场的分歧常常会导致人群共同体的聚合或分离，进而影响到国家的统合。比如，汉民族主义的兴起会引发汉族与“国内他族”的划分，相反，“国内他族”意识的兴起也会导致“自我”与汉族的区分，这实为一种民族意识的区分。这种民族意识引发的一系列诉求很容易上升到国家政治层面。而历史上的“族类划分”则多停留在“地方语境”而很难具有相应的国家政治属性。

二、“汉族”意识与“国内他族”观念

（一）汉民族主义的兴起及对“国内他族”认知的分歧

中国近代思想家在运用民族称谓指称中国“族类群体”的过程中，因各自救国立场的不同而形成了中国近代民族主义的两大流派。以梁启超为代表的君主立宪派强调“民族主义建国”，提出“大、小民族主义”的划分，主张在“大民族”的框架下，融合国内诸族，建立大民族的民族国家，并以此打造一个包容性的国民；以孙中山为首的革命派强调“民族建国主义”，即建立汉民族的单一民族国家，以一民族为一国民。[①]无论是“大、小民族主义”还是“汉民族主义”皆蕴含着“国内他族”观念，只不过前者强调以“汉族”为中心，融合吸收“国内他族”（汉族以外的民族），后者则排斥或同化“国内他族”。同时，对“国内他族”认知的出现还酝酿了划分“汉族”与“少数民族”的思想。之后，汉族以外的民族不断演变，直至获得“少数民族指称”或被构建为“少数民族”。

1.君主立宪派的“‘大民族’建国”。梁启超是君主立宪派的主要代表人物，他在1901年发表的《中国史叙论》一文中，便使用“中国民族”“四万万同胞”等概念提法，意指“中国人”。1902年，梁启超在《论中国学术思想变迁之大势》一文中除使用“中华民族”（汉族）一词之外，还频繁使用了“中华”概念。而他此处对“中华”的理解反而更加准确地表述了

① 参见王柯：《“民族”：一个来自日本的误会》，《二十一世纪》2003年6月号。

中华大地上的庞大族类群体，即他所呼吁的“中国人”或“国民”。在文中，他多次将“中华”与“国人”联系在一起论述。由此可知，这里的“中华”是指居住在中华大地上的所有族类群体的总称，是诸族之和；1903年，梁启超把“中华民族”的应有内涵与中国“庞大族类群体”的历史传统结合起来。在《政治学大家伯论知理之学说》一文中，“大民族主义”学说为“中华民族”概念与中华大地上的庞大族类群体的契合找到了方向。他讲道：“合群云者，合多数之独而成群也”。针对革命派的“排满复仇论”，他秉持更加符合中国庞大族类群体历史的“‘文化’民族主义”，主张汉族吸收满族，合诸族为一大民族。对于“民族主义建国”问题，他提出：“吾中国言民族者，当于小民族主义之外，更提倡大民族主义。小民族主义者何？汉族对于国内他族是也。大民族主义者何？合国内本部属部之诸族以对于国外诸族是也。”[①] 显然，这时，他对“国民”与“民族”的关系有了更加准确的把握。换言之，他理解的国民（中国人）应该包括“中华各族”，而要如何打造国民？他也指出，即以汉族为中心，吸收同化其他各族融合为一个大民族（中华民族），并以此构建中华民族的国民（民族）国家。

无独有偶，1907年，君主立宪派的另一重要人物杨度在其主办的《中国新报》刊登《金铁主义》，鼓吹五族立宪论，宣传“五族合一”。[②]

2.革命派的“一民族为一国民”。在进化论和民族主义思潮的影响下，汉民族主义最早兴起。革命派从恢复汉人正统、驱逐满洲统治者的角度宣传“汉族光复”运动，并以“排满兴汉”为重要的革命动员口号。1894年，孙中山在兴中会成立之时首提“驱逐鞑虏，恢复中华”的革命口号；1897年，孙中山在《中国的现在和未来》一文中明确地将满族统治者称为“外国人”[③]；1903年，在《支那保全分割合论》和《敬告同乡书》中，孙中山将满族称为“异种”[④]；1904年，在美国出版的《中国问题的真解决》一文中，孙

① 丁存金：《试论梁启超的中国民族史研究》，《社会科学论坛》2019年第4期。

② 杨度：《金铁主义说》，载刘晴波主编：《杨度集》，湖南人民出版社1986年版，第302—304页。

③ 广东省社会科学院历史研究室等合编：《孙中山全集》（第1卷），中华书局1981年版，第88页。

④ 同上书，第220页。

中山将满族称为“鞑子”。[①] 与此同时，当时的排满主将章太炎、邹容等的言辞则更为激进。[②]

比较起来，与梁启超的“大小民族主义”说有所不同，辛亥革命前的一段时间里，革命派主要强调汉民族主义立国，认为中国要建的民族国家即为汉民族国家，进而排斥或同化“国内他族”。

（二）“国内诸族”中的“国内他族”受到关注和承认

清末中国，君主立宪派给予了“国内诸族”更多关注。而梁启超“大小民族主义”说的提出正是因为体认到了“国内他族”的存在。这一时期，梁启超已经注意到满、蒙、回、藏、苗、瑶等民族。在关于“中华民族”的起源和分类的认识上，梁启超在1905年《新民》杂志上发表的《历史上中国民族之观察》一文中，认为“中国民族”从总体上可以分为华族、苗蛮族、蜀族、巴氐族、徐淮族、吴越族、闽族、百粤族、百濮族等9个派系，其中第一是华族。但他认为这些民族“皆组成中国民族最重要分子也”，他在文中提道，“‘中华民族’是我国境内所有民族从千百年历史演变中形成的、大融合的结果。汉、满、蒙、回、藏等融为一家，是多元混合的统一大民族。……中华民族自始本非一族，实由多数民族混合而成”[③]。更为重要的是，作为君主立宪派的代表人物，梁启超的民族观念甚至影响到了清末立宪运动中的相关表述。根据清末的历史背景，清末立宪运动（1906年开始）中提出的“五族大同”在一定程度上表明“政策”层面对“国内他族”（汉族以外的民族）的关注。

值得关注的是，自梁启超在1903年发表了“大小民族主义”——提倡合诸族为一大民族的观点之后，革命派也在不断地修正自己的民族观念。开始从“排斥异族”转向“同化他族”。1905年，汪精卫发表的《民族的国民》

① 广东省社会科学院历史研究室等合编：《孙中山全集》（第1卷），中华书局1981年版，第255页。

② 参见张枬、王忍之编：《辛亥革命前十年间时论选集》（第一卷），生活·读书·新知三联书店1960年版。

③（清）梁启超著，吴松、卢云昆、王文光、段炳昌点校：《饮冰室文集点校》，云南教育出版社2001年版，第1685页。

一文归纳出了中国民族互动的四种情况，他认为自黄帝时期到明朝，我民族实为多数民族吸收少数民族并同化之，明亡以后，我民族则被少数民族征服同化。[①]虽然仍从汉民族主义立场来认识问题，但终归是注意到了“多数民族”与“少数民族”[②]的关系。从概念使用和构建的角度看，汪精卫在此处使用的“我民族”是指汉族、汉种、汉人，“少数民族”则是指汉族以外的民族。1906年底，孙中山在论述民族主义时也对以往的“排满”立场做了新的阐述或修正。在《民报》发刊一周年纪念大会上，孙中山明确提出：“‘民族革命，是要尽灭满洲民族’，这话大错。民族革命的缘故是不甘心满洲人灭我们的国家，主我们的政，定要扑灭它的政府，光复我们的民族国家。这样看来，我们并不是恨满洲人，是恨害汉人的满洲人。假如我们实行革命的时候，那满洲人不来阻害，我们决无寻仇之理。”[③]1907年汪精卫在《民报》第13号发表《研究民族与政治关系之资料》一文，认为“‘国内他族’能力较弱，只有以汉族为主体吸纳其他民族，建立汉族为主体的民族国家，才能妥善处理民族与国家的关系”。而从把“中国”理解为“汉种”“汉人”“汉族”的国家并排斥国内他族到“以汉族为主体，吸收同化国内他族”来“建国”本就是一种调整和进步，客观上承认了“国内他族”在中国的存在[④]。正因为如此，有学者认为，以1905年为界，革命派与君主立宪派在有关中华民族或者各自民族主义立场的讨论中，把各自的观点、立场做了一些调整。特别是革命派在梁启超的“大小民族主义”学说提出之后，其激进的排满立场就已经发生了微妙的变化[⑤]，在承认“国内他族”存在的情况下，转而坚持以汉

① 汪精卫:《民族的国民》，载恂如编:《汪精卫集》第一卷，光明书局1929年版，第4—10页。

② 有学者认为，正是在1905年中国就出现了“少数民族”的概念。从“少数民族”汉字词组的最早出处来看，确实如此。但从“少数民族”的内涵来看，则有一个不断构建和演变的过程。汪精卫在1905年所提的“少数民族”至多有统计学意义上的“少数”之意。参见韩锦春:《试论我国辛亥革命前在民族理论上的一些思想观点》，《民族研究》1987年第6期。

③《在东京〈民报〉创刊周年庆祝大会的演说》，广东省社会科学院历史研究室等合编:《孙中山全集》(第1卷)，中华书局1981年版，第325页。

④ [日]松本真澄:《中国民族政策之研究——以清末1945年的“民族论”为中心》，鲁忠慧译，民族出版社2003年版，第65页。

⑤ 虽然在1905年仍使用“驱除鞑虏”的革命口号，但那更多是出于推翻清政府的目的。

族为主体或中心的同化论。

第三节 “非汉族类群体”意识的萌发

伴随国家转型的一个重要特征是社会剧变，辛亥革命的爆发加速了中国社会的变化。在这场剧变中，晚清统治者尝试着最后的“改革”，与此同时，“排满”思潮、列强环伺、边疆危机等增加了国家转型的复杂性。在这样的背景下，“非汉族类群体”①不仅十分活跃，而且萌发了“自觉”意识。

一、“边疆新政”与非汉族类群体的启蒙

“边疆新政”是清末新政、立宪改革在边疆多民族地区的实践。从国民（民族）国家及国民构建的角度看，“清末新政”旨在打造一个涵盖清王朝所有臣民的新“国民”。

“国民”与“民族”在中国近代民族主义形成的进程中有着必然联系。旅日学者王柯就认为，“将‘民族’与‘国民’概念联系在一起，正是中国近代民族主义兴起的重要标志”②。正是因为现代民族的“国民”属性才把它与传统的“族类群体”从本质上区别开来。对于“国民”的内涵，近代以来的知识精英做了有益探索。在当时的知识精英看来，“中国自开国以来，未尝有国民”。“何谓国民？天使吾为民而吾能尽其为民者也。何谓奴隶？天使吾为民而卒不成其为民者也。故奴隶无权利，而国民有权利；奴隶无责任，而国民有责任；奴隶甘压制，而国民喜自由；奴隶尚尊卑，而国民言平等；奴隶好依傍，国民尚独立。”③而“近代以来世界各国之所以竞相建设国民国

① 在少数民族概念正式提出之前，为了行文的方便，使用“非汉族类群体”来指称汉族之外的族类群体。

② 王柯：《“民族”：一个来自日本的误会》，《二十一世纪》2003年6月号。

③《说国民》，《国民报》第2期，第8页，1901年6月10日。该文从现代主权国家“主权在民”思想的角度，揭示了国民与权利、责任（义务）、自由、平等、独立等现代社会价值理念的关系。

家，就是因为可以通过这个过程提升国民素质，促进国民觉醒，增强国民的国家意识，提升国家的精神”[①]。正因为如此，当时的主要政治派别均看到了构建“国民”的重要性，梁启超指出“国家所最渴需者，为国民资格”[②]；革命派也宣称“夫立国于地球之上者，无国民则亡，有国民则强”[③]。

与此同时，君主立宪派与革命派在如何构建国民国家及国民的问题上产生了分歧：前者主张融合国内属部诸族为一“大国民”；后者主张“以一民族为一国民”。而两派围绕国民构建的论争（如何打造“国民”，核心是如何看待“民族”）交互在清末新政及立宪改革的整个进程中，必然受到主导清末新政及“边疆新政”的清末统治者的关注和认知。在清末统治者主导的“国民”构建过程中，自然也无法回避“民族”问题，并且，对“国民”的构建正是从处理族际关系开始的。因此，当“边疆新政”在促进边疆各个“族类群体”向“国民”转化的进程中，自然会牵涉到对“族类群体”的启蒙。从中国民族主义运用（大、小民族主义的提出）的角度来讲，边疆各个“族类群体”的“自觉”意识具有双重性，它既有作为“国民”整体的“大民族”意识，也有各个“族类群体”的“自我”意识。而从实际的状态看，当时边疆各族的“自我”意识强于清王朝所要塑造或构建的“国民（大民族）”意识，而这也是造成清末国民国家及“国民”构建未完成的重要原因。

“边疆新政”主要集中在东北、蒙古、西藏、新疆等边疆多民族地区。东北原是满人的龙兴之地，长期实行封禁政策，但自日俄外患凸显之后，东北“封禁”已经名存实亡。同时，由于满洲人的“统治民族”身份使其“身份认同”早已超出东北一域。置言之，满人的“民族”启蒙与清末新政在东北的施行关系不大。至于满人的“民族化”何时出现，将在下文阐明。但蒙、回、藏诸部的启蒙则与“边疆新政”有一定联系[④]。

---

① 参见王柯：《“民族”：一个来自日本的误会》，《二十一世纪》2003年6月号。

② 梁启超：《政治学大家伯伦知理之学说·节二·论国民与民族之差别及其关系》，载《饮冰室合集》（文集之十三），中华书局1989年版，第74、76页。

③《论中国之前途及国民应尽之责任》，《湖北学生界》第3期，1903年3月。

④ 除了受到“边疆新政”及君主立宪派的影响之外，“排满”宣传、列强威逼利诱、清王朝衰败、“非汉族类群体”新旧精英的推动等在“非汉族类群体”启蒙的过程中也起到重要的作用。

1910年8月，“清廷正式宣布撤除对蒙古地区的封禁令，允许蒙旗与民人交易，蒙汉通婚，蒙古族人可以学习和使用汉文”[①]等。除此之外，“清政府还在蒙古地区推行练兵、兴办近代学校”[②]等。这些改革措施产生了一定积极影响，启蒙了一批蒙古王公。比如，内蒙古卓索图盟喀喇沁右旗多罗都棱郡王贡桑诺尔布就积极响应“新政”，力行改革。1903年，贡桑诺尔布等就曾私自前往日本考察学习，寻求“自强”之道。而更应该注意的是，在当时的情况下，“边疆新政”特别是“移民实边”加深了蒙汉族际矛盾。在这一进程中，农耕与牧业冲突不断，并日趋表面化，引发蒙古社会传统经济结构的动荡。同时，“新政”撕裂了“满蒙政治联姻”的传统政治格局，压缩了蒙古王公贵族的权力和利益，引发了族际政治危机，“新政”变成苛政，非但没能构建起主权国家的国民认同，反而激起了蒙民反满反汉的仇恨之心，“应有”的“国家（国民）认同”出现了向“蒙人认同”转化的危险。

谈论“边疆新政”在西藏的实践则无法绕开张荫棠对西藏社会的改革。张荫棠西藏新政的核心思想主要围绕“收回治权”和国民同质化两方面展开：“收回治权”打破了中央与西藏地方传统的“羁縻”关系，并试图对西藏进行直接统治，这冲击了西藏地方特权阶层的传统利益。而这些在西藏社会具有重要影响的特权阶层（喇嘛、噶伦、贵族）的政治取向将直接影响到西藏社会启蒙的走向；在推动藏人与内地汉人、汉官的文化同质化方面，张荫棠的国民同质化思想深受君主立宪派“大民族”观念和国民观念的影响，即推动藏人与内地汉人的融合。但在藏族社会的特殊条件下，这些举措反而助推了“藏族”进一步凝聚。

新疆自古以来就是众多“族类群体”的发源地，到了近代更是有“东方种族博物馆”之称。因此，只能从宏观上把握和分析新疆各个“族类群体”的启蒙进程。相较于蒙、藏社会，新疆各个“族类群体”的启蒙最晚，并且具有族别上的差异性和多样性。有学者就认为“直到清朝末年，新疆各族很大程度上仍然与几个世纪前一样，社会群体的分类仍然是文化、语言和宗教

① 赵天福：《边疆内地化背景下的蒙汉民族贸易变迁（1368—1949）——以宁夏地区的蒙汉贸易为例》，《宁夏社会科学》2008年第4期。

② 杨策、彭武麟：《中国近代民族关系史》，中央民族大学出版社1999年版，第196—197页。

的，而不是民族的。……同时也指出新疆各族意识的启蒙与‘新政’实施相关，与辛亥革命相关，也与后期国际共产主义运动的影响直接相关。正是‘新政’以后，各民族中新型知识分子的成长与国际共产主义运动结合，才将曾经基于文化、语言和宗教的族类共同体意识，转型为‘民族’意识，并在社会精英和上层中生发了民族主义思潮”[①]。具体来看，“边疆新政”为新疆现代化的开启提供了重要条件，新疆各个“族类群体”的启蒙正是新疆现代化开启的重要结果。“新学”的设置，选派新疆籍学生外出留学、设立提学使等为新疆各族的内外交往提供了互动空间，为新疆现代知识分子的成长提供了机会。在新疆各族交往互动的过程中，汉族的革命意识对新疆非汉族类精英的启蒙产生了相当的影响。汉族官员以编练新军（新政的重要内容）为名而暗自进行策动推翻清王朝的革命活动不但没有引起新疆其他“族类群体”的反对，相反，在清王朝统治较为薄弱的新疆各地，革命活动得到了维吾尔等其他“族类群体”的支持。革命人士通过创办汉、维、回、蒙等不同文字的报纸，以及创办新式学校作为革命的宣传阵地，积极动员回、维等“族类群体”加入推翻清王朝的革命阵营中来。总的来看，“新政”与革命交织在一起成为清末新疆社会变迁的重要特点，而这样的社会变迁也为新疆各个“族类群体”的启蒙创造了条件。

二、民主革命对非汉族类群体的刺激

（一）“排满”宣传与满、蒙“民族”意识的最先发迹

“排满”宣传在本质上是政治革命的范畴，其目的是要推翻君主专制、推翻清朝统治者。但对于革命派而言，“排满”宣传还具有更为强烈的“种族”意味，它具有明显的“种族排他性”。激烈的“排满”宣传、“灭满兴汉”“汉族光复”思潮更是“汉民族主义”的张扬，是汉民族主义兴起的重要标志。因此，“排满”还是“民族革命”“种族革命”的范畴。

“排满”革命的疾风骤雨首先刺激到晚清的最高统治者，除却在政治上

① 郑信哲、周竞红主编：《民族主义思潮与国族建构——清末民初中国多民族互动及其影响》，社会科学文献出版社2014年版，第187页。

做出实行清末新政及清末立宪的政治改革外，晚清的统治者在文化上则始终坚守满洲–中国的一体，及其推动中国内部各个“族类群体”的交往融合。但这场以“平满汉畛域”为重要内容的“族际关系修复”和以维护“大国民”统合的“国民（民族）构建”在改革主导者内部是纠结和复杂的。进一步说，在“满洲认同”与“平满汉畛域”、在“首崇满洲”与“国民平等”之间始终存在一定张力。“当时，排满风潮涌起，清政府的合法性受到质疑。而这种质疑反过来也加深了满族自身内部的‘满洲认同’，并在政治安排上愈发保守，也最终葬送了其试图通过立宪确立国民政治认同、重塑统治合法性的政治努力。”①事实上，清末立宪之所以背上“骗局”的骂名，也与上述“纠结”不无关联。在清末立宪的整个进程中，皇族、满洲贵族、满人大臣等扮演了最高决策者、执行者、建议者的角色，具有充分的话语权，他们必然在改革中努力维护“满洲”的利益。并且，在“其后‘厘清官制’，尤其是中央的官制改革中出现的所谓‘排汉’现象，进一步‘佐证’了清朝统治者立宪诚意的不足。自然也使清朝统治者试图以‘平满汉畛域’来理顺‘族际关系’和扑灭‘排满’革命的努力毁于一旦”②。因此，“在‘汉民族主义’及其‘排满’宣传所凸显的汉人‘民族化’进程中，满人也被作为敌对力量而被汉民族主义者民族化了，成为汉民族主义者想象出来的‘杂质’”③。但需要明确，由于满人的“统治民族”身份及其“中国一统”的目标，满人自身在民族化（族裔民族主义）的进程中缺少主动性，而这并不否认满人“民族”意识的启蒙和发迹，当其失去统治地位之后，“满洲国”的“复活”便是明证。

其次，“排满”宣传在动摇清朝统治者政治合法性的同时，也在撕裂着清王朝一手建立和经营的统一王朝国家体系。过去与满洲联系紧密，在清朝政治格局中占据重要地位的蒙古也开始在新的时局下观望和思考政治出路的问题。特别是在辛亥武昌起义后，各省纷纷独立，满人在革命进程中受到压制，而“排满”宣传给处于观望中的边疆各个“族类群体”造成忧虑甚至恐慌。与此同时，列强乘机拉拢边疆上层，造成“独立”“驱汉”的“民族”启

① 常安：《从王朝到民族–国家：清末立宪再审视》，《政治与法律评论》2011年第1期。
② 常安：《统一多民族国家的宪制变迁》，中国民主法制出版社2015年版，第53页。
③ 郑信哲、周竞红主编：《民族主义思潮与国族建构——清末民初中国多民族互动及其影响》，社会科学文献出版社2014年版，第72页。

蒙杂音在边疆地区飘荡。比如，八世哲布尊丹巴等人在沙俄唆使下在库伦进行的独立活动与革命排满的刺激不无关联，或者说，至少是为‘分离主义’找到了一个‘口实’。更为重要的是，“分离主义”的杂音和行动一旦“开了口子”，就会产生“多米诺骨牌效应”。在哲布尊丹巴宣布建立“蒙古国”政府之后，蒙古社会各蒙旗（包括新疆蒙盟）认为可以效仿，纷纷响应。

（二）革命骤起与“回疆”各部“自觉”意识的出现

新疆的革命活动在辛亥革命爆发之前就已经酝酿①。当“辛亥革命的声响传播到新疆后，便一发不可收拾，各地均揭竿而起，乘机起义，首先是迪化，其次是伊犁，全疆也因此风起云涌，自由、共和的思潮传播到新疆的每一个角落。”②而讽刺的是，正是清政府自己为新疆送去了革命的“种子”。清政府在“回疆”实施一系列“新政”的过程中，革命力量不断渗入，并酝酿了迪化（今乌鲁木齐市）起义和伊犁革命。但“由于迪化的反清革命筹划被袁大化（新疆末代巡抚）的下属侦知，导致迪化的起义坚持到1911年12月29日就告失败，有86人遇难，193人被流放”③。而伊犁的起义却夺权成功④。总体看，革命派并未在新疆取得完全胜利，相反，同全国革命形势一样，新疆革命果实很快被旧官僚窃取。

而从新疆各个“族类群体”的“自觉”进程来看，辛亥新疆革命具有伟大的进步意义：一方面，它传播了资产阶级民主革命思想，使民主共和观念在新疆有所传播，使反对封建专制成为新疆社会近代化的潮流；另一方面，据相关史实，“辛亥伊犁革命过程中，汉族精英基于推翻清王朝专制统

---

①《新疆风暴七十年》的作者张大军认为“关于新疆之革命运动，本酝酿已久，过去之军队反抗官僚阶级，和各地哥老会党之枪杀满清官吏，和到处之民众的消极和积极的不合作运动，均系国民革命之影响和鼓动，不过没有大规模的爆发而已”。参见张大军：《新疆风暴七十年》第一册（全12册），台北：兰溪出版社有限公司1980年出版，第39—40页。

② 林培源：《杨增新治疆实践研究（1912—1928）》，中国人民大学博士学位论文2017年。

③ 魏长洪：《迪化辛亥起义风云》，《新疆文史资料精选》（第一辑），新疆人民出版社1998年版，第1—8页。

④ 转引自张宪文，张玉法主编：《中华民国专题史》（第十三卷），王川，张启雄，蓝美华，吴启讷等著：《边疆与少数民族》，南京大学出版社2015年版，第36页。

治的政治动员、革命宣传，启迪了民智。维吾尔、回等新疆‘少数民族’积极参与和支持革命，并在革命的洗礼下，逐步具有政治自觉”[①]。在革命骤起的动乱时期，新疆政局同全国多数省份一样进入了军阀专制的时代，“谁掌握枪，谁就有地盘和实力”，而为了扩充实力，军阀混战成为近代新疆社会变迁的常态。“从杨增新至盛世才，军阀统治使得新疆各族人民在清王朝被推翻后并未获得快速的发展，人民生活并未得到真正改善，反而由于军阀政治的性质而日渐困难，社会危机加重，‘民族’利益诉求高涨。”[②]最后，军阀政治的性质使其常常依附帝国主义来维护统治，这为外来意识形态（特别是民族主义）的传入提供了契机。正是军阀政治的寄生性，使得新疆社会的民族主义在整个军阀统治时期出现分化和偏离。其中，“双泛”主义（泛伊斯兰主义、泛突厥主义）等意识形态得以在新疆生根发芽，并且相互交错，难以撇清。特别是“双泛”主义持续至今，直接影响新疆族裔民族主义（有学者称之为“准民族主义”）的走向。

（三）革命风暴与“西南诸族”的演化

西南边疆在历史上多为“非汉族类群体”的聚居地。历朝方志中记载了数以百计的各类“人”“族”“种”等。这一地区长期实行“以夷治夷”的土司制度，虽然有学者认为清乾隆以后就不再视“土司”为外夷了[③]，但清中期的改土归流并没有完全触动西南各土司区。特别是在滇西边区，至清末民初，仍还属于半独立的土司治地[④]。辛亥革命的爆发，使得这一地区的社会政治结构、“族类群体”等发生转变。

本部分以近代云南及滇西边区为例，从主体视角分析清末民初（辛亥革命是重点）民族观念在云南社会及滇西边区的演变。随着国家转型、“西

---

① 郑信哲、周竞红主编：《民族主义思潮与国族建构——清末民初中国多民族互动及其影响》，社会科学文献出版社2014年版，第189页。

② 同上书，第195页。

③ 王柯：《民族与国家：中国多民族统一国家思想的系谱》，冯宜光译，中国社会科学出版社2001年版，第159—160页。

④ 郑信哲、周竞红主编：《民族主义思潮与国族建构——清末民初中国多民族互动及其影响》，社会科学文献出版社2014年版，第288页。

学东渐”，西方“进化论”“人种说”也出现在滇西边区的人种分类当中。在这一时期的相关著作中提出汉人要向西方白种人进化，而“夷人”要向文明进化[①]。在进化论、种族竞争方面，当时的革命派和改良派有着共同的目的，革命派强调“排满”，改良派强调“合种”，为的都是要使本种在种族竞争中不致被淘汰。随着种族进化论的传播，由愚昧向文明“进化”，蛮夷“开化”等词在主流知识精英的话语中随处可见。在革命派和改良派的推动下，由蛮夷“王化”到种族“进化”的转变实际上是“族类”观念由“旧”到“新”的变化。

由于清末中国“排满”思潮的话语地位，滇西边区“族类群体”便在“排满”的革命话语中走上了演化的历程。据滇西边区的一位年轻知识分子回忆，革命党人来到干崖（今盈江）之后，常和他们碰头，见他们在看改良派（主张君主立宪）的相关学说（康梁学说，刊登在《中国魂》《新民丛报》）后，对他们说：“这些学说不对劲，要看‘种族性’的书报。”说罢，就给了他们一些《民报》《天讨》及革命派其他读物。[②]而这些革命党人就是从缅甸辗转入滇西的秦力山等人。他们在干崖开办民族学堂，宣扬革命排满。[③]

应该提及的是，“排满”的民族（种族）主义思潮与传统的“反满”思想（比如反清复明）在滇西的实践中是极为类似的。首先，不仅是在滇西，在云南各地的起义中，“排满”更多是指推翻清政府。不管是满人还是汉人，只要一道推翻清政府，便不是“异族”了。因此，“排满”及种族主义具有明显的工具主义之嫌。同时，在远离满人统治中心的遥远边陲，无论是在革命派的语境中，还是在改良派（此时主张君主立宪，但“皇族内阁”的出现使他们大失所望，也意识到必须推翻清政府）话语中，“排满”的重要意涵都是推翻清政府。进一步说，在清王朝衰败无能、行将没落之际，革命派、

① 杨发锐：《腾越人种考》，《东方杂志》第4卷第5号，光绪三十三年五月，又见《新民丛报》第四年第十五号（原第八十七号）所载之《云南腾越厅属物产种人矿厂调查》（乙）种人。

② 陈定洲：《辛亥腾越起义前后我的经历》，张兆兴、刘硕勋辑录：《辛亥腾越起义诗文录》，中国文联出版社2005年版，第71页。

③ 居正、陈仲赫：《祭秦先生力山文并序》，中国社会科学院近代史研究所、近代史资料编辑组编：《华侨与辛亥革命》，中国社会科学出版社1981年版，第163页。

改良派等在推翻清政府的问题上已经趋于一致。而革命打响之后，各种政治派别都充斥在革命阵营中，“革命”并非革命派的革命。其次，在滇西的“排满”话语中，“传统的家族、血缘，黄帝华胄，华夏夷狄等族类观念都被纳入其中，国仇家恨、种族复仇等等，具有相当的感染力，也具有传统的华夏中心主义思想”[①]。最后，在滇西边区乃至整个云南，“排满”所煽动起来的推翻清政府及收复汉族河山的情绪远重于民主共和，也重于排斥异族。换句话说，推翻清政府的意涵在滇西边区与历史上的“改朝换代”没有本质区别。特别是对在滇西边区具有重要影响的土司看来，比起民族主义，他们更注重自己的政治地位和经济利益。对他们而言，“排满”和民国的建立只意味着清王朝的覆灭和政权的更迭，作为土司，他们仍在旧的礼制下思考如何效忠新的统治者。[②]因此，很难说，辛亥革命使滇西“非汉族类群体”具有“民族主义”意识。不仅是他们，就是土司等边地上层，在国家转型时期也并未出现自觉的“民族”意识。有学者就认为，“滇西边区少数民族自身民族意识的发展，在辛亥革命前后似乎没有什么表现”[③]。所以，与其说辛亥革命改变了滇西甚至整个云南“非汉族类群体”的传统生活，或启蒙了他们的“民族”意识，倒不如说辛亥革命的爆发为这些“非汉族类群体”提供了启蒙的社会条件。

并且，辛亥革命及其夹杂的“民族主义”话语对滇西“非汉族类群体（土民、边地民族）”的影响和冲击是不同的。例如，“大理起义后街上悬挂的汉字红旗几乎酿成回变”[④]，后大理起义总部“集回民会议，为演说回汉一致，五族平等之旨。并令人公推代表，得杨杜二人入部共事，始各帖然”[⑤]。此地回民的自觉程度超出了滇西其他“民族”的自觉程度，这与回民起义遭到镇压和回民遭到歧视带来的疑虑不无关系。而大理起义机关所标榜的“回

---

① 朱浤源：《再论孙中山的民族主义》，《“中央研究院”近代史研究所集刊》1993年第22期上。

② 刘明德：《回忆腾越举义》，载《云南文史资料选辑》（第41辑），云南人民出版社1991年版，第129页。

③ 郑信哲、周竞红主编：《民族主义思潮与国族建构——清末民初中国多民族互动及其影响》，社会科学文献出版社2014年版，第303页。

④ 尹仑：《辛亥革命时期云南军都督府的民族政策》，《云南社会科学》2012年第2期。

⑤ 张肇兴撰：《迤西篇》，谢本书等编：《云南辛亥革命资料》，云南人民出版社1981年版，第477页。

汉一致，五族平等”也更值得推究。

而革命在推动西南各个“族类群体（蛮夷、土民）”近代化的同时，还为他们构建了相应的称谓。1911年10月30日（旧历九月初九日），云南新军在蔡锷（留日学生，新军旅长，受君主立宪派思想影响，与同盟会暗自联系，支持革命）、李根源（留学日本，旧官僚）等人的领导下，发动了反抗清朝统治的武装起义，即昆明“重九起义”。同年11月3日，大中华国云南军都督府成立，发布了《布告全省同胞文》，声称各省义军“宗旨在铲除专制政体，建造良善国家，使汉、回、满、蒙、藏、夷、苗各种族结合一体，维持共和”[①]。这一文告较早地提出了与内地“五族合一”“五族一家”“五族共和”等类似的主张。有学者把云南军都督府的民族主张称为“七族共和”[②]。细细分析云南军都督府的这一主张，不难发现，“七族共和”思想在某种程度上是对“大小民族主义”说的发扬。作为梁启超的学生，蔡锷一定程度上受到梁启超“文化民族主义”的影响，早早认识到“国内诸族”存在以及与“大国民”的关系。更为可贵的时，蔡锷能够结合云南实际，把“国内诸族”的范围扩大到“苗、夷”，这在当时是对已有民族认识的补充。

革命成功后，云南军都督府特派李根源出掌滇西，并把推进“非汉族类群体”（土民）演化的重点放在改土归流上。1911年底，蔡锷在给李根源等的电文中说：“又滇边远辽阔，逼处强邻，土司蠢蠢，不能自立，间多外响。经营西防边务，以巩固滇疆，亦一大事业。”[③]当政者认为：“民国成立，蒙古西藏。尚宜改设行省，以谋统一。滇西十余土司，自亟应改土归流，以促进其进化。”[④]之所以强调改土归流，其实质是要变革边地社会。当政者指出：“改土归流的目的不仅是整齐政治，绝除边患，也是使落后的‘土民’

①《布告全省同胞文》，发布时间为11月，上海《民立报》1911年12月8日刊登，见崇谦记，宝铎注：《宦滇日记》，载中国社科院历史研究所第三所编《云南、贵州辛亥革命资料》，科学出版社1959年版。

② 潘先林：《辛亥革命时期云南军都督府民族政策析论》，《云南民族大学学报》2011年第6期。

③ 周钟岳辑：《天南电光集》，载谢本书等编：《云南辛亥革命资料》，云南人民出版社1981年版，第67页。

④ 杨毅廷：《滇西五月报政录》（卷一），1912年铅印本，第5—6页。

能得以进化，与内地得享‘同等之法治’。”[①]而在推进改土归流的过程中，急于推进的方针遇到了很大的阻力，遭到当地“夷人”的对抗，故而采取“土流并治”的方针。在对待土司方面，则采取传统的招抚办法，但增加了对国家意识和边界意识的“宣传教育”。

三、列强煽动蒙、藏上层的“民族分离”情绪

“民族分离”情绪是民族主义的范畴，民族主义是包含民族情感和意识形态的政治思潮和实践活动。著名史学家乔治·P. 古奇把民族主义称为“一个民族的自我意识”[②]，他认为“民族主义是一个民族（潜在的或实际存在的）的成员的觉醒，这种觉醒是与实现、维持与延续该民族的认同、整合、繁荣与权力的欲求结合在一起”[③]。即主要体现为民族利益的至上性，以民族作为最高忠诚对象。在清末边疆危局下，一些“族类群体”因上述欲求无法得到满足而出现的分离情绪开始显现出来。

清末中国，沙俄和日本对蒙古社会的渗透最甚。在外蒙古，紧邻沙俄的喀尔喀蒙古僧俗上层深受沙俄的诱导。史载八世哲布尊丹巴在童年时期就开始接受沙俄经济文化的影响，也正是在沙俄的帮助下，哲布尊丹巴得以一步步掌控喀尔喀蒙古。而沙俄则一直梦想以喀尔喀蒙古为跳板入侵中国腹地，他们通过哲布尊丹巴呼图克图来影响喀尔喀蒙古。至清末，经营多年的沙俄势力已经在喀尔喀蒙古站稳脚跟，而煽动喀尔喀蒙古上层的“民族分离”情绪是其主要手段。“1900年，俄国驻库伦领事施什玛勒夫在蒙古王公会议上指出汉族要在‘经济上、政治上灭亡蒙古’，俄国则‘希望把蒙古王公从这种难堪的状态中挽救出来’。”[④]在沙俄的策动唆使下，1911年7月10日，库伦活佛·第八世哲布尊丹巴召集18位王公喇嘛在库伦城外的博克多乌

---

① 周钟岳：《云南光复纪要——建设篇》，载中国社会科学院历史研究所第三所编：《云南、贵州辛亥革命资料》，科学出版社1959年版，第51页。

② George Peabody Gooch. *Nationalism Harcourt*. New York：Brace and Howe，1920. p5.

③ 李宏图：《民族与民族主义概论》，《欧洲》1994年第1期。

④ 苏联科学院、蒙古人民共和国科学委员会合编：《蒙古人民共和国通史》，科学出版社1958年版，第216页。

拉山以会盟为名谋划独立活动，史称“博克多乌拉山会盟”。会盟提出“努力争取独立和保护我们的黄教与国家是必要的”[①]。同时,“沙俄为鼓动蒙古人起来抵抗‘中国’，并勇于宣布脱离中国而独立，乃派马步队八百余名援助蒙古，于1911年10月初先行驰抵库伦”[②]。并且，在沙俄驻库伦领事馆的奔走下，沙俄曾“将步枪一万五千支，骑兵军刀一万五千把，弹药七百五十发，交给外蒙”[③]。

辛亥革命爆发后，内地各省纷纷宣告独立，清王朝大势已去，部分蒙古王公受到内地革命风潮的鼓舞。在这样的背景下，沙俄加紧了对外蒙古的鼓动，沙俄驻华公使廓索维慈向他们保证：“我国政府同意向蒙人提供武器，……切莫放过‘中国’发生革命这一非常有利之时机，以保证喀尔喀之独立发展，……这使得蒙古王公的独立决心更加坚定起来。”[④]外蒙古王公喇嘛趁机于1911年12月1日在库伦宣布“蒙古独立”，驱逐库伦大臣三多，建立以库伦活佛哲布尊丹巴为大皇帝的“蒙古国”政府。同时，哲布尊丹巴当晚随即下谕旨，痛斥清朝，脱离满洲，宣布蒙古独立，并以“民族主义”为名从库伦向内外蒙古各盟旗发出“独立”檄文[⑤]，号召漠南蒙古响应“独立”，归顺“蒙古国”。

与此同时，过去遭受西方列强入侵的日本在民族主义的影响下实现了觉醒和快速发展，并很快加入帝国主义列强的行列，推行殖民主义扩张路线。在日俄战争之后，日本势力进入内蒙古，把内蒙古作为其殖民扩张的战略目标，在内蒙古进行有目的的调查渗透活动。[⑥]同时，“在调查的过程中，日本人除了对蒙古上层进行经济利诱之外，更注重煽动蒙古人的‘民族’意识。他们与蒙古王公贵族结交，引为朋友，有的还为王公贵族提供枪支，有的则以蒙古民族同情者面目出现，声称自己肩负‘蒙古民族复兴’的

① 内蒙古社科院历史研究所《蒙古族通史》编写组：《蒙古族通史》（下），民族出版社2001年版，第290页。
② 梁鹤年：《库伦独立始末记》，陈箓：《止室笔记》，文海出版社1968年版，第181页。
③ 转引自复旦大学历史系编著：《沙俄侵华史》，上海人民出版社1986年版，第431页。
④ 陈春华译：《俄国外交文书选择——关于蒙古问题》，黑龙江教育出版社1991年版，第13号文书。
⑤ 刘序渭编：《民国以来蒙古资料汇编》，金兰文化出版社1976年版，第175页。
⑥ 参阅金海：《日本在内蒙古殖民统治》，内蒙古大学博士学位论文，2000年，第12页。

使命”[①]，并且，为蒙古上层中的“先觉者”提供“民族”启蒙的外部条件。比如，“1903年冬，贡桑诺尔布和那彦图之子祺承武等未经清政府许可，由天津私搭日本邮船访日，并得到时任日本首相大隈重信和其他日本要员的接见。日本政府派人陪同他们参观了东京、神户、京都等日本城市，并考察了日本政治、经济、文化等领域。贡桑诺尔布深受日本繁荣的刺激，开始追问中国落后、蒙旗落后之根源”[②]。回国后，贡桑诺尔布的“民族”意识明显增强，在崇正学堂开学典礼的演说中，他讲道：“我们蒙古民族，在数百年前，成吉思汗崛起于漠北之地，席卷欧亚两洲，灭国四十……本王父祖相承，历当大清皇朝的爵位和俸银，当此国家多事之秋如不协助国家，使民众习文练武，实在于心不忍。”[③]众所周知，日本人拉拢蒙古王爷们的主要目的并不是出于真心帮助，而是通过分裂中国为其侵略图谋提供方便。这种图谋在1912年日本浪人川岛浪速的《对华管见》一文体现得十分明显，他提出：“今于满蒙民族之头脑中正渐渐呈现独立之思潮。若利导之，使之与中国本土分离而建设一独立之国，则与中国本土之对抗上，必将日益依赖我之实力，乃势之使然。我若据此渐次布置势力，掌握利权，不难于数年间使帝国之实力确立于满洲及内蒙方面，而形成一体不可分之联邦关系。”[④]因此，“他在东京大力鼓吹‘满蒙独立’”[⑤]。而令日本人感到欣喜的是，辛亥武昌起义不久，贡桑诺尔布就与日本人合作（之后转向民国），积极策动卓索图盟各旗响应库伦活佛哲布尊丹巴为首的“蒙古国”政府。[⑥]

在藏族社会，达赖喇嘛等宗教上层的“民族”意识具有广泛的代表性，他们的“民族”意识对全民信教的藏族民众具有决定性影响。事实上，“在

① 郑信哲、周竞红主编：《民族主义思潮与国族建构——清末民初中国多民族互动及其影响》，社会科学文献出版社2014年版，第89页。

② 同上。

③ 张国强：《贡桑诺尔布与赤峰近代化》，国际华文出版社2001年版。

④ 黄时鉴：《日本帝国主义的“满蒙政策”和内蒙古反动封建上层的“自治”“独立”运动》，《内蒙古大学学报》（社会科学版）1963年第1期。

⑤ 金海：《日本在内蒙古确立殖民统治及其对蒙古民族运动的政策》，《蒙古史研究》2003年第00期。

⑥ 忒莫勒、乌云格日勒主编：《西盟会议始末记 侦蒙记 征蒙战事详记（外三种）》，黑龙江教育出版社2014年版，第2页。

1903年英军第二次入侵西藏之前，藏族社会从未出现过民族分离为目标的政治诉求。……并且，在清朝统治的大部分时期内，无论是藏王或噶厦统治下的世俗政权，还是以达赖、班禅两大活佛系统为中心建立的政教合一体制，都没有对清政府统治西藏的合法性提出过质疑”[①]。但在英军入侵后，英印政府便极力拉拢西藏政教上层，特别是随着达赖喇嘛在政治上的摇摆，西藏地方统治集团内部亲英势力开始崛起，他们中“既有希望通过向西方学习而振兴藏族的精英分子，也包括试图将西藏（藏族）从祖国分裂出去的‘藏独’势力。这些人在清末到民国的西藏政治格局中具有重要影响，他们是西藏出现民族分离主义杂音的重要推手”[②]。

四、清王朝衰败与蒙、藏上层的“民族主义”抉择

这一时期清王朝的衰败是全方位的，可谓内忧外患，政权摇摇欲坠，难以维系。再加上“边疆新政”对边疆地方上层利益的损害，“排满”风潮的刺激，列强的威逼利诱等，造成了边疆地方上层在政治上的不坚定。在特定的时局下，过去受清王朝“节制”和拉拢的边疆地方上层难免会在国家转型–社会剧变的关键时期重新思考自己和本“民族”的发展问题。辛亥武昌首义之后，革命风潮四起，边疆地区则惴惴忧恐，以为清王朝变在旦夕。而这样的政治变幻进一步引起了蒙、藏社会封建上层或王公贵族中的先觉者的警觉，也正是在这种混乱的局势下，蒙、藏封建上层面临新的政治抉择。

在蒙古封建王公内部，当清王朝一步步衰败并继之而起的辛亥革命爆发后，早已有“叛清附俄之心”的部分蒙古封建上层（以哲布尊丹巴为首）做出了新的关乎蒙古民族走向的政治选择。更为重要的是，在政教领袖具有重要影响的蒙古社会，喇嘛、王公等封建上层的政治取向将直接决定蒙古社会“民族主义”的走向。正如迪鲁瓦呼图克图所称：“当1911年清朝政府垮台时，无论台吉还是呼毕勒罕，所有的人们都把希望寄托在哲布尊丹巴呼图克

① 郑信哲、周竞红主编：《民族主义思潮与国族建构——清末民初中国多民族互动及其影响》，社会科学文献出版社2014年版，第234页。

② 同上。

图身上。因为，他无论是在宗教还是非宗教方面，在当地都是拥有最大权限和影响的人物。因此，他被拥戴为统领政教大权的博格达汉。”而当哲布尊丹巴率领喀尔喀蒙古宣布独立之后，整个蒙古社会（蒙古各区域）也进入了关乎本“民族”走向的历史选择中。“在这一选择中我们会看到，有‘进’而组织军事行动者，有‘退’而公开宣布不与外蒙古合流者，也有在两者间摇摆并最后选择‘退’者。”①而必须正视的是，在清王朝弥留之际，哲布尊丹巴做出的“民族主义”抉择得到了大多数蒙古王公贵族的响应②。

而在族体认同更为单一的藏族社会，宗教领袖（十三世达赖喇嘛）对近代藏人的民族主义启蒙更是具有决定性影响。他们的政治取向和民族主义诉求具有政教权威的性质，支配着藏人的走向。而清王朝的衰败无能成为达赖喇嘛等政教领袖出现离心倾向的重要因素。在军事上，清王朝无法有效组织起对英军入侵的反抗，并且以不断出卖国家和西藏的地方利益为条件向侵略者妥协退让求和，这使西藏社会民众对清王朝极其失望。而在英印殖民者的拉拢下，西藏上层集团中的亲英势力迅速崛起，并逐步占据上风；在政治上，英军入侵西藏后，达赖喇嘛流亡内地期间所见清王朝的昏庸无能以及清王朝对达赖喇嘛的误判成为达赖喇嘛政治转向的导火索。

特别是在辛亥革命爆发后，行将末路的清王朝再也无法“收拾人心”（重塑合法性），达赖喇嘛走向了背离祖国（清王朝）的民族分离道路。并且，达赖喇嘛的民族分离情绪已经超越了政治革命（政权更迭）的范畴而具有了“民族主义（分离主义）”的内涵。民国元年二月，逗留在印度大吉岭的十三世达赖喇嘛对外发布了一个文告，告诫藏族僧俗官员勿遵汉官（在藏语中，清政府的官员都被称为汉人）之政令。这个文告使西藏特别是拉萨城内一时“谣言四起，番言杀汉，汉言杀番，各怀疑惧”③，紧接着便制造了“驱汉事件”。1913年初，达赖喇嘛由印度返回西藏，并“发布了藏历水牛年文告

① 郑信哲、周竞红主编：《民族主义思潮与国族建构——清末民初中国多民族互动及其影响》，社会科学文献出版社2014年版，第102页。

② 同时，不应否定的是，民国建立以后，“五族共和”观念的提出，以及优待清室和保护蒙古王公上层的利益改变了蒙古部分王公贵族的立场，不仅如此，宣告“独立”的外蒙古在北洋政府的“努力”下也得以短暂地恢复“自治”。

③ 张云侠：《康藏大事纪年》，重庆出版社1986年版，第357页。

（又称“关于西藏全体僧俗民众今后取舍条例”），进一步歪曲历史事实，否认西藏地方历史与中央王朝的不可分割性，否认中央政府对西藏地方的主权管辖和有效控制”[①]。至此，西藏地方与中央政府的关系走到最低点。但需要注意的是，清王朝衰败灭亡后，达赖喇嘛的政治抉择仍有所保留，在处理西藏地方与中央政府关系的历史进程中采取了摇摆政策或“骑墙政策”[②]。之后在民国政府的“努力”下，十三世达赖喇嘛、西藏地方与中央政府的关系出现缓和。

五、台湾近代化与台湾“番民”的启蒙

在清末“国民（民族）国家”构建的尝试中，台湾与大陆的一体化进程是不可忽视的重要方面。台湾的近代化是国家转型的重要组成部分，但由于台湾特殊的地理位置和政治设制，台湾的近代化有其特殊性，台湾“番民”的启蒙也有着特殊的逻辑。具体来看，近代以来，有几个重要的事件加速了台湾的近代化和台湾“番民”（高山番等）的启蒙。一是近代边疆危机凸显以后，台湾建省加速了台湾与祖国大陆的一体化进程。继新疆建省之后，1885年，清政府再次调整边疆地方行政区划，把原先隶属于福建省的台湾府升格为一个单独的省。省制的建立加强了清政府对台湾的直接管理，使台湾与祖国大陆进一步联结为一个整体，为台湾经济社会发展和近代化进程开启了“西学东渐”之门，大陆的“近代化成果”以及官员纷纷传入和迁入台湾，改变着台湾民众的封闭生活。二是台湾首任巡抚刘铭传的“新政”加速了台湾的近代化进程。“刘铭传十分重视‘番民’教育，为了提高‘高山番’的生产生活水平，刘铭传开办‘番学’，派遣官吏前往番民居住地区进行‘启蒙’教育。同时，培养新式人才，创办西学堂等。在其赴台后的三年

① 关于1913年1月达赖喇嘛是否在《藏历水牛年新年文告》中正式提出“独立”的事，学界存在不同看法，国内外以前的大部分研究都认为“水牛文告”是一个宣布“独立”的文告，但也有学者的研究认为，严格说来，并不存在此事。参见喜饶尼玛：《近代藏事研究》，西藏人民出版社、上海书店出版社2000年版，第86—87页。

② 参见郑信哲、周竞红主编：《民族主义思潮与国族建构——清末民初中国多民族互动及其影响》，社会科学文献出版社2014年版，第240页。

间，台湾有400多番社8万多高山番接受招抚。”① 三是日本的侵占改变了台湾近代化的走向，为之后包括众多汉人在内的台湾社会（汉人和番民）注入了民族主义杂音，而这种杂音影响至今。甲午海战失败后，台澎列岛及所属岛屿割让日本，从此，日本开启了在台湾长达半个世纪的殖民统治，使得台湾“番民”的启蒙受到日本的影响，台湾已有的近代化历程被迫中断。之后，台湾光复，国民党蒋介石集团逃亡台湾，“台独”势力等政治杂音混杂了台湾民众的“政治认同”，改变了台湾民众启蒙的“应有”轨迹。发展至今，台湾社会的主体意识（台湾人意识）十分强烈，台湾的“民族主义”已经从“族裔”向“政治”转向。

必须强调的是，清末中国，“非汉族类群体”的启蒙并非是整体性的。这一阶段，“非汉族类群体”内部的上层精英最先萌发相应的“自觉”意识（包括“民族”意识），并引领整个“族类群体”的自觉。有学者就指出，“民族主义的历史创造是由社会精英和知识分子发动的，……精英和知识分子是民族主义的创造者、解说者、操纵者”②。这个时期，蒙古、西藏、新疆都存在或涌现出一些政治、经济、文化精英来呼唤着本“民族”的觉醒。比如内蒙古的贡桑诺尔布、西藏的达赖喇嘛、新疆的维吾尔富商等。

① 谢俊美：《政治制度与近代中国》（修订本），上海书店出版社2016年版，第144页。

② 李世涛主编：《知识分子立场——民族主义与转型期中国的命运》，时代文艺出版社2002年版，第35页。

第二章

中国现代民族话语的建构与民族建设的三种取向

民国时期，主要形成或存在三种民族话语及民族建设路径，同时，这三种民族观念话语处于发展演变的历史进程中。第一种是近代以来资产阶级从西方引进的民族主义思想及其形成并演变的民族观念，可称近代民族主义思潮。南京临时政府、“北洋政府”、南京国民政府主要在这一认知取向下进行相应的民族建设，并发展出“五族共和”“边疆民族”等与民族建设相关的概念指称。第二种是在俄国十月革命后传入中国的马克思列宁主义及其民族理论。大革命时期的国民党受此影响，率先提出了具有“弱小民族”内涵的少数民族概念。无产阶级共产党则以此作为处理民族问题的意识形态，形成了一整套保障少数民族利益的民族观念，推动了少数民族建设；第三种是西方人类学理论传入中国之后出现的以“文化”为核心的民族学分类调查研究，他们认为不同的文化群体即为不同的民族，进而推动了国内民族的细分，拓宽了少数民族的范围。在三种民族观念的影响下形成了三种不同性质的“民族建设”。同时，三种民族观念话语相互影响、纠葛、甚至碰撞，既推动了“民族认识”的进步，也强化了“民族意识”，其结果是各民族建设（核心是少数民族建设）的提升。

第一节　近代民族主义思潮下的民族建设

近代民族主义思潮是中国现代民族观念话语酝酿的最早源头，从目标上看，它并非是要将国民划分为不同民族，相反，是要构建一个与“国民”相一致的“大民族”或“国族”，进而实现国家统合，民族统一。为此，南京临时政府提出“五族共和”思想，希冀统辖五域之地；北洋政府延续了“五族共和”思想，并推动“五族共和”观念的实践；南京国民政府将“五族共和”引向“国族主义”，强调国族同化。但由于受到中国既存“族类群体”的影响，“民族”概念既指“国族”，也被用来指称“国内诸族”，造成近代民族主义思潮下既存在国族建设，也交织着各民族建设。进一步讲，“五族共和”既有“统合”之意，也构建了“五族”的称谓。南京国民政府既强调中华民族的“国族主义”，也未能否认国内各民族的存在。“边疆民族”等概念的流行既是淡化国内民族意识的产物，也在客观上承认了汉族以外的民族，特别是对“西南边疆民族”等的调查拓宽了汉族以外民族的范围，重新修订“西南少数民族命名”等活动规范了一批“少数民族”称谓。

一、“五族共和”观念与“各民族”建设

“五族共和”观念具有双重价值：一是希冀通过“五族共创共和”来统御“五域之地”，实现民族统一；二是“五族共和”的实践涉及对“各民族”平等权利地位的保障，具体包括“五族”或“各民族”族称的获得，优待汉族以外民族的上层，设立“民族事务治理机构”，推动和保障“各民族”的政治参与等。而后者在客观上推动了“各民族”称谓的嫁接和“各民族”意识的产生，即推动了“各民族”建设。同时，受“五族共和”观念的影响，“各民族”的范围不断拓宽，新的族称及族体意识不断出现，“各民族”建设继续向前。

（一）南京临时政府时期“五族共和”思想的确立与“各民族”称谓的嫁接

民国建立后，革命派的角色由“革命党”向“执政党”转变，革命的任务、目标、形势也一同发生变化。如果说以“排满”为主要特征的辛亥革命是种族革命，那么种族革命成功后，革命派必须调整策略，开始思考政治统治及政权巩固和建设的问题。其中一个根本问题便是“合法性问题”，即如

何获得包括汉族以外民族在内的全体国民的认同。在这样的形势目标下，革命派对一贯坚持的“单一汉族建国论”“排斥异族论”进行了相应的调整。

而简单以为革命派“执政”后（角色的转变）才转而强调“五族共和”是不全面的。事实上，“五族共和”思想的雏形在革命派内部早已开始酝酿。何为“五族共和”？学界鲜有准确的定义，已有的研究大多关注“五族共和”提出的历史、背景而忽视其系统内涵。黄兴涛对其内涵进行了界定，为我们研究“五族共和”的源头、内涵边界提供了帮助。他在梳理当时语境之后认为：“‘五族共和’可以说是推翻以满清皇室民族压迫为标志的君主专制政权，建立以五族为代表的国内各民族平等相处的‘民主共和’国家而不是‘君主立宪’国家，这就是‘五族共和’论的基本特征。”[①]“共和”与“君宪”是两种不同的政权组织形式，前者强调“平等”，后者强调“一统”或“合一”。

在探索建立“民主共和”国家的过程中，革命派内部在对“五族”如何参与国家政权的问题上存在不同认知：第一是孙中山提出的“五族一家”的观点。“五族一家”的思想早在1906年公布的《同盟会革命方略》中就已初见端倪：“我汉人同为轩辕之子孙，国人相视，皆伯叔兄弟诸姑姊妹。”[②] 1912年，孙中山在自己亲笔起草的《布告国民消融意见蠲除畛域文》当中提出“合汉、满、蒙、回、藏为一家”的“五族一家”思想[③]。而“五族一家”与“五族共创民国”具有显著区别。前者具有明显的传统秩序的特征，后者则强调五族平等共和。第二是在辛亥革命爆发后，“革命派内部的国粹主义代表邓实、黄节、胡朴庵等强调的‘五族同化论’，即汉族主治，同化‘国内他族’”[④]。这是一种“A+B+C+D+E=A”的同化模式。第三则是具有“平等”意涵的“五族共和”思想的酝酿。“五族共和”思想的潜流最早在1908年《民报》第19号上刊登的一篇名为《仇一姓不仇一族论》的文章中就有所

---

① 黄兴涛：《重塑中华：近代中国“中华民族”观念研究》，北京师范大学出版社2017年版，第94页。

②《中国同盟会革命方略·军政府宣言》（1906），载《孙中山全集》（第1卷），中华书局1981年版，第298页。

③《布告国民消融意见蠲除畛域文》（1912），载《孙中山全集》（第二卷），中华书局1982年版，第105页。

④ 丁守和主编：《辛亥革命时期期刊介绍》第3集，人民出版社1983年版，第711页。

体现，该文章预测了推翻满洲旧制到建立共和民国的必然结局[①]。在“五族共和”思想形成的过程中，革命党人黄兴、刘揆一等较为主动。辛亥革命爆发前夕，当时代理同盟会总理职务，实际上作为革命党组织总负责人之一的刘揆一在1911年3月曾在日本散发《提倡汉满蒙回藏民党会意见书》，堪称辛亥革命前武装倒清“五族共和”论已然形成的典型版本。

刘揆一在《意见书》中表达了几个观点：“其一，国家危亡形势逼人，只有联合五族人士，实行革命，推翻满族皇室的专制政府，建立‘共和’，才能达成真正的民族团结，共同‘挽救今日中国瓜分之局’，与列强并立于世界。他强调说，‘现今之君主政治，无论其为专制，为立宪，无论其为满人，汉人，皆当排去之者也。’……其二，中国各族人民必须团结一致，共同保护所生存的整个国家领土。只要各族团结一致，列强即便有乘革命之机瓜分之举也难以得逞。他指出，‘蒙、回、藏者与满洲同为吾国之屏藩也。满蒙失，则东北各省不易保全；回藏失，则西北各省亦难措捂。是吾人欲保守汉人土地，尤当保守满蒙回藏之土地为先务。’……其三，要实现前两个目标则必须首先组建由各族人士共同组成并采取联合行动的革命政党类团体——‘汉满蒙回藏民党会’，自觉为之共同奋斗不可。……”[②] 而按照“五族共和”的“平等”内涵看，刘揆一的“各民族民主共和”思想在当时已经比较成熟，但常常被学界忽视，甚至简单化地理解革命派的“各民族”思想。

同时，辛亥革命之前，“五族”的提法还见诸其他地方，在革命派之外，比较典型的是清末立宪时期满族留日学生提出的“五族大同”[③]思想和君主立宪派人物杨度的“五族合一”[④]说。并且，一些学者常常认为杨度的“五族合

① 转引自黄兴涛：《近代中国“中华民族”观念研究》，北京师范大学出版社2017年版，第92页。

② 刘揆一：《提倡汉满蒙回藏民党会意见书》，载章开沅、罗福惠、严昌洪主编：《辛亥革命史资料新编》第6册，湖北人民出版社2006年版，第237—239页。

③ “五族大同”思想源于清末立宪时期满族留日学生在《大同报》（分别在东京和北京创办）上宣扬五族为一“大国民”的思想，即包含满、汉在内的全体中国人已经是“同民族异种族之国民”。

④ 1907年，君主立宪派的重要人物杨度在其主办的《中国新报》刊登《金铁主义》，鼓吹五族立宪论，宣传“五族合一”“五族一家”。杨度在梁启超“大民族主义”的基础上进一步阐释了“中华民族”的一体化融合趋势或目标。

（同）一”学说对于“五族共和”思想的提出具有重要意义。而黄兴涛则持不同意见，他认为：“杨度当时毕竟只是个‘君主立宪’主义者，他主张的是‘五族君宪’，明确反对的正是五族‘共和’，强调‘共和’革命会导致五族分裂。”① 事实上，“五族大同”“五族合一”都是“君主立宪”或“五族君宪”的产物。杨度的贡献则是从“国民文化均质”的角度把梁启超的“大民族主义”或“大国民”思想向前推了一步，但却具有“汉族同化少数民族的情结（杨度对五族的文化进化阶段进行了划分）”。而之后立宪派成立的政闻社又把杨度的“五族合一”思想朝着“五族共和”的方向推了一步。政闻社主笔蒋智由的《变法后中国立国之大政策论》和《政闻社宣言书》写道：“建设大国民不是一族为主各族为奴，而是各族皆为主而非为奴’的新式的统一。所以可‘以政治权分配于数个之民族，使人人皆有国家主权之一分，而视国家为己所有之物，则对于国家亲切之心日增，即对于民族憎怨之情日减’。”②

重要的是，辛亥革命爆发后，社会政治派别以及地方实践中渐趋于主张以“共和”的形式组织国家政权。武昌首义（1911年10月10日）后，湖北社会各界商议成立军政府，并提出和议决诸多事项：“一、谘议局代行军政府职权。二、国名为中华民国。三、政体为（五族）共和政体。四、国旗为五色旗，并代表五族为一家。”③ 但需要强调的是，在这份决议中，同时存在“五族共和”与“五族一家”的表述。前者是政治范畴，后者是文化范畴。或许正因为如此，湖北军政府暂时没有使用“五色旗”，也没有以官方的形式宣传“五族共和”。同年11月19日，《大公报》上发表了一篇题为《中国存亡问题系于民族之离合》的文章，“提醒革命党人不能排斥其他民族，只

① 杨昂：《清帝〈逊位诏书〉在中华民族统一上的法律意义》，《环球法律评论》2011年第5期。

② 见蒋智由：《变法后中国立国之大政策论》，载《辛亥革命前十年间时论选集》，生活·读书·新知三联书店1963年版，第1066页。转引自常安：《清末民初宪政世界中的“五族共和”》，《北大法律评论》2010年第2期。

③ 曹亚伯：《武昌革命真史》正编，上海中华书局，1930年版，第37页。转引自郑大华、刘平：《论杨度的“中华民族”观及其历史地位》，《湖南师范大学社会科学学报》2019年第2期。

建立一个抛弃“国内他族”及其广阔的领土主权的狭隘的汉族政权”[①]。是年12月4日，在上海召开的包括各派政治力量（革命派、立宪派）在内的各省都督代表会上，最终议决“以五色旗为国旗，代表汉、满、蒙、回、藏五族，并象征五族共和的意义”[②]。当时参会的多数代表（章炳麟、陈其美、蔡元培）与程德全、汤寿麟、黄兴等认为，五色旗“既代表革命的性质，即非专为种族‘排满’，而为政治改造；又代表革命的目标，即五族共和。此议发出，群以为是”[③]五色旗的公布对于“各民族”具有重要的象征意义，它是巩固“民族平等”的重要政治信号。

有鉴于此，1912年1月1日，孙中山在南京临时政府成立当天，在《中华民国临时大总统宣言书》中郑重宣言，“国家之本，在于人民，合汉、满、蒙、回、藏诸地方为一国，即合汉、满、蒙、回、藏诸族为一人。……是曰民族之统一”[④]。正式提出并确立“五族共和”思想，同时，“五族”[⑤]也获得了“族”的称谓。

（二）北洋政府时期“五族共和”观念的实践与“各民族”意识的催生

北洋政府坚持和延续了“五族共和”思想，颁布了一系列推行“五族共和”的法律、政令、条例，同时，选举参、众两院“各族”代表，开国会，标榜共和等。“五族共和”观念在北洋政府时期进一步深入人心，也使“各族”进一步觉醒。

---

① 转引自黄兴涛：《重塑中华：近代中国“中华民族”观念研究》，北京师范大学出版社2017年版，第96页。

②《辛亥革命回忆录》（一），文史资料出版社1981年版，第66页。转引自郑大华、刘平：《论杨度的“中华民族”观及其历史地位》，《湖南师范大学社会科学学报》2019年第2期。

③ 吴景濂：《组织南京临时政府的亲身经历》，载《辛亥革命回忆录》（八），文史资料出版社，1982年版，第412页。

④ 孙中山：《孙中山全集》第2卷，中华书局1982年版，第2页。

⑤ 需要强调的是，虽然“五族共和”承认了“五族或各民族”的地位，但在清末民初的特定条件下，社会政治力量常常从“种族”的角度来理解民族。从今天民族的内涵来看，“五族”并非五个民族，而是五大种族。同时，在“五族共和”思想的指引下，“五族”也并非固定的统计数字，而实属一种“共和”观念。在这种共和观念下，各地方结合“族类群体”的具体实际提出了“七族”或其他民族代表，比如，汉、蒙、回、缠、哈等。

首先，优待汉族以外的民族，特别是优待他们的上层。1912年3月10日，在临时大总统就职典礼上，袁世凯在就职演说中讲道："民国建设造端，百凡待治，世凯深愿竭其全力，发扬共和之精神，涤荡专制之瑕秽！遵守宪法，依国民之愿望，蕲达国家于安全强固之域，俾五大民族同臻乐利。凡兹志愿，率履勿渝！俟召集国会，选定第一期大总统，世凯即行解职。谨掬诚悃，誓告同胞。"[①]并以大总统的名义"先后颁布了《劝谕蒙藏令》《蒙藏主权声明》《劝谕汉、满、蒙、回、藏联姻令》《蒙古待遇条例》《恢复达赖喇嘛号令》《待遇西藏条例》等优待汉族以外民族的政令、声明和条例"[②]。有学者认为通过优待和保持汉族以外民族的上层及其传统权益来笼络他们是"向传统路线的回归"[③]。一些学者也对北洋政府的"民族政策"持否定态度，认为："北洋政府的民族政策并没有改变少数民族受到多重压迫的事实。"[④]在这种情况下，"五族共和"被演绎为"袁世凯等军阀集团与汉族以外民族的上层集团的共和"。事实上，在边疆危机凸显的背景下，在边疆民族地区特定政治、经济、文化、社会结构的长期作用下，是否优待汉族以外民族的上层直接影响到他们的"民族主义"抉择，进而关系到边疆民族的政治走向。因此，当具有传统政治思维的袁世凯当政后，并试图在"五族共和"的框架下，重构中央与地方（疆部）的政治关系，保持和再造汉族以外民族的上层在新的政权体系中的特殊权益。而在这个过程中，他们也积极向北洋政府提出相应诉求或条件。

其次，推动"各民族"平等观念的实践。袁世凯当政后，1913年10月31日通过的《中华民国宪法草案》第4条规定："中华民国人民，于法律上无种族、阶级、宗教之别，均为平等"。1914年5月1日公布的《中华民国约法》第4条郑重宣布："中华民国人民，无种族、阶级、宗教之区别，法律上均为平等。"除了宪法性文件的规定之外，上述《蒙古待遇条例》《待遇西藏条例》《裁撤藩属名称文》等条例、命令中"不以藩属待遇""不用藩属

① 徐有明编：《袁大总统书牍汇编》，新中国图书局，1931年，第1页。

② 常安：《清末民初宪政世界中的"五族共和"》，《北大法律评论》2010年第2期。

③ [日]松本真澄：《中国民族政策之研究——以清末1945年的"民族论"为中心》，鲁忠慧译，民族出版社2003年版，第84页。

④ 杨策、彭武麟：《中国近代民族关系史》，中央民族大学出版社1999年版，第256页。

名称”、不用“理藩、殖民、拓殖”等表述和提法皆体现“五族（各民族）平等”的观念。

这一时期，“各民族平等”观念的实践主要体现在参、众两院中“各民族”议员的选举和议席的分配上，即主要体现在政治参与的平等上。与此相关，民国初期公布了一些具体的组织办法和条例条令，如《中华民国国会组织法》《参议院议员选举法》《众议院议员选举法》《蒙古西藏青海众议院议员选举施行令》《参议院议员选举法施行细则》《西藏第一届国会议员选举施行法》等。正是通过上述及其他诸多选举规定的实践，蒙古、西藏、青海地方，以及蒙古族、藏族都有名额及代表参与国家政务，表达政治诉求。一些汉族以外民族的政治精英（贡桑诺尔布、马福祥、马麟等）还充任国家政府要职，“五族平等”得到一定程度、一定范围的实践。并且，袁世凯和北洋政府还很注重听取汉族以外民族上层的建议。在看到驻边官员多有措施不当，使边疆民族地区心生怨恨，进而影响中央政府权威的问题后，袁世凯特批“王公喇嘛组织‘蒙藏统一政治改良会’，希望他们在中央和地方重大事宜上能够各抒己见，毫不保留”[①]等。

但这一时期“各民族平等”的实践是有限的、不广泛的。一方面，广大“少数民族”人民没有真正体会到政治平等，他们受到多重压迫，“各民族平等”在一定意义上主要针对汉族以外民族的上层；另一方面，各种优待条件，议员名额分配更多倾向于未设行省的蒙、藏地方及蒙古族和藏族。“回部”及内地回族并没有获得专额议员。内地省份的议员也少于蒙、藏地方。而这种有限的平等、不广泛的平等也激发了“受到不公正待遇”之民族的政治参与意识，特别是“五族平等”中的“回”[②]。

最后，设立“民族事务治理机构”专营少数民族事务。1912年4月22日，袁世凯颁布《裁撤藩属名称文》，称：“……民国政府不设立专门处理藩务的部门，蒙、回、藏诸部与内地各省平等，将来各地方政治，均属内务

---

① 见《临时政府公报》，1912年3月30日。转引自张健：《制度移植的动力与困境——北洋军阀时期中华民族共同体的构建路径与效应分析》，《中国边疆史地研究》2019年第2期。

② 这里的“回”实际上是一个泛称，包括新疆“回部”（即缠回）和内地回回（即回族自称）。

行政范围。”[①] 5月21日，“袁世凯在内务部下设负责处理蒙、藏等地少数民族事务的‘蒙藏事务处’，后几经更名、申格，最后发展为蒙藏院”[②]。而除了设立专门的“民族事务治理机构”之外，北洋政府统治时期还特设了一些处理“少数民族事务”的临时机构或特使。比如，蒙疆经略使、蒙番宣慰使、西北筹边使等。重要的是，“民族事务治理机构”和特设机构的设立具有重要的政治功能，一是推进边疆与内地的政治和行政一体化；二是处理边疆事宜，客观上增进了对边疆少数民族的关注和认知。相关机构的设立为加强“少数民族地方”同中央政府的联系搭建了官方平台，特别是为“少数民族上层”同中央政府保持积极沟通发挥了一定作用，因而历届北洋政府均设有这一机构。同时，需要明确，北洋政府时期设立的“民族事务治理机构”与传统的“理藩部”有着本质区别，前者具有现代国民（民族）国家官僚机构的性质。更为重要的是，“民族事务治理机构”的设立在形式上保障了汉族以外民族的相关权利。

（三）“五族共和”观念的传播与“各民族”范围的扩展

由于中华“各族”的多样性，“五族”只是一个泛称，“各民族”并不局限于“五族”。作为一种具有平等意涵的民族观念，“五族共和”的影响深入到“各民族”当中。当“五族共和”的民族观、政体观传到边疆之后，“各族共和、平等”遂成为地方实践中的“官方话语”。在遥远的新疆，伊犁革命的领导者并没有采取种族革命的策略，而是提倡“保国何分种族，举动最重文明。汉、蒙、回、缠、哈，均应一视同仁。平日私仇私利，此时概勿存心。同造共和幸福，众志可以成城。”[③] 在西南边陲，1911年11月3日，大中华国云南军都督府发布了《布告全省同胞文》，声称“各省义军旨在废除专制政体，建造良善国家，使汉、回、满、蒙、藏、夷、苗各种族结合一体，

① 中国藏学研究中心等编：《元以来西藏地方与中央政府关系档案史料汇编》，中国藏学出版社1994年版，第2346页。

② 邓亦武：《1912—1916年北京政府的民族政策》，《绥化师专学报》2002年第1期。

③《儆告各军士六言谕》，载《新疆文史资料选辑》（第9辑），新疆人民出版社1981年版，第80页。

维持共和”[①]，提出了“七族共和”的思想。

与此同时，具有官方背景的社会团体、政治组织也纷纷传播“各民族平等共和”观念。1912年5月12日，以姚锡光（总统府边事顾问）为会长，赵秉钧（汉）、志钧（满）、熙凌阿（蒙）、王宽（回）、萨伦（藏）为副会长的“五族国民合进会”在北京成立，这是名副其实的五族平等联合组织。虽然该会的目的是为推动五族融合同化，但该会的“简章”中还特别提到“五族之外的哈萨克、苗瑶各族等”[②]。在官方话语的影响下，当时的出版、教育等社会化媒介也传播和输送中华“各民族”的观念。1912年10月，潘武编辑的由中华书局出版的《中华中学历史教科书·本国之部》中便对“民族”进行了解释，写道“中华民族以汉族为主位，其他各族更起迭仆，与汉族互有关系者，曰苗族，曰通古斯族，曰蒙古族，曰土耳其族，曰西藏族”[③]；1912年秋季，商务印书馆也出版了高等小学用的历史课教材——《共和国教科书新历史》，其中，在讲到“民国统一”的有关内容时，这样写道：“中华民族本部多为汉人，中间夹杂居住着苗瑶各族，而满、蒙、回、藏诸族则居住在西北边疆，我们都生活在中华民族境内，是休戚与共的兄弟，……民国建立后，凡是我中华民族，不论是何种族，信仰何种宗教，一律平等，一样肩负有建设民国之重任。”[④]

而要强调的是，由“五族共和”衍生的“各民族”观念使“五族”之外的夷、苗、瑶、哈萨克等也获得了“民族”称谓，“各民族”范围进一步扩展。

二、国民政府国族主义目标下的“各民族建设”

南京国民政府成立后，在国民党的“国族主义”框架内，民族观念、边疆政策等以“国族构建”为目标。但国民党试图强化中华民族是一个的“国

---

①《布告全省同胞文》，发布时间为11月，上海《民立报》1911年12月8日刊登，见曾业英：《蔡松坡集》，上海人民出版社1984年版。

② 刘苏选编：《五族国民合进会史料》，《北京档案史料》1992年第2期。

③ 黄兴涛：《重塑中华：近代中国“中华民族”观念研究》，北京师范大学出版社2017年版，第90—91页。

④ 傅运森编纂，高凤谦、张元济校订：《共和国教科书新历史》（高等小学用）第4册。

族主义”取向在客观上并未割裂对“少数民族”的建设。比如，为了回避民族划分、淡化民族意识而构建“边疆民族”“宗族”等概念；为了动员“西南苗夷”抗战而进行西南民族调查；为了引导正确认识国内民族而废除民族蔑称与改订“西南少数民族”命名等举措反而拓宽了“边疆民族（少数民族）”的范围。并且，在国共斗争和其他特定政治历史条件下，国民党的政治话语和国民政府的立宪话语中皆承认了“各民族”身份。

（一）“边疆民族”“宗族”等“少数民族”相关指称的构建和使用

1.“边疆民族”概念的酝酿和流行

“边疆民族”[①]概念是南京国民政府时期“少数民族”的又一重要指称，又称“边地民族”“边民”或“边胞”[②]。“边疆民族”概念的生成受诸多因素的影响：“九一八”事变后，边疆危机日趋严重（故视民族因素为边疆问题的重要诱因）；国民党国族同化目标及“区域统驭民族”[③]的取向；国民政府实施的边疆教育；边疆民族调查研究（边政研究）等催生了“边疆民族”概念。同时，在“边疆民族”概念的范畴内，当时的学术界、地方势力、“少数民族”自身还衍生或构建出了“西南民族”“云南民族”“特种部族”“夷苗民族”等特指某一区域的“少数民族”指称。

国民党和南京国民政府为“边疆民族”概念的构建和流行发挥了重要作用。国民党重边政，弘教化，淡化民族色彩，反对与其建设单一中华民族国家目标相悖的观念行为（比如划分国内民族，强调民族自决等）等成为“边疆民族”概念生成和传播的重要因素。

首先，围绕蒙藏委员会履职情况及其改组的讨论激起了国人对于“边疆民族”的关注。国民党设置蒙藏委员会的初衷是为边政，而非民族。起初，“蒙藏委员会在国民政府的原本定位中实际上只是负责蒙、藏两个‘地方’

---

① 关于民国时期“边疆民族”概念的属性、特征、成因，具体可参见杨思机发表的学术论文《民国时期“边疆民族”概念的生成与运用》，《中山大学学报》2012年第6期。

② 马玉华：《国民政府边疆民族政策初探》，《贵州民族研究》2007年第5期。

③ 杨思机：《以行政区域统驭国内民族——抗战前国民党对少数民族的基本策略》，《民族研究》2012年第3期。

事务的机关，强调的更多是‘区域’因素而非‘族际’色彩”[①]。但由于蒙藏委员会在促进边地行政效率方面的成效一般，并且在履行边政职能上与内政部存在权限冲突，而不乏批评之声。有建议改为边政司并入内务部，或者改为边政部，负责办理边政事务[②]。也有建议改为“民族委员会”或苏联式的民族院，要求承担更多的民族事务。而蒙藏委员会改组的悬而未决恰恰引起了国人对“边务”“边疆”“国内民族”“边疆民族”等问题的关注。最终国民党主张蒙藏委员会的改组方向是边务部而非“民族委员会”[③]。同时，也迫使蒙藏委员会承担起更多的“边疆民族”事务，而非仅蒙、藏两地及其事务。

其次，由于国民党很少使用具有民族自决内涵的“少数民族”“弱小民族”等概念，并极力从传统边疆观念（文化边疆）、族类观念（同源融合）的角度来阐释“汉”与汉族以外民族的关系，进而偏向于使用“边疆民族”概念，并认为“边疆民族”是生活在边疆地区的中华民族，除了“汉化”程度和“边疆特质”的区别之外，本无民族区别。因此，在具体的施政设计、法律制度中，国民党多从“特殊行政区域”的角度来认识和指称“蒙、藏、回等少数民族”，这进一步催生了“边疆民族”概念。1929年3月召开的国民党三大通过了“对于政治报告之决议案”之“蒙藏与新疆的决议案”，其中便提出蒙古、西藏和新疆实行与内地各省一样的三民主义。显然，这一决议案具有明显的“区域”思维（战略位置、地缘安全）和“边政”色彩，而非民族因素，否则应该关注到广西、宁夏、云南等多民族地区。

最后，国民党以“民族融合”为重要目标的边疆教育使“边疆民族”“边地民族”“边民”“边疆人民”“特种部族”“土著民族”等概念进一步传播开来，这反而拓宽了“边疆民族”的范围和内涵。国民政府很早就提出实施“边疆教育”[④]，其实施的范围也从最初的蒙、藏向西南、西北，以及其他地区的“少数民族”拓展。“边疆教育”比较系统地实施是在1935年国民党五

---

① 常安：《统一多民族国家的宪制变迁》，中国民主法制出版社2015年版，第136页。

② 苏松芬：《蒙藏委员会之调查》，《行政效率》第2卷第7期。

③ 杨思机：《20世纪30年代内蒙自治声中蒙藏委员会改组刍议》，《民族研究》2010年第5期。

④ 杨思机：《指称与实体：中国“少数民族”的生成与演变（1905—1949）》，中山大学博士学位论文，2010年，第73—76页。

大召开之后。国民党五大通过了云南省党务指导委员会提交的“开化各民族，化除畛域”的提案[①]。受此提案影响，国民党五大宣言提出：“重边政，弘教化，以固国族而成统一”[②]。同年底，“南京国民政府颁布了《教育部订定边疆教育实施原则》，系统规定了实施边疆教育的内容、政策、经费、对象（被笼统地称为‘边疆人民’‘边疆各民族人民’）等，希望以此推进民族融合，建立五族共和的大民族主义国家”[③]。与此同时，各“边省”也制订了具体的“边疆民族教育”实施计划。滇省在推动边疆教育方面取得不俗的成绩，曾制订《云南省政府实施边地教育办法纲要》[④]；广西则发展“特种部族教育”[⑤]；湖南实施“边民教育”[⑥]或“土著民族教育”，主要是苗民教育。

2.禁止滥用“少数民族”名词与改称“边疆民族”

当“边疆民族”概念生成并流行开来后，其他社会政治力量细分国内民族的事实愈演愈烈，而基于中华民族的“国族主义”目标，外加对苏联民族问题理论、欧洲少数民族问题理论，以及中国共产党民族意识形态及其影响的排斥和防范，在抗战的特殊背景下，国民政府要求禁止滥用“少数民族”名词[⑦]，直至改称“边疆民族”。进一步说，国民政府反对划分国内民族，禁止滥用“民族”概念及其强化国内民族问题，主张以地域来划分国民，用“边疆民族”即“边民”来统称“少数民族”。

首先，国民党认为各民族在政治上已经平等，无所谓苏联式的民族压迫问题，不宜提“民族自决”口号。意即民族自决会刺激各民族的民族意

① 《国民党五全代会记》，载荣孟源主编：《中国国民党历次代表大会及中央全会资料》下册，光明日报出版社1985年版，第362页。

② 《中国国民党第五次全国代表大会宣言》，载《中华民国史档案资料汇编》第五辑第一编政治（二），江苏古籍出版社1991年版，第487页。

③ 《教育部订定边疆教育实施原则》，《中华民国史档案资料汇编》第五辑第一编教育（一、二），江苏古籍出版社1994年版，第830—833页。

④ 云南省教育委员会教育志办公室编著：《云南民族教育发展概况》，云南大学出版社1992年版，第268—272页。

⑤ 《广西省少数民族地区教育概况（标题为编者加）》，载《中华民国史档案资料汇编》第五辑第一编教育（一、二），第906页。

⑥ 《湘实施边民教育》，《中央日报》1936年11月3日，第2张第2版。

⑦ 事实上，自国共合作破裂后，为消除共产国际的影响，1929年3月召开的国民党三大有意避开一大宣言，“少数民族”“弱小民族”等概念在国民党的文件中开始罕见。

识，这种民族意识一旦被帝国主义利用，将会造成中国分裂。而最先表态的便是在“少数民族”概念生成过程中发挥重要作用的汪精卫，他认为“国内有民族问题，并不是一件开心的事”[①]。不宜谈所谓的“夷族问题”；国民党三青团则直接否定国内有民族问题，并强调造成所谓“国内少数民族问题”的因素在“外力”，比如日本借口民族自决分化中国[②]；受陈果夫影响和指示的张潜华认为：苏联民族理论主张的民族自决原本是为解放殖民地半殖民地被压迫民族而提出，中国的汉族与苗、夷及其他民族绝非帝国主义与殖民地半殖民地的关系，他们都是中华民族的构成单位[③]；CC系分子张廷休则批评一般民族学者（主要是吴文藻）在研究西南苗夷情况时主张学习苏联民族理论的观点，指出西南苗夷也是中华民族的一部分，西南苗夷并没有处于被压迫地位[④]。

其次，国民党排斥欧洲少数民族问题理论。欧洲的少数民族问题多由领土分割造成民族分离所致，反之，使用“少数民族”概念或过多强调少数民族问题也容易引发领土争端和民族分离。远的不论，近的以暹罗改名泰国及其“大泰族主义”宣扬（1938年），和德国借口保护捷克境内的日耳曼民族而侵占捷克（1939年3月）最为刺激国民党人，这也成为国民党排斥少数民族概念的重要原因。为此，国民党特别强调中国有自己特殊的情形。针对“大泰族主义”，后来任教育部边疆教育司司长的张廷休指出：“日本人利用‘西南苗夷’与泰族的关系，煽动‘大泰族主义’及其领土诉求。”因此，他批评一般民族学者滥用“民族”概念，认为，西南苗夷与汉之间并没有像欧洲那样的“少数民族问题”，苗、夷、汉同源[⑤]。另外，傅斯年痛斥在滇学者细分民族也是受到暹罗改名之事的影响[⑥]。针对后一事件，1939年3月12日，教育部长陈立夫参加“中国边疆文化促进会”成立大会时表示：“中国人口

---

① 汪精卫：《民族存亡之关键》，《中央周刊》1卷9期，1938年10月6日。

②《论民族自决》，《西南日报》1938年11月25日，第2版。

③ 张潜华：《今日的苗夷》，《新政治》1939年第1卷第5期，第22—29页。

④ 张廷休：《边疆教育与民族问题》，载边疆论文集编纂委员会编纂：《边疆论文集》，1964年，第1065—1069页。

⑤ 张廷休：《苗夷汉同源论》，《中央周刊》1卷33期，1939年3月23日；《再论夷汉同源》，《西南边疆》第6期，1939年5月。

⑥ 欧阳哲生主编：《傅斯年全集》（七），湖南教育出版社2002年版，第205—206页。

如此之多，地域如此之广，为什么五千年来，在复杂的民族组织里，悠久光荣的历史里，一直能够维系不替，而完成统一的中华国族呢？原因是中国伟大的文明造成了今日中国的伟大统一；为什么欧洲到现在还是许多的国家，民族与民族之间的仇恨，还是层出不穷呢？原因是：民族问题，在欧洲历史上，差不多占据了大部分的篇幅。现在欧洲的不安定，有许多种因于民族问题，强有力的国家要借端发生问题，'少数民族'往往是他们很便利的借口。"①

最后，国民党反对划分民族、滥用"民族"概念，还有针对和批驳中共之意。中共强调动员各民族，而国民党元老戴季陶则指出："现在中央正在进行抗战，必须确保后方安定。目前少数民族人民正在睡觉，这是大好事，你们为什么硬要捅他们觉醒？还能办这种糊涂事吗？"②他强烈反对国民党中央组织部有意借学校等现代传播媒介加紧在边区开展党务工作的动议。而国民党这种"为了反对而反对"的思想难免具有机械性，戴季陶的顾虑实为片面抗战和愚民思想。而在民族概念的牵引下，少数民族的觉醒并非国民党可以控制。即使国民党不去刺激少数民族，少数民族也会在特定的政治社会条件下觉醒。国民党CC系的另一名干将刘百闵则直接批驳共产党的民族观念，认为共产党把"殖民地半殖民地民族解放理论"错误地用在国内"各民族"上，用压迫民族与被压迫民族的划分来处理汉族与汉族以外民族的关系，客观上制造了所谓的"民族问题"。而"硬要在整个民族当中划分出一部分为'少数民族'，不但是无病呻吟，简直是公然侮辱"③。

基于上述几方面考虑，国民党反对使用少数民族概念，害怕其与民族自决、民族主义联系在一起而成为分化中国的诱因。同时，国民党也在国族主义目标下阐述了自己的立场：一方面，强调中华民族的整体性。国民党元老居正在《民族的国家和民族的政党》(1939年2月)一文中指出："……

① 祖晖：《边疆文化促进会昨开成立大会》，《中央日报》1939年3月13日，第3版。转引自杨思机：《民国时期"边疆民族"概念的生成与运用》，《中山大学学报（社会科学版）》2012年第6期。

② 陈天锡编：《戴季陶先生文存续编》，中国国民党中央委员会史料编纂委员会1967年版，第174—175页。

③ 刘百闵：《民族问题在中国》，《时代精神》第1卷第3期，1939年10月10日。

我们的国家，已经逐渐走到了民族的国家的境地，就现在国内的民族说，总数在四万万以上，而其中参杂的不过百余万蒙古人、百多万的满洲人、两百万的西藏人，和百余万的回族，而且这些民族，自满清推翻以后，各族和平相处，多数业已同化，所以就大体上讲，四万万人可以说是一个民族，同一血统、同一语言文字、同一风俗习惯，完全是一个民族。"①

另一方面，禁止滥用"少数民族"名词，改称"少数民族"为"边疆民族"。1939年8月15日，行政院发布吕字第9222号文，内容如下："根据教育部的呈报，据历史记载，我国民族文化血统早已混合，难以分清。后因于生计而被迫迁徙，故而居住条件，生活环境（交通），语言，习俗等发生变化，'族类群体'进而开始出现差异性。王朝国家时期，多从文化异质性的角度把统治的边缘性区域称为'化外之地'或边疆，把边疆的人们群体称为'夷'，同时，采取有区别的政策进行治理或把它们与中心区域隔绝开来。中华民国成立后，国人的民族认知中仍夹杂着传统的族类观念，并把历史上那些不叫民族的'族类群体'也称为民族，这就等于在整个民族中分出不同的民族，这与中山先生倡导的国族主义目标完全相悖。并且，这种细分国内民族的做法有愈演愈烈之势，为此，教育部特召开第三次全国教育会议，希冀从边疆教育入手，构建中华民族整体观念，淡化各民族意识，特别要求以后禁止滥用苗、夷、蛮、猺、猓猓以及少数民族等名称，并转向区域划分。大会形成相关决议，本部特转呈中央在全国范围内颁布实施。"②这是国民政府首次以命令的形式禁止滥用"少数民族"名词，并要求以区域名称命名各种少数民族。通令发布后，国民政府还曾向内地回民解释他们不是民族（事实上，在民国时期，"五族共和"当中的"回"历来不包括内地回民），应改称回教徒。

1942年，国府正式改称"少数民族"为"边疆民族"，称"边胞（边疆同

---

① 见居正：《民族的国家与民族的政党》，载陈三井、局蜜合编：《居正先生文集》（上），"中研院"近代史研究所1998年版，第304页。转引自陈建樾：《统一国语与建构国族：台湾光复初期山地国语运动的思考脉络》，《西北师大学报》（社会科学版）2014年第3期。

② 见《中央令禁滥用苗夷蛮猺等名称》，载黄奋生：《抗战以来之边疆》，史学书局1944年版，第61—62页。转引自王连浩、陈勇：《抗战时期国民政府及知识界对大泰族主义之回应》，《南京大学学报》（哲学·人文科学·社会科学版）2012年第3期。

胞)”或“边民”[①]。到1943年5月止，大部分边省均设立了边教委员会，边教对象多被称为“边疆民族”或“边民”，同时，教育部还统计了各地“边民”的情况。[②]而应该强调的是，改称“少数民族”为“边疆民族”不仅不能改变各民族觉醒的事实，相反，在以“边疆民族”为对象的边疆教育实施的过程中，越来越多的“边疆民族”被认知，这在客观上促推了少数民族构建。

3.“宗族”替代“民族”及其“宗支论”的破产

而一旦用“民族”概念来指称各个“族类群体”，就无法抑制划分国内民族的趋势，民族自决的情绪就挥之不去。因此，在抗战的特殊背景，以及国内政治力量博弈的特殊环境下，蒋介石抛出了“宗支论”，既为反对共产党的主张，也试图一劳永逸地从根本上否定划分国内民族的做法。

1942年，在《中华民族整个共同的责任》的重要讲话中，蒋介石提出“国内所有民族(包括汉、满、蒙、回、藏在内)都只能称为‘宗族’，而不能称为‘民族’”[③]。1943年，蒋介石发表了《中国之命运》一书，正式抛出“中华民族‘宗支论’”[④]，把国族主义推向极致。今天的解读多认为“中华民族‘宗支论’”否定各民族的存在，是大汉族主义和“国族同化论”的表现。但如果回归到历史场域中则会有新的发现。实际上，“中华民族‘宗支论’”并非是要否定中华民族内部各个“族类群体”及其在中华民族抗战中的作用。并且，“族类群体”作为一种客观存在的事实，并不可能因称为“宗族”就凭空消失。其立场与“中华民族只能有一个”是共同的，根本上是为否定“民族”一词，否定中华民族内部再划分出“民族”，即只有宗族而无民族差别及其民族自决。而从当时日本帝国主义步步紧逼和国内民族分裂分子伺机而动的情况来看，“中华民族‘宗支论’”并非没有国家情怀。同时，“宗支论”在当时有一定的市场，并由于蒋介石在抗战中的独特地位，被国民党捧得很

---

① 参见马玉华：《国民政府边疆民族政策初探》，《贵州民族研究》2007年第5期。

② 教育部蒙藏教育司编印：《边疆教育概况》，1943年5月，第1—6页、131—148页、164—165页。

③ 见蒋中正：《中华民族整个共同的责任》，载秦孝仪编：《总统蒋公思想言论总集》卷十九，台北“中央”文物供应社1984年版，第216页。转引自曹为，赵明：《政治本位抑或文化本位：中华民族的理论源流与建设进路》，《上海行政学院学报》2016年第3期。

④ 蒋中正：《中国之命运》，正中书局1943年版，第3页。

高，几成“正统”。[①]

但由于外来民族观念在当时的中国不胫而走，少数民族概念以及划分国内各民族已经成为一种基本主张或学术研究的重要内容，受到共产党、民族学者等社会政治力量的支持和推动。共产党批判“宗支论”违背总理遗教，否认少数民族，是大汉族主义的表现；民族学者等也基本反对“宗支论”，认为少数民族的存在是事实，并非通过换一观念或改一指称就能解决问题；近代以来已经获得民族地位，或者受到民族自决影响的“各民族”也反对“宗支论”。并且，由于对国民党一大宣言中孙中山所阐释的民族主义的不同理解，即使在国民党内部对“宗支论”也没有形成一致的看法。在蒋介石抛出“宗支论”之后，孙科一系并不附和，甚至对“宗支论”不予理睬，并仍然强调：“中国是多民族国家，其中占最大多数的当然是汉族，满族虽已完全汉化，但蒙、回、藏以及其他少数民族没有完全汉化。”[②]不仅如此，冯玉祥等国民党要员，甚至一些蒋介石的嫡系都对“宗支论”存在不同看法。因此，“宗支论”既没有在国民党内形成共识，也没有上升为国民政府的意志，更没有得到社会政治力量以及少数民族的认同。

归根结底，“宗支论”破产的根本原因在于“观念无法改变事实”。社会政治力量对国内各民族的认识，以及少数民族自身的觉醒非“宗族”概念可以替代。在“宗支论”阐发之后特别是战后制宪国大期间，在共产党等社会政治力量的推动下，少数民族精英自身的“民族”意识不仅没有衰落反而得到强化。[③]同时，“宗族”概念缺乏科学性，用“宗族”来指称中华民族内部的历史文化群体，这实际上等于从“民族”的争议中跳进了另一个争议中。“宗族”一词的内涵很难对应历史文化群体的性质和特点。[④]但需要指出的是，今人不应该忽视观念的牵引作用，事实上，从某种程度上讲，中国近代以来的“民族问题”正是民族概念牵引的结果。“宗族论”虽然无法改变各民

---

①《“中国之命运”》，《中央日报》1943年2月1日，第2版。

② 孙科：《宪政要义》，商务印书馆1944年版，第16—17页。

③ 黄兴涛：《重塑中华：近代中国“中华民族”观念研究》，北京师范大学出版社2017年版，第314页。

④ 而蒋介石为何要使用“宗族”一词，或许与遵照国父遗训之“家族–宗族–国族”模式有关。

族存在的事实，但从“中华民族是一个”或国族主义的角度来看，“宗族论”是对现实中细分国内民族而可能造成中华民族分裂的回应，是一种观念上的引导。

（二）对西南、西北等地“边疆民族”的调查、考察

1.组织“西南苗夷民族”“西南边区民族”等调查

在“边疆民族”概念的牵引下，国民政府并没有否认汉族以外民族的存在。不仅如此，在特定的社会政治条件及其目标下，国民政府还组织了“西南苗夷民族”“西南边区民族”“云南傣族”等的调查活动，既为更好地回应“西南苗夷”的诉求，也为发动“西南苗夷”等少数民族做准备。而这样的调查使“边疆民族”的范围进一步拓宽，对“边疆民族”的认识也进一步提升。

（1）西南苗夷民族调查①。1934年10月5日，国民政府蒙藏委员会发布第112咨文：“据查，我国西南边省杂居着苗夷等众多种族，他们的生活习惯，风俗民情各不相同，为防止他们被日寇利用，实应对他们进行调查研究，了解他们的实际情况。”②蒙藏委员会特制定《西南苗夷民族调查表》，“包括‘民族’种类、人口、语言、生活习尚、教育情况等项内容，并发往西南各省，敦请涉及苗夷民族的相关县份进行调查，以备边政之需……云南省遵照咨文，要求有苗夷民族的下属县份认真调查，尽快填报。但由于各种原因，调查没有得到全面落实，在云南省的130个属县（设治局）中，仅有53个县（局）遵办”③。应该肯定的是，虽然这次调查没有完成，但还是收获了部分县属的资料，为之后的继续调查奠定了一定的基础。

---

① 系抗战爆发前由国民政府蒙藏委员会制定统一调查表格，对云、贵、川、康等西南边省“边疆民族”情况展开的调查。

② 见《蒙藏委员会第112号咨文》，云南省档案馆藏1011全宗28卷，第1页，1934年10月5日。转引自李沛容：《中国近代西南民族的政治承认与身份认同》，四川大学博士学位论文，2015年。

③《云南省民政厅叁籍字第4192号密令》，云南省答案馆藏1011全宗9卷，第9页，1938年6月21日。

(2) 西南边区民族调查[①]。抗战爆发后，国府重心南移，西南大后方的稳定事关抗战大局，在此背景下，重视西南苗夷民族的呼声日趋高涨。而国民政府不以民族而以行政区域为单位，且特殊照顾蒙、藏地方的权威性资源分配方式在一定程度上造成西南苗夷等民族的诉求无法得到很好的保障和满足，进而引发了西南苗夷的政治请愿。作为回应，时任行政院长的蒋介石特命内政部汇同中央研究院拟定考察"西南苗夷"的计划。1938年5月，国民政府内政部密咨："我国西南边省汉夷杂居，族际关系复杂，常引发族际矛盾。明清以来，族类问题（苗变）更是层出不穷，究其原因，实为当时的政府缺乏引导，边疆地方官员行为失范，坐视族际矛盾加深而不顾，最终酿成隔阂。而在此抗战的关键时期，地方稳定、民族团结皆为重要。亟需对西南苗夷等族的诉求加以吸收引导，把他们组织起来，使其效忠党国，共同抗日。为此，本部有意制定安抚西南苗夷的方案，但恐情况不明而脱离实际，特制定《西南边区民族调查表》，下发各省，望从速调查，尽快上报，以供参考……这次调查的事项更为详细，包括民族种类、居住区域、人口数目（男女比例）、壮丁数目、生活习惯、过去'开化'工作情形等。"[②]

西南各省对内政部下发的这份密咨给予了必要的重视。以云南省为例，"在接到咨文后，云南省下发密令，要求所属各县（设治局等）在十日内完成内政部咨文所要求的调查内容"[③]。针对调查过程中出现的与调查初衷不符或没按要求进行填报的情况，1938年8月，云南省民政厅专门针对此次调查下发训令，强调事关重大,"勿要再延误干议"[④]。之后，在云南省各级政府部门的努力配合下，"此次调查得到了更有效的落实，对云南所属的130个县（包括15个设治局和2个对汛督办署）的'少数民族'进行了较为详细的填

① 此次调查系在抗战爆发后，由国民政府内政部制定统一表格，针对西南各省"边疆民族"情况开展的调查。

②《云南省政府秘：民字第174号密令》，云南省档案馆藏：1011全宗第9卷，第6—7页，1938年6月16日。转引自马玉华、万永林：《试论国民政府对云南少数民族的调查》，《思想战线》2005年第2期。

③《云南省政府秘：民字第174号密令》，云南省档案馆藏：1011全宗第9卷，第6—7页，1938年6月16日。

④《云南省民政厅民叁三字第5706号训令》，云南省档案馆藏：1011全卷9卷，第119页，1938年8月5日。

报登记”[①]。经过这次调查统计，云南省的“边疆民族”（少数民族）名称多达150多种。继这次调查之后，“1940年3月，内政部再次发布咨文，咨请川、康、滇、黔、湘、粤、桂各省切实研究西南‘边疆民族’。根据内政部的要求，西南诸省开展了具体的工作。云南省对本省的‘边疆民族’情况已有体认，遂很快采取了行动，成立了‘云南省苗夷民族问题研究会’，邀请专家，专门对本省‘边疆民族’的政治、经济、文化、生活情况等进行研究，并在此基础上制定宣抚‘边疆民族’的具体办法”[②]。

（3）对云南傣族的调查。在抗战相持阶段，日本人除了军事侵略之外，更注重在政治和思想意识形态方面作文章。1938年，暹罗改国号为泰国，日本则利用泰国所幻想的“大泰族主义”煽动诱导我国西南境内的诸多“少数民族”[③]。而这样的政治攻势引起了国民政府及其外交部的关切。外交部秘密致函云南省政府，指出：“据可靠情报，暹罗改称泰国的动机并不单纯，其背后的‘大泰族主义’诉求会引发更加棘手的国际问题。其改称泰国后，对我云南之泰（傣）人极为重视，其用意不宣自明。而我们自己是否有注意此问题？滇省南部是否真有泰人杂居？如果有，其分布情况，人数，以及生活习惯是否有异样等问题到底如何？种种情形，望查明回复。接到密函后，云南省民政厅随即下发了《云南省泰（傣）族人民调查表》，涉及泰人的种类、数目、分布区域、与汉人及其他民族的百分比，有无外人入该区域活动等，要求南部各县迅速查明呈覆。”[④]经过这次调查，政府掌握了大量相关信息，也加深了对“傣族”的了解。

（4）对边疆民族社会情况的调查。抗战胜利后，国民政府愈加重视“边

① 马玉华：《国民政府对西南少数民族调查之研究（1929—1948）》，云南人民出版社2006年版，第31页。

② 马玉华、万永林：《试论国民政府对云南少数民族的调查》，《思想战线》2005年第2期。

③ 张凤岐：《暹罗改名“泰国”与中国西南泰族之前途》，《新动向》3卷4期，1939年11月1日。

④ 见《云南省政府秘外字第537号训令》，云南省档案馆藏：1011全宗第13卷，第2页，1940年4月25日，《云南省民政厅叁三二字第4444号密令》，云南省档案馆藏：1011全宗第13卷，第7页，1940年5月15日。转引自王连浩、陈勇：《抗战时期国民政府及知识界对大泰族主义之回应》，《南京大学学报》（哲学·人文科学·社会科学版）2012年第3期。

疆民族”。1947年，内政部指出“为了解我辽阔疆域内生活着的异质性突出的人口状况，特制订并下发《边疆民族及内地生活习惯特殊国民状况调查表》，旨在调查他们的名称、性别比例、生活区域、语言文字、宗教习俗等”[①]。1948年8月，重庆绥靖公署发文指示“为了解川、康、滇、黔各省边民的人口、族别、性别比例、居住区域、教育水平、经济生活、自觉程度等，特下发《边区各民族生活状况调查表》，要求川、康、滇、黔各省进行调查”[②]。这些调查指示和要求在一定程度上体现了国民政府的边政，调查的结果反映了当时“边疆民族”的基本情况。而从调查的目的来看，主要是基于安全管控的需要。

2.组织对边地及边民的考察活动

抗战爆发前，国人皆给予蒙古、西藏、新疆较多关注，却常常忽视西南、东南和西北，进而也忽视了对这些地方众多边疆民族的关注和了解。当时国人既不知道中国有多少民族，也不了解边疆民族社会的基本情况，更不了解各个民族的风俗习惯、生活状况。而随着边疆危机和民族危机的加深，特别是对日抗战的全面爆发，西南、西北大后方的战略地位越来越重要，国民政府、社会各界才把更多的目光投向边区，一方面，关注边区，支援边区，建设边区，为政府施政提供帮助，另一方面，为更大规模的社会交往提供便利，特别是在政府和社会重心“西迁”的背景下，政府、学术界、一般民众也获得了考察边疆，了解边民的更有利时机。

相比对“边疆民族”本身（种类、分布情况、人口规模、宗教信仰等）的调查而言，边疆考察更综合，其内容和对象更宽泛，涉及边疆的历史、人文、地理、交通、教育、矿产资源、经济发展等方方面面，其中自然也包括边疆民族的历史、文化、语言、风俗习惯等。事实上，在抗战全面爆发之前，国民政府已经开展了针对边疆地方农村经济、历史地理、边地问题、边民情况的调查、考察。全面抗战爆发后，随着政府和社会重心的边移，为巩固抗战大后方以及身处边疆地方的现实条件所需，政府、社会团体、大学、科研机构频繁地组织边疆考察团，既为抗战、边政及建设服务，也为边疆民

① 见云南省民政厅：《民国时期民政厅全宗》(17卷)，云南省档案馆，第105页。转引自李陶红、蒋天天：《民国时期政府对云南民族的研究》，《思想战线》2010年第S2期。

② 云南省民政厅：《民国时期民政厅全宗》(765卷)，云南省档案馆，第89页。

族研究和社会实践服务。

在西南，“为了在滇西建立一个移民区，1938年冬，由中央赈济委组织的滇西考察团（江应樑等专家学者组成）对滇西的民族、地理概况、物产等进行了调查。其中，民族学家江应樑负责调查滇西民族，在考察结束之后的综合报告中，该考察团对民族情况的介绍占据大半篇幅”[①]。1941年，教育部组织了第一次大学生暑期边疆服务团，由多所大学的教员和学生去往川、康等省的边民聚居区进行实地调查。同年，中山大学选拔优秀毕业生去往滇、康、藏等边疆省份考察边疆民族[②]，等等。

西北考察活动则与“开发西北”“建设西北”紧密联系在一起，而因现实建设的需要，特别是当蒋介石及其他政府要员等先后赴西北诸省进行考察后，一时间出现了“边疆（西北）考察热”，各种工业考察团、建设考察团纷纷前往。除此之外，也有社会团体和一般民众的西北考察活动。[③]而这些活动不同程度地增进了政府对西北边区及边民的了解，以及西北边民的意识。

3.国民党地方势力对边疆民族或少数民族的调查分类

云南、广西、新疆等国民党地方势力在多样的（甚至是与国民政府“民族”观念相左的政策实践）民族意识形态和政治需求下开展了不同性质的民族调查实践。

云南省政府（龙云时期）与南京国民政府在形式上是基本保持一致的，其对待“边疆民族”的态度、立场、价值取向也基本遵循国民党和南京国民政府的方针。即在“边政”范式下开展相应的“边民”统计分类工作。1941年4月，国民党五届八中全会通过了“加强各民族融合团结，达成抗战建国之目的”的施政纲领，《纲领案》编定了“边疆施政纲要”的具体内容，较为具体地阐述了南京国民政府的边疆民族政策。[④]在“边疆施政纲要”中，特别

① 见江应樑：《民族学在云南》，载中国民族学研究会编：《民族学研究（第一辑）》，民族出版社1981年版，第69页。转引自王建民：《中国人类学西南田野工作与著述的早期实践》，《西南民族大学学报》（人文社科版）2007年第12期。

② 参见边政公论社：《边疆考察团出发》，《边政公论》1941年第1卷第2期。

③ 王荣华：《国民政府时期的西北考察活动与西北开发》，《宁夏大学学报》2005年第5期。

④ 李国栋：《民国时期的民族问题与民国政府的民族政策研究》，民族出版社2007年版，第159—160页。

规定“要为边疆建设的需要设立边政研究机构，组织专家，获取资料，为政府决策作参考”[①]。根据“边疆施政纲要”的相关要求，1943年10月，云南省民政厅成立了“边疆行政设计委员会”，作为开展边民调查、研究、设计、行政等工作的专门机构。[②]并组织专家在调查研究的基础上，编写大量调查成果，其中《边疆人员行政手册》《云南省边民分布册（上下册）》《云南民族人种之概况》等对云南边民进行了统计和分类。[③]

而与云南省同南京国民政府的关系又有所不同，以李宗仁、白崇禧、黄绍竑、黄旭初等为首的广西地方统治集团（“新桂系集团”）长期主政广西并保持“半独立”状态，桂系对广西社会的控制更加自主。在对广西民族的认识上，桂系秉持了更加独立的“民族观”。对于桂系的民族观，谭肇毅认为桂系坚持认为广西的少数民族大部分已经“汉化”，尚未“汉化”的为“特种部族”，而“特种部族”为“化外”的“蛮族”。[④]付广华认为桂系的民族观表现为“中华民族观”“特种部族观”“民族同化观”[⑤]。在具体的实践中，广西省则对“特种部族”进行了相应的统计，同时，在国族同化的目标下实施了“特种部族教育”。但桂系希冀通过强调广西大部分民族已经“汉化”而仅把极少数边远蛮族列为宣抚对象的社会控制策略及其“特种部族”观念并没有消弭广西“各民族”的民族意识。

相反，苗、瑶、僮等少数民族爆发了声势浩大的起义。除此之外，共产党组织在广西地区建立革命根据地，推动“各民族”的革命运动。外加民族危机加深，“特种部族”的同化政策难以控制广西“各民族”的“民族”意识，造成桂系虽不承认僮、回、仫佬等“汉化民族”的存在，但却无法否认五族之外，广西有瑶、侗、苗、水、毛南、倮倮、仡佬等民族。[⑥]因此，可

① 见《边政公论》，1941年第1卷第1期。转引自杨毅：《近代西南边疆发展史中的民族档案述论》，《中国边疆史地研究》2019年第1期。

②《云南省民政厅边疆行政设计委员会民国三十三年度全年工作报告》，云南省档案馆藏1011全宗916卷，1945年1月。

③ 参见白兴发：《二十世纪前半期的云南民族学》，民族出版社2011年版，第112—127页。

④ 谭肇毅：《民国时期新桂系民族政策述评》，《广西文史》2005年第1期。

⑤ 付广华：《民国时期新桂系政权的民族观述论》，《桂海论丛》2007年第6期。

⑥ 黎瑛：《民国时期广西民族地区社会控制（1927—1949）》，社会科学文献出版社2015年版，第42页。

以认为，桂系在广西对“汉化民族”和极少数“特种部族”的划分是失败的。

值得注意的是，盛世才政府在新疆进行的民族划分与国民政府的国族主义目标相悖。[①]1933年，新疆政局在金树仁被赶走后落入盛世才的手中，但此时新疆内外皆不安定，为了在新疆站稳脚镇，盛世才到处寻找“靠山”，最后打起亲苏、反帝的旗号。在苏联的支持下，采取实际行动，重构新疆的政治秩序[②]，表明态度[③]，改善形象，凝聚人心，从事建设，并把切入点放在新疆各民族身上，强调“各民族一律平等”[④]，并仿照苏联模式，对新疆各民族进行划分和识别，从而以民族为单位进行治理，保障新疆各民族的权利，缓和新疆的民族关系，一定程度上赢得了新疆各民族的认同，也巩固了其在新疆的统治。

从少数民族构建的角度来看，外部力量（少数民族构建主体）在少数民族构建的过程中发挥了关键性作用。“在盛世才政府划分新疆各民族之前，人们本不知道新疆有多少个民族，新疆民众只知道在自己所处空间内有过接触的一些民族，即使是在民族杂居的地方，新疆各民族间的认识也是笼统的、模糊的，或是笼统地认为新疆只有维吾尔、汉、回等族，抑或是把与自己有差异的群体都叫作民族，同时，新疆之外的民众对新疆各民族的认知也是知之甚少。总之，并没有严格的民族界限和民族划分。”[⑤]而盛世才对新疆各民族的划分改变了这种局面，在“民族平等”的口号下，盛世才政府进行了相关的民族实践。其中，最值得关注的便是确定新疆各民族的名称，并

① 考虑到盛世才政府的阶级性质，以及为了行文的方便，而把盛世才在新疆进行的民族划分列入国民政府的范畴。

② 在苏联的支持下，盛世才铲除异己，并打着反帝的旗号驱逐马仲英等在新势力，瓦解英帝国主义策动的“喀什东突厥斯坦伊斯兰共和国”，逐渐稳住了新疆政局。

③ 加紧宣传“保障新疆永久为中国领土”，为其在新疆的统治营造良好的“外部”（南京国民政府）舆论。

④ 1934年4月，盛世才政府在新疆召开第一次全省各族民众代表大会。盛世才说，适逢新疆省政府成立周年纪念日，新政府要实施民族平等，保障信教自由，发展本省经济文化的基本政策。参见张大军：《新疆风暴七十年》，台湾兰溪出版社有限公司1980年版，第6册，第3426页。

⑤ 见林文：《大家要为真正实现民族平等而努力》，《新疆日报》第4版，1947年6月4日。转引自薛艳：《民国时期“民族平等”思想在新疆的提出与实践》，新疆大学硕士学位论文，2009年。

把新疆各民族划分为14个，使得人民对新疆各民族的认知明显提升。[①]还应该强调的是，盛世才在新疆进行的民族划分和调查为新中国成立后所进行的民族识别提供了参考，事实上，除了极个别民族成分划分的不科学之外，大部分民族成为新中国成立之后公认的少数民族。[②]但这并不能掩盖其“夺权者”“军阀”的政治面目，他高举反帝、亲苏的旗帜是为了骗取苏联的支持（当然苏联也有自身的战略目的），进而得以打败政治对手马仲英等其他反对势力；他强调“民族平等”“保障信教自由”等是为了赢得新疆各民族封建势力的支持，而没有从根本上改变新疆广大少数民族的发展面貌。其看似在新疆装点了一个各民族平等团结的“门面”，实为与新疆各民族上层建立了一种相互的合作机制。

小结上述内容，南京国民政府各部及边省组织了相应的“边疆民族”调查、考察，特别是对西南“边疆民族”的调查较为细致且具有针对性。其中，自有加强“边政”的考量，而更大的背景则是“抗战建国”。而从国民政府各部下发咨文的内容和目的来看，调查缺乏统筹规划和整体安排，短期目的和实用主义特征明显，以至于对统计的结果缺乏系统的整理、划分和长远的政策安排，当然，这与国民政府政治统治的不彻底和国族主义的立场有一定关联，最终也造成其调查的结果更多停留在对边疆民族的了解上，或是仅停留在调查层面。但对边疆民族的调查毕竟是一种政府行为，在一定程度上代表了政府对边疆民族的态度和立场。还应该提及的是，在特定的历史时期，国民党地方势力也或多或少地参与或配合国民政府的相关调查活动，抑或是在各自的政治空间内与边疆民族发生着不同程度的互动和交往。总的来

① 1935年，新疆政局基本稳定后，盛世才召开了第二次全省民众代表大会，参会代表共计320人。大会正式确定新疆有14个民族，即维吾尔、哈萨克、汉、回、蒙古、满、乌孜别克、柯尔克孜、锡伯、索伦（达斡尔）、塔吉克、塔塔儿（尔）、塔兰奇（实为维吾尔族）、归化（俄罗斯族）。参见娜拉：《清末民国时期新疆民族人口及分布格局》，载《黑龙江民族丛刊》2006年第3期；包尔汉：《新疆五十年：包尔汉回忆录》，中国文史出版社2013年版，第196页。

② 事实上，“1949年，中华人民共和国成立后，在这14个民族之外，新疆的其他民族仅有0.09万人，占新疆总人口的0.02%”。参见娜拉：《清末民国时期新疆民族人口及分布格局》，《黑龙江民族丛刊》2006年第3期。可见，盛世才政府关于新疆14个民族的划分基本上涵盖了新疆所有的民族成分。

看，增进了对边疆民族的了解，拓宽了边疆民族的范围，为之后民族识别提供了一定帮助。

（三）废除“民族蔑称”与改订“西南少数民族”命名

为了引导正确认识国内民族，国民政府不仅禁止滥用“少数民族”名词，而且禁止滥用含有侮辱性的民族蔑称。同时，回应社会诉求，改订“西南少数民族”命名。

早在抗战以前就有人主张废除民族蔑称[①]，而在具体的实践中，据冯大麟称，最先倡议者为蒙藏委员会委员格桑泽仁，他呈请国民政府通令禁止加诸于西藏人民头上的番蛮等称谓；新疆回族同胞感到过去历史上的“畏吾儿”具有侮辱性质，呈请改为“威武儿”，政府通令改为“维吾尔”（1935年新疆省政府确认为“维吾尔”），并沿用至今；广西省政府将猺、猓、猡等称谓的“犬”字旁改为“人”字旁[②]。抗战爆发后，国府迁往重庆，西南大后方的战略地位进一步凸显，重视西南苗夷以及废除民族蔑称的呼声与日俱增。比如，1938年底，冯玉祥考察贵州后便致函蒋介石称：“苗夷同胞，备受汉人歧视，欺凌压迫，甚至诛杀。……西南民族名称，如猺、猓等，均以‘犬’为旁。具有歧视之义。”[③]1939年3月，第三次全国教育会议通过了《关于危害民族团结之名词应禁止滥用案》。该案强调“受社会上一些错误观念影响的，危害中华民族团结的，不利于抗战建国目标的，对于少数民族的侮辱性称谓以及少数民族名词应禁止滥用”[④]。由此便以国府命令的形式在更大范围内要求废除民族蔑称。而西南苗夷名称多达二百多种，且多以虫兽偏旁命名。这也成为国民政府重点废除西南苗夷民族蔑称并改订“西南少数民族”命名的原因之一。

而改订“西南少数民族”命名的倡议并非完全来自第三次全国教育会议，

---

① 参见杨思机：《指称与实体：中国“少数民族”的生成与演变（1905—1949）》，中山大学博士学位论文，2010年，第188页。

② 参见冯大麟：《改革边疆民族不妥名称》，《边事研究》10卷5期，第25页。

③ 冯玉祥：《致蒋介石函稿》（1938年12月4日），载《冯玉祥选集》下卷，第437—439页。

④ 见《第三次全国教育会议报告》，1939年，第285—294页。转引自娄贵品：《国民政府改废少数民族称谓的历史考察》，《贵州民族研究》2013年第3期。

同时，该任务的完成是国府多个部门协同的结果。具体来看，据社会部文件记载，“本部根据中国大众文化社呈，以西南少数民族命名，每多用虫兽偏旁，颇易引起国人之误会与歧视，亟应设法纠正，以促进国内民族感情，加强国内同胞团结。经函请中央研究院等详加研究，并将其拟就之纠正原则，函请教育部等详加审核”①。由此可见，主要推动改订“西南少数民族”命名的倡议来自社会部，中央研究院、教育部主要负责研究和审核。具体的过程是，中国大众文化社向社会部提出问题，社会部又把改名的动议上呈国民党中执委，中执委致函中央研究院详加研究，最终由国民党社会部约集中央研究院、教育部代表共同商定改订“西南少数民族”命名原则，1940年1月22日，拟订出“改正西南少数民族命名表”。同年2月6日，教育部发出《修正西南少数民族虫兽偏旁命名令》，直接通令全国学校遵照执行。10月11日，国民政府行政院颁布阳壹字20985号训令，即《改正西南少数民族命名》的训令。规定凡属虫兽偏旁之命名，一律改为“人”字旁；不适应此条者，则改为同音假借字；有些指称少数民族生活习惯的不良形容词，也必须废止。②

值得注意的是，国民政府废除民族蔑称并改订新的民族命名涉及外部构建的“民族称谓”与“民族认同”的问题，即外部构建的新的认同符号或民族称谓的出现，以及“少数民族”对外部构建的认同符号的自觉过程。事实上，民族蔑称更多是一种他称，而少数民族则有着自我认同的族称。对于少数民族而言，新修订的“民族称谓”是一种外部构建的新的“认同符号”，少数民族对这些新的“认同符号”有一个不断自觉的过程。从少数民族构建的主客体来看，少数民族的自我认同与少数民族构建主体构建的外部认同在一定时期内呈现双轨运行的特点。比如，“汉人称藏人为‘番子’，从民族平等的角度看，‘番子’是具有歧视意味的蛮夷之称。但是若干藏人只知自己为‘番子’或其他自称，不知为藏族”③。同理，这一时期，政府层面为“西南苗夷”改订新的“民族称谓”后，对“西南少数民族”而言，必然也有一个从封闭的“自我认同”到新的“民族认同”的转变过程。

---

①《抗战建国史料：社会建设》(三)，载秦孝仪主编：《革命文献》第98辑，第51页。

② 芮逸夫：《西南少数民族虫兽偏旁命名考略》，载《中国民族及其文化论稿》(上)，台湾艺文印书馆1972年版，第73—79页。

③ 范长江：《中国的西北角》，新华出版社1980年版，第23页。

（四）“国内各民族”在政治话语和立宪话语中体现

在国民政府的“国族主义”话语和“边政”范式中并没有完全失去对国内各民族的体认，只不过国民政府是在中华民族的框架内来表述各民族。同时，也与国民政府内部各种政治派系对孙中山“民族主义”思想的不同理解有关。正因为如此，蒋介石本人也很难把国民党内有关“民族”的不同看法统一起来，并且，就连他自己提出的“中华民族‘宗支论’”也未能获得国民党内的一致认同。除此之外，共产党和无产阶级知识精英、一部分民族学家等也不赞同国民政府的“中华民族单一论”，或是从“各民族自决自治”的角度来表述民族观念及民族政策，或是从民族文化多样性的角度来对“中华民族是一个”提出异议。总之，社会政治力量未能对中华民族和“各民族”的关系形成统一的认识。在这样的背景下，在合作与斗争、博弈与互动中，在各政党各阶级的“民族”话语中，并没有把中华民族与“各民族”完全割裂开来。

因此，国民党和国民政府在制定政治纲领和起草宪法的过程中受到内外因素的影响。正是在上述一系列因素的交织作用下，国民党和国民政府在政治纲领和宪制变迁中承认了“各民族”的地位，一定程度上回应了“各民族”的政治诉求。同时，在国民党与“各民族”互动（表达与回应）的过程中，“各民族”的地位更广泛更有效地提升了。

1.国民党政治纲领中对“各民族”的表述。1935年11月，国民党第五次全国代表大会通过了包含有承认“各民族”名义、利益和地位的决议。提出：“处理西南边省及其夹杂在内的民族的事务须以当地民族的利益为原则；以后在选举代表时，既要考虑民族因素，比如蒙、回、藏和内地各族的特殊性，也要兼顾区域因素，各族的代表应确实为当地居民；应该重视上述各地各族的教育，保障经费到位。……”[①] 而这份决议的通过与当时国民党内部一部分高层要员对“各民族”身份的认可不无关系。一方面，孙科、陈立衡等立法院人士坚持“中华国族”与“各民族”的划分；另一方面，冯玉祥、戴季陶、于右任、张继等军政要员也主张承认“各民族”身份，其

①《中国国民党第五次全国代表大会宣言》，载《中华民国史档案资料汇编》第五辑第一编政治（二），江苏古籍出版社1991年版，第487—488页。

中冯玉祥的影响最大。1935年前后，冯玉祥就受苏俄民族政策的影响，主张承认“各民族”的身份，并著文公开批评国民政府的边疆政策无异于愚弄“边疆民族和人民”，呼吁“对于各民族的待遇一律平等而优待，绝不加以歧视”①。此时的冯玉祥与孙科一道同为国民党五届一中全会中央执行委员会常委，并身兼国民军事委员会的副委员长，影响可见一斑。而戴季陶则是直接参与国民党五全大会宣言的起草人（吊诡的是，就在前一年，戴季陶还站在公开反对承认“各民族”的立场上。可见，国民党高层内部对“各民族”缺乏强有力的共识），同时，宣言中对“各民族”的承认还得到了国民党元老于右任和张继的联名支持。②

1938年3月29日至4月1日，国民党在武汉召开临时全国代表大会，特别强调中国境内各民族与全民族抗战的关系，从中国民族自求解放（中华民族自决）的层面指出：“抗战的目的在于整个民族的生存独立，只有整个民族的生存独立得到实现，整个民族建立的国家才有自由平等可言……全民族应该清醒地认识到，只有打败日本帝国主义之后，才可能组织自由统一的即各民族自由联合的中华民国……在未能击败日寇之前，我中国境内各民族只有同仇敌忾，团结一致，共赴国难。”③

1941年4月，国民党五届八中全会通过了《关于加强国内各民族及宗教间之融合团结，以达成抗战胜利建国成功目的之施政纲领案》④，并按照纲领案编定了“边疆施政纲要”，总结了国民党的边疆民族政策，并从政治、经济、文化、边疆研究等方面规定了边疆施政的内容，对之后很长一段时期国民党的边疆民族事务治理具有指引性和纲领性意义。比如，任用各民族地方人才，编译民族语文，扶植各民族文化，培养边疆人才等。

1945年5月，在抗战行将胜利之际，国民党在重庆召开了第六次全国代

① 冯玉祥：《中国与第二次世界大战》，载《冯玉祥选集》（上卷），人民出版社1998年版，第222—223页。

② 杨思机：《指称与实体：中国“少数民族”的生成与演变（1905—1949）》，中山大学博士学位论文，2010年，第86页。

③ 见《中国国民党临时全国代表大会宣言》，载《中华民国史档案资料汇编》第五辑第二编政治（一），江苏古籍出版社1991年版，第409页。转引自常安：《国族主义的话语建构与边疆整合（1928—1949）》，《法律和社会科学》2014年第2期。

④ 参见《边政公论》1941年第1卷第1期。

表大会，部署了抗战胜利之后的“建国”工作，其中对“各民族”的关注也列入了会议议程，大会特重申了国民党一大关于“民族主义”的宣言，主张“实现蒙藏各民族的高度自治，并扶助边疆各民族经济文化的平衡发展，以奠定自由统一中华民国的基础”[①]。

而国民党政治纲领中对“各民族”的表述具有特定的背景和范畴。1938年临代会、1941年五届八中全会之宣言、纲领中对“各民族”的表述并没有跳出中华民族、国族、抗战和自由统一之中华民国的框架；1945年抗战胜利前夕国民党重申“一大宣言”（强调民族主义的双重涵义）的根本目的是为了强调国民党对孙中山遗教的遵循。同时也表明孙中山去世后，国民党在民族观念上并没有形成统一的共识，国民党内有一部分政治力量一直在坚持孙中山“中国境内各民族一律平等”的“民族主义”思想，或者说社会观念中有一部分声音在关注和支持“各民族”，而这也成为“各民族”被写入政治纲领的重要原因。

2.国民政府宪制变迁中对“各民族”地位的承认。1933年，《中华民国宪法草案初稿试拟稿》（宪法起草委员会副委员长吴经熊根据宪法起草主稿委员会的推选所选定）第二篇“民族”之第一章“民族之辩护”的第一条即为“国内各民族均为中华民族之构成分子”[②]。其后形成的《中华民国宪法草案初稿审查修正案》（以吴稿为基础）规定“中华民国各族均为中华民族之构成分子，一律平等”。

1934年10月16日通过的《中华民国宪法草案》则表述为“中华民国各民族，均为中华国族之构成分子，一律平等”（第5条）；1935年10月25日通过的《中华民族宪法草案（修正）》中则改为“中华民国各族均为中华民族之构成分子，一律平等”[③]；经过孙科等人的努力，1936年5月5日，国民政府公布《中华民国宪法草案》（俗称《五五宪草》），又把“中华民族”改为

①《中国国民党第六次全国代表大会通过重要决议案》，载《中华民国史档案资料汇编》第五辑第二编政治（一），江苏古籍出版社1991年版，第813页。

② 常安：《中华民族认同与国家建构——评〈从多元走向一体：中华民族论〉》，《湖北民族学院学报（哲学社会科学版）》2010年第1期。

③ 夏新华、胡旭晟整理：《近代中国宪政历程：史料荟萃》，中国政法大学出版社2004年版，第942页。

“中华国族”。在第一章总纲的第五条明确规定：“中华民国各民族均为中华国族之构成分子，一律平等”[①]；1940年国民参政会宪政期成会通过了《对中华民国宪法草案（五五宪草）修正草案》（俗称《期成宪草》），其中第五条又变为“中华民国各族均为中华民族之构成分子，一律平等”[②]。

但蒋介石和孙科都不满意于“期成宪草”[③]，故制宪任务继续拖延。1946年12月25日，制宪国大（通常被称为“伪国民大会”）最终通过了张君劢等以“五五宪草”为基础起草的《中华民国宪法》，1947年元旦正式公布。在各方力量的博弈下，《中华民国宪法》第一章总纲第五条最终被确定为“中华民国各民族一律平等”，吊诡的是，该宪法中既没有“中华民族”，也没有“中华国族”[④]。相反，“各民族”的地位得到了中华民国宪法承认。

① 关于“中华国族”入宪与孙科的努力密不可分。参见孙科：《宪政要义》，商务印书馆1944年2月初版，第16—17页。

② 夏新华、胡旭晟整理：《近代中国宪政历程：史料荟萃》，法律出版社2004年版，第1031页。

③ 蒋介石有意把自己的“中华民族‘宗支论’”写入宪法，明确反对把国内各民族称之为“民族”；而孙科及其参与“五五宪草”制定的陈长蘅则对“期成宪草”对“五五宪草”的修改建议进行反驳。并且，孙科还专门让立法院编辑了《中华民国宪法草案说明书》，介绍自己的观点立场，表达对“期成宪草”的不满。（参见黄兴涛：《重塑中华：近代中国“中华民族”观念研究》，第324页。）

④ 过去学界一谈到国民政府有关“中华民族”或国族主义（国族同化）的民族政策和民族观，总是只提蒋介石的“宗支论”思想，并以“大汉族主义”思想加以批判，而看不到以孙科为代表的国民党内另一思想路线（对孙中山国族主义的不同理解）及其势力的长期存在。实际上，围绕“各民族”的身份问题，国民党内部一直没有形成强有力的共识。而1946年通过的“中华民国宪法”即看不到蒋介石所谓的“中华民族一元论”的“宗族说”，也看不到孙科的“中华国族”解。并最终以“中华民国各民族一律平等”的表述出现或许正是国民党高层内部博弈的结果。（参见黄兴涛：《近代中国“中华民族”观念研究》，第325页。）事实上，还不能完全把历次宪法对“各民族”的表述仅仅归结于孙科一系的坚持，在20世纪30年代后期，国民党高层内部主张承认“各民族”者不在少数，比如冯玉祥、戴季陶、于右任、张继等（但这些人在对共产党的态度上又各不相同，可见，他们对“各民族”的理解是不相同的）。外加，当时国内各民族围绕本族的代表资格及其权利，据理力争，多次请愿，民族意识凸显。以及共产党围绕“各民族”问题展开对国民党的批判。多重因素使得蒋介石要强行否认中华民族之下不存在民族已经几无可能。因此，可以说中华民国宪法关于“中华民国各民族一律平等”的表述是各方妥协的结果。

事实上，国民党除了在政治纲领和中华民国宪法中承认了“各民族”的地位之外，也为改善“民族不平等”做出过积极努力。而已有研究中那种武断地认为“国民政府只会实行民族歧视和压迫，或认为蒋介石的‘宗支论’是国民党民族思想的集中体现”的认识并不可取。[①]但必须明确的是，虽然国民党的政治纲领和中华民国宪法对“各民族”的地位给予了关注和承认，并且，也为改善民族关系做出了相应的努力；虽然国民党高层内部有另一条思想路线及其势力一直在坚持“中国境内各民族一律平等”的思想，甚至因对“各民族”认识的博弈而出现了1946年中华民国宪法中既没有“中华民族”，也没有“中华国族”的吊诡现象。但与承认“各民族”身份相一致的行动是“中华民族”“国族”“中华国族”的广泛传扬，国民党和国民政府始终是在中华民族、中华民国、抗战建国的范畴和背景下来讨论“各民族”问题的。进一步说，即使是蒋介石和孙科对“中华民族”或“中华国族”内部的历史文化群体到底应该被称为“宗族”还是“民族”存在不同意见，国民党和国民政府在对“中华民族”或“中华国族”的认同上也是一致的，即秉持国族主义思想，强调“中华民族的一体性”及中华民国的自由统一。同时，还须注意，国民党和国民政府虽然承认了“各民族”的地位，但各民族参政应纳入地区范围（先是蒙古、西藏、新疆等边疆民族地方，后慢慢重视西南边区），即不以民族为单位，以区域为单位，在此前提下，可以享受相应的待遇，适当增加代表名额等。[②]归结起来，国民党对“少数民族”的承认受到国族主义目标的规约，进而表现出一定的被动性。

第二节　马列主义民族理论影响下的民族建设

马列主义民族理论是无产阶级处理民族问题的意识形态，它自始至终强调各民族平等。同时，它是一套阶级划分优先于民族划分的国际主义意识

① 参见黄兴涛：《重塑中华：近代中国“中华民族”观念研究》，北京师范大学出版社2017年版，第314、327页。

② 参见陈天锡编：《戴季陶先生文存续编》，中国国民党中央委员会史料编纂委员会1967年版，第236—237页；《戴季陶传记资料》（二），第30页。

形态。马列主义民族理论在经苏俄（联）—共产国际向世界无产阶级传播的过程中，形成了一些指向被压迫民族解放的民族问题纲领。按照马列主义民族理论对民族问题的看法，民族自决、联邦制是实现被压迫民族解放运动与无产阶级革命相联合的政策主张。作为共产国际支部的中国共产党，把马列主义民族理论意识形态作为处理中国民族问题和实现少数民族解放的信条。在中国革命的特定条件下，共产党特别重视少数民族问题，把民族和殖民地问题纲领用在国内民族层面，形成了一整套关注国内各民族、强调各民族平等联合的民族观念，并在推动各民族自由解放的民族工作进程中实现了对少数民族的政治动员。

一、马列主义民族理论的传入与国内“各民族”的“新觉醒”

马列主义民族理论是一种强调阶级斗争与联合的国际主义意识形态。在这种意识形态下，世界被划分为两个阶级，民族被划分为两个民族，即压迫民族和被压迫民族。而在苏俄（联）—共产国际的视阈中，压迫民族与被压迫民族的划分由国际转向国内。受此影响，使得具有国际语境的“被压迫民族”、殖民地弱小民族、小民族等概念被中国无产阶级和共产党用来描述国内“各民族”，并以此来认识“国内民族问题”，即认为国内其他民族（小民族、弱小等）受到汉族（大民族）压迫。同时，由于受到近代中国民族观念中“汉族多数，其他民族少数”的影响，第一次国共合作时期，国民党率先提出了“少数民族”概念。之后，国共两党把“少数民族”“弱小民族”“被压迫民族”等概念并列使用，少数民族的内涵由此变得复杂起来。哪里有压迫，哪里就有反抗，马列主义民族理论强调“被压迫民族”自决，在此影响下，国共两党承认中国以内各民族（核心是少数民族）自决，并以此作为国共两党合作的政治基础，开始了轰轰烈烈的大革命。在国民革命的推动下，少数民族更广泛深入的觉醒，少数民族革命运动兴起，中国少数民族建设由此也进入了新阶段。

(一)马列主义民族理论及其在中国的早期传播

1.马列主义民族理论关注“各民族(国际、国内)问题”

自列宁领导的俄国社会主义革命取得胜利之后，世界无产阶级革命的领导中心已经转移到俄国。早期中国马克思主义者及其之后的中国共产党所接受到的马克思主义民族理论已经“俄化”，俄化的马克思主义民族理论即列宁主义民族理论，也称马列主义民族理论。

“民族殖民地问题理论”是列宁主义民族理论的主要内容[①]，也是列宁对马克思主义民族理论的重要贡献。列宁民族殖民地问题理论主要包括以下两部分内容：

(1)有关压迫民族和被压迫民族的划分。早在1900年，在《中国的战争》一文中，列宁就提出了压迫民族和被压迫民族的思想，把英、俄等帝国主义对印度、中国的侵略行为称之为压迫民族对被压迫民族的压迫。1915年，他进一步指出：“帝国主义是一小撮大国对世界各民族的压迫日益加剧的时代，是一小撮大国为扩大和巩固对各民族的压迫而交战的时代……因此，在社会民主党的纲领中，中心问题恰恰应该是把民族区分为压迫民族和被压迫民族。”[②]1920年6月5日，列宁在为共产国际二大草拟的《民族和殖民地问题提纲初稿》，以及同年7月26日代表民族和殖民地问题委员会向共产国际第二次代表大会所做的《民族和殖民地问题委员会的报告》中正式提出了必须要区分压迫民族与被压迫民族的思想。首先强调帝国主义时代被压迫民族和压迫民族之间的区别，强调被压迫阶级和统治阶级之间的区别，而这也是列宁整个提纲当中最重要最基本的思想。[③]列宁指出“压迫民族和被压迫民族的这种区分，是帝国主义的本质所决定的。在帝国主义时代，资本主义已由反对封建主义时代的民族解放者，变为各民族的最大压迫者。帝国主义使一些大国对其他民族的压迫，成为愈来愈厉害的一种普遍现象。资本主

① 民族平等联合、落后民族直接过渡到社会主义道路理论等也是构成列宁主义民族理论的重要内容。

② 中国社会科学院民族研究所编：《列宁论民族问题》(下)，民族出版社1987年版，第490—491页。

③《列宁选集》(第4卷)，人民出版社1995年版，第275页。

义已由进步转为反动”[①]。

（2）民族解放运动是世界无产阶级革命总问题的一部分。民族殖民地问题和世界无产阶级革命问题紧密锁链。“民族问题从属于阶级问题，不消灭阶级压迫和剥削，就难以消灭民族压迫和剥削，这是马克思恩格斯关于民族问题与阶级问题关系的基本观点。列宁从帝国主义时代民族矛盾与民族解放斗争及殖民地特点出发，提出了帝国主义不仅是世界无产阶级的敌人，而且也是全世界被压迫民族的敌人。”[②]列宁认为“在帝国主义时代，民族解放运动已经成为打击帝国主义的重要力量，它是世界社会主义运动的一部分。而‘我们在承认这种权利（民族自决或民族解放）的同时，应该让支持民族独立的要求服从无产阶级斗争的利益’”[③]。

除此之外，民族平等是包括列宁在内的马克思主义者认知民族问题的出发点和归宿。列宁的民族平等思想十分丰富，他在马克思、恩格斯的基础上提出了实行民族平等的具体主张。主要是“民族自决权”理论和“联邦制”主张。

（1）民族平等的实质是任何民族都不能享有特权，同时，任何一个民族的权利都不应该受到漠视。列宁明确主张将民族平等作为无产阶级政党的纲领，“工人民主派民族纲领是任何民族、任何语言都绝对不能享有任何特权”[④]，“对少数民族不能有丝毫的压制，丝毫的不公平——这就是工人阶级民主的原则”[⑤]；列宁指出“保障少数民族权利是同完全平等的原则密切联系着的”[⑥]“我们要求国内各民族绝对平等，并要求无条件地保护一切少数民族的权利。”[⑦]民族事实上的平等不仅是法律上或程序上的平等，而是各民族间

① 刘玉遵：《列宁关于被压迫民族解放运动的战略思想的光辉胜利——读列宁为1920年举行的共产国际第二次代表大会所作的关于民族和殖民地问题的提纲和报告》，《中山大学学报》（社会科学版）1960年第4期。

② 胡昂：《经典马克思主义民族理论研究》，安徽大学博士学位论文，2011年，第88页。

③ 见中国社会科学院民族研究所编：《列宁论民族问题》（上），民族出版社1987年版，第27页。转引自胡昂：《经典马克思主义民族理论研究》，安徽大学博士学位论文，2011年。

④ 同上书，第213页。

⑤ 同上书，第184页。

⑥ 同上书，第244页。

⑦ 同上书，第186页。

深入的平等。如何消除各民族事实上的不平等，甚至法律上的不平等，这需要夺取胜利的各无产阶级做出艰巨而复杂的努力来完成。

（2）民族自决是实现民族平等的政治途径。列宁在《我们纲领中的民族问题》（1903年7月）一文中准确地把握了民族自决问题，即“社会民主党作为无产阶级的政党，其积极的和主要的任务不是促进各民族的自决，而是促进各民族的无产阶级的自决。”[①] 进一步讲，“民族自决”是为无产阶级的利益服务的。同年，在俄国社会民主工党第二次代表大会上，民族自决权原则被写入俄国党的纲领中。应该准确理解列宁提出的“民族自决权”原则，“民族自决”的提出符合当时的世情和俄国的国情。“它将绝大多数被压迫民族动员起来开展坚决反对沙皇的斗争，俄国被压迫民族的解放斗争同俄国无产阶级反抗资产阶级的革命以及农民反抗地主的斗争相结合，形成了有利于无产阶级革命的形势。”[②] “从政治意义上来讲，‘民族自决权’只是一种独立权，即在政治上同压迫民族自由分离的权利，……”[③]。从这个口号的实质来看，“它是一种权利，而不是必须的义务。对它的责备就像责备拥护离婚自由的人是在鼓励破坏家庭关系一样愚蠢，一样虚伪”[④]；从这个口号的目的来看，列宁指出，“不恢复每个民族的统一，那就既不可能有无产阶级的国际联合，也不可能有各民族为达到共同目的而必须实行的和睦的与自觉的合作”[⑤]。由此可见，“民族自决权”原则的提出并不是为了分裂，而是主张从帝国主义及压迫民族的爪牙下脱离、分离，进而集结在无产阶级的大本营下，实现无产阶级的团结和联合。

（3）“联邦制为主，‘民族区域自治’为辅的国家体制是实现民族平等的重要途径。”[⑥] 在十月革命前，列宁是反对联邦制主张单一制的。他认为“只要各个不同的民族组成统一的国家，马克思主义者决不主张任何联邦制原

①《列宁选集》第1卷，人民出版社1995年版，第459页。

② 胡昂：《经典马克思主义民族理论研究》，安徽大学博士学位论文，2011年，第92页。

③《列宁选集》第2卷，人民出版社1995年版，第564页。

④ 同上书，第396页。

⑤ 中国社会科学院民族研究所编：《列宁论民族问题》（下），民族出版社1987年版，第123页。

⑥ 胡昂：《经典马克思主义民族理论研究》，安徽大学博士学位论文，2011年，第101页。

则，也不主张任何分权制。中央集权制的大国是从中世纪的分散状态走向将来全世界社会主义统一的一个巨大的历史步骤，除了通过这种国家同资本主义有密切联系的国家以外，没有也不可能有其他走向社会主义的道路。”[①]随着列宁对俄国复杂民族情况的认识的提升，以及国外武装干涉的进一步加剧，在十月革命前夕，他对联邦制的态度发生了变化。他说道：“联邦制共和国或者是一种例外，是发展的障碍，或者是由君主国向集中制共和国的过渡，是在一定的特殊条件下的‘前进一步’。在这些特殊条件下，民族问题占有突出的地位。”[②]列宁把联邦制当成一种过渡形式，看作是解决俄国复杂民族问题的重要机制。

列宁对民族区域自治也有着精彩的论述，他把民族区域自治表述为实现民主制的一般原则，在列宁看来，“一个民主国家必须承认各区域的自治权，特别是居民的民族成分复杂的省和州的自治权……一个民族成分复杂的大国只有通过区域自治才能实现真正的民主的中央集权制”[③]。同时，他认为民族区域自治是实现各民族事实上平等的重要制度保障。他坚信“建立民族成分单纯一致的自治州，哪怕是最小的自治州，对于消灭任何民族压迫都有极其重要意义”[④]。

同时，列宁划清了无产阶级的国际主义与资产阶级的民族主义的界限。无产阶级的国际主义是与资产阶级的民族主义相对立的阶级意识形态，是两个阶级有关民族认识、民族理论、民族立场的具有根本差异的民族意识形态。无产阶级国际主义意识形态是对资产阶级民族主义意识形态的批判和超越。列宁是在反对资产阶级民族主义的同时，高举国际主义的思想旗帜的。针对资产阶级的民族主义，列宁从国际主义的意识形态立场旗帜鲜明地进行了反对，认为，“资产阶级的民族主义和无产阶级的国际主义——这是两个不可调和的敌对的口号，它们同整个资本主义世界的两大阶级营垒相适应，代表着民族问题上的两种政策也是两种世界观”。因此，为了无产阶级革命

---

① 中国社会科学院民族研究所编：《列宁论民族问题》(上)，民族出版社1987年版，第247页。

② 同上书，第71页。

③ 同上书，第387页。

④ 同上书，第251页。

事业，必须“坚持各族工人团结一致反对一切民族资产阶级的民族主义”[①]。

2.马列主义民族理论在中国的早期传播

在中国共产党建立以前，马列主义民族理论就已经在中国传播。中国早期的共产主义者[②]为马列主义民族理论在中国的传播做出了重要贡献，其中，李大钊、瞿秋白等是早期的主要代表，他们后来逐步发展成为中国共产党的创始人及早期领导人。李大钊是最早提及“民族问题”和“民族自决”的早期领导人[③]。1919年元旦，他发表在《每周评论》上的“新纪元”一文中首次提到“要民族自决”[④]，同年，在《大亚细亚主义与新亚细亚主义》中，他提出“凡是亚细亚的民族，被人吞并的都该解放，实行民族自决主义”[⑤]，他主张用民族自决来实现殖民地民族的解放。后来，他甚至把“民族自决”当作社会主义的精神来坚持和主张。[⑥]

除了李大钊之外，瞿秋白等也对民族自决权理论进行了积极的传播。不仅如此，瞿秋白还翻译和介绍了大量的马列主义民族理论，他对民族问题的认识和研究颇深。1921年1月，瞿秋白受北京《晨报》的派遣，前往莫斯科对俄共（布）第十次代表进行采访。期间，斯大林在大会上做了题为《关于党在民族问题方面的当前任务》的政治报告。瞿秋白译述了这一报告并详细介绍了苏俄处理民族问题的实地经验，既翻译了斯大林阐述的民族问题理论、原则，又提出了自己的观点、评介，认为苏俄解决民族问题的唯一原则是“提携各幼稚民族越过资本主义时代，而直达于共产主义的建设”。并于6月22日在北京《晨报》上发表了《共产主义之人间化》的长篇通讯。有研

① ［苏］列宁：《列宁全集》（第25卷），人民出版社1988年版，第153页。

② 早期共产主义者是指共产党成立以前就已经接触到共产主义并信仰马克思主义的先觉分子。这部分人主要产生于五四运动前后，事实上，马克思主义也是在五四运动以后才在中国得到广泛传播的。他们主要有三种类型：一是领导新文化运动的思想领袖以及五四爱国运动的左翼骨干，包括李大钊、陈独秀和毛泽东、蔡和森；二是同盟会的云老、辛亥革命时期的活动家，有董必武、林伯渠等；三是接触到社会主义思潮、研究过马克思主义的留日学生及其他先进青年，主要有李达等。参见潘先林：《红军长征与“中国是一个由多数民族结合而成的国家”理论的提出》，《民族研究》2016年第5期。

③ 韦英思：《李大钊民族思想述略》，《西北民族研究》1989年第2期。

④ 李大钊：《李大钊选集》，人民出版社1959年版，第121页。

⑤ 同上书，第129页。

⑥ 同上书，第430页。

究者认为，此文是继袁振英于同年1月在北京《新青年》译介《论民族自决权》以及同年8月陈望道在上海出版《共产党宣言》的第一个中译本之后的有关马克思主义及其民族理论的又一重要文献。[①]总的来看，李大钊、瞿秋白等人对马列主义民族理论的翻译和介绍以及自己的评述加速了马列主义民族理论在中国的传播，为“各民族”解放以及中国民族问题的解决提供了新的理论来源或意识形态。

（二）苏俄（联）–共产国际影响下的中国“各民族”观念及“国内民族问题”

俄国十月社会主义革命胜利后，仍面临着各帝国主义的围堵和国内反动势力的反扑，如何巩固新生的社会主义政权成为列宁领导的布尔什维克面临的最棘手问题。与此同时，无产阶级革命与帝国主义扩张的矛盾进一步加剧，并成为当时世界革命的主要矛盾。在这样的背景下，列宁进一步发展马克思主义，丰富了马克思、恩格斯的国际主义原则，号召全世界无产者和被压迫民族联合起来，共同反对国际帝国主义的压迫，变帝国主义战争为国内战争。1919年，在列宁的领导下，全世界无产阶级革命者的“党组织”——共产国际建立了。共产国际一经建立就带着双重使命：“一是领导和帮助世界各国共产党和革命党人成就马克思列宁主义的世界革命理想；二是在资本主义列强包围苏俄的情况下，通过各国共产党、各国无产阶级保卫苏俄革命的成果。”[②]同期，中国国内爆发了在中国近代历史上具有重大转折意义的“五四”反帝爱国运动。五四运动之后，一方面，无产阶级登上中国革命的历史舞台；另一方面，马克思、恩格斯与列宁、斯大林的理论学说（包括民族理论著作、观点）在中国得到更大规模的传播。这在思想上和阶级基础上为中国共产党的建立准备了条件。

中国共产党的创立与苏俄–共产国际的帮助和影响密不可分。其实自中国共产党成立之日起就已经宣布加入共产国际。1922年7月，中共二大正

① 参见青觉：《中国共产党民族观的形成和发展》，中央民族大学博士学位论文，2004年，第17页。

② 杨奎松：《揭秘：共产国际与中国共产党真实关系》，《北京日报》（理论周刊·文史版），2011年5月16日版。

式通过决议，决定参加共产国际，成为它的一个支部。[①]按照共产国际的规定，“凡是加入共产国际的各国共产党，必须冠以‘某国共产党——共产国际共产党支部’的名称”，共产国际成为“国际性的共产党”[②]。同时，从中共早期的代表李大钊在国民党一大的发言中可以看出当时的共产党员对自身组织的定位[③]。“在相当长的一段时间里，共产国际与中国共产党建立了实际上的领导与被领导的关系，中共也从共产国际获取了实际的援助及思想指导。”[④]1922年12月30日，苏维埃社会主义共和国联盟正式成立，标志着世界无产阶级革命取得重大胜利，苏联成为世界无产阶级向往的“祖国”，同时，也标志着列宁提出的民族自决权和联邦制原则在较大范围内取得胜利。之后很长一段时间内，党的民族理论政策受到苏联和共产国际的影响。

在苏俄（联）–共产国际的影响下，共产党主要是从马列主义民族理论的视角来认识国内民族，形成了特定的“各民族”观念，以及看待国内民族问题的态度和立场。而与近代以来其他社会政治力量所秉持的民族主义立场[⑤]有所不同，马列主义民族理论具有特定内涵，马克思列宁主义民族理论特别重视“殖民地被压迫民族”的解放事业，把民族解放运动看成世界无产阶级社会主义革命总问题的一部分。在这个总问题中，特别强调无

① 中共中央党史研究室第一研究部编：《共产国际、联共（布）与中国革命档案资料丛书第2卷：共产国际、联共（布）与中国革命文献资料选辑（1917—1925）》，北京图书馆出版社1997年版，第315页。

② 王继凯：《中国共产党加入共产国际问题再研究》，《中共党史研究》2013年第1期。

③ 李大钊在国民党一大发言中解释，中共党员以个人身份加入国民党确是“跨党”，但这并不等于“党内有党”，因为中国共产党只是共产国际的一个支部，共产党的作用是在共产国际（世界共产党）与国民党之间架设一个沟通的桥梁。

④ 梁海鹏、梁昱庆：《共产国际对中国共产党党的建设工作的干预和影响》，《中共四川省委党校学报》2012年第1期。

⑤ 中国近代民族主义理论受西方资产阶级民族主义理论的影响。在西方民族主义理论路径中，“民族”与国家紧密关联。资产阶级高举“民族主义”的大旗，鼓吹“民族”利益至上，整合国内居民，宣扬“民族自决”，反对专制制度。在这个过程中，“民族主义”发挥了积极作用（也曾受到马克思、恩格斯的肯定）。但现代“民族主义”向外扩张的过程中，出现了分化，形成了“英、法取向”和“德国取向”。梁启超、孙中山等从日本接收到的“民族”概念则深受“德国取向”的影响。进而特别强调“民族”的血缘、种族，以及历史文化特性。而这样的“民族”概念在与“国民”概念互动的过程中， （下转）

产阶级与被压迫民族的联合，强调国际主义原则和民族的阶级属性，反对“民族主义”，进而也忽视各民族自决的“民族主义”情绪。[①]在这样的背景下，无产阶级及共产党特别重视动员“各民族”，强调“各民族自决”，把各民族的觉醒当作是实现无产阶级国际大联合的一个过渡阶段。[②]即在实现国际主义目标之前，先主张殖民地各被压迫民族从帝国主义的压迫之下自

（上接）形成了近代中国的民族主义。同时，近代中国民族主义形成的过程中深受中国传统“族类”观念和既存族际关系的影响。“民族”概念在中国运用的过程中遇到了巨大的挑战，并形成了近代中国不同的“民族主义”派别及对“民族”（国民）的不同理解。以梁启超为首的君主立宪派强调合国内诸族建设一“大国民”，并提出“大小民族主义”的划分；而以孙中山为首的革命派则强调以一汉种为一国民，并建立汉族的单一民族国家。同时，在汉民族主义的刺激下，“排满”宣传催生了其他各民族“族裔民族主义”的兴起；近代中国民族主义理论路径在其价值取向上并不强调“国内各民族”，而是试图构建一个以“国民”为基础的“国民（民族）国家”。君主立宪派针对中国既存的“两类族类群体”提出了“大小民族主义”的划分，并主张在“小民族主义”之外，更加注重“大民族主义”，实为主张“大民族主义”立国，以“大民族主义”来打造一国民，即合国内诸族为一“大国民”，并建立以“大国民”为基础的国民（民族）国家；革命派则主张汉族吸收同化国内他族，以汉族为一国民建设单一汉民族国家。革命派因具有狭隘的大汉族主义立场，而更不强调各民族的划分，甚至也不关注和承认汉族以外的民族；袁世凯当政后，吸收了君主立宪派和革命派的观点，积极推进“五族融合”、消除五族畛域，实现民族统一，其目标意在“大中华民族”或“大国民”。总的来看，近代中国民族主义在价值选择上倾向于构建统一的“国民（民族）国家”，整体上强调民族统一。一言以蔽之，近代中国其他社会政治力量主要是从血缘、种族、历史、文化的角度给国内各个“族类群体”冠以“族”或“民族”的称谓，并从“大文化”的角度强调民族统一。

① 与中国近代民族主义者在使用“民族”概念过程中对中国“庞大族类群体”所存有的文化自觉（“大文化”）不同。中国马克思列宁主义者对中国“族类群体”的认知则在“小文化”路径的基础上，把中国各个“族类群体”完全引入“革命”“阶级”“斗争”的场域中，“被压迫民族”“弱小民族”“小民族”的解放事业被作为无产阶级革命总问题的一部分在共产党的革命立场和阶级话语中加以表述。

② 参见李保国：《马克思恩格斯视野中的民族主义及其当代价值》，《河南社会科学》2012年第5期。作者在文中总结了马克思和恩格斯对民族主义的认识，提出民族主义在与无产阶级联系的过程中存在一种“民族国家过渡”的思想。这种思想认为，无产阶级首先要在民族国家范围内做斗争，其次把殖民地被压迫民族的民族主义和对民族独立的追求当作无产阶级革命的重要内容，最后，当社会主义革命胜利后，把无产阶级的民族国家和民族利益结合起来，上升为无产阶级的爱国主义。总之，马克思和恩格斯对民族主义有着无产阶级的立场，而民族主义作为一个客观对象却始终存在。但必须明确，这个客观对象并不是无产阶级的话语和目标，无产阶级信奉国际主义，但也吸收民族主义。

决出来，积极开展民族解放运动。[①]换言之，无产阶级把民族主义当作一种工具而非目标。[②]受此影响，在共产党的视野中，主要从“被压迫民族解放”的立场，给予国内“弱小民族”“小民族”“少数民族”等以极大关注。“被压迫民族”等概念被中共转引过来表述“国内民族问题（核心是少数民族问题）”[③]，并习惯用“弱小民族”来指称国内汉族以外的民族，意即汉族统治阶级压迫国内他族（即弱小民族、少数民族），进而动员弱小民族起来反抗国内外压迫阶级。

应该提及的是，这一时期，苏俄（联）–共产国际的影响并不止于共产党，它还深深地影响到孙中山及国民党。在革命屡战屡败的情况下，“苏俄模式”（高度集权是主要特点）给孙中山带来了新的思考，并对中国革命的任务及斗争的策略有了进一步的认识。1919年孙中山在上海重新解释和定义了三民主义。同年10月，他改组中华革命党，组成新的中国国民党。在共产国际的帮助和影响下，孙中山把反对帝国主义和封建主义加入革命纲领中，并确立了“联俄、联共、扶助农工”三大政策，这为后来国共合作奠定了重要的政治基础。

归结起来，在革命、阶级所主导的马克思列宁主义民族理论视野中，

---

① 无产阶级虽然旗帜鲜明地反对民族主义，但也辩证地看待民族主义。革命导师列宁曾经指出：“抽象地提出一般民族主义问题是极不恰当的。必须把压迫民族的民族主义和被压迫民族的民族主义区别开来，把大民族的民族主义和小民族的民族主义区别开来。”（转引自秦维宪：《民族精神：中华民族的立国之本》，《探索与争鸣》2003年第2期）换句话说，民族主义是有特定前提的。即没有绝对的国际主义，也没有绝对的民族主义。相反，民族主义与国际主义处于不断的互动过程之中。见列宁：《关于民族或“自治化”问题》，载《列宁全集》（第36卷），人民出版社1988年版，第631页。

② 在马列主义革命话语、阶级话语中，共产党争取、动员“各民族”参与革命、支持革命的并不是其他什么政治口号，而正是民族主义的重要口号——“民族自决权”“各民族一律平等”。但动员起“各民族”的政治意识、阶级意识、自决意识并不是为其他什么民族主义目的，而正是为了推翻压迫阶级和压迫民族，实现各被压迫阶级和被压迫民族的大团结、大联合。进一步讲，在马克思列宁主义民族理论路径或意识形态话语中，“各民族”意识的高涨又正是革命所需要。在这个范畴内，“各民族”被革命所动员，被阶级所区分。世界各被压迫民族有共同的意识，即无产阶级社会主义革命的政治意识、阶级意识、斗争意识、集体意识、自决意识。

③ 这里提出一个问题，即共产党用殖民地被压迫民族理论来解释“国内民族问题”，进而把具有国际性的各殖民地被压迫民族的自决引申到国内民族层面。

"民族"并不是主导意识形态的关键词。正因为如此，无产阶级及共产党通过革命、阶级等话语来动员"各民族"，并争取"各民族"为革命、阶级服务。因此，似乎矛盾但却很清楚，马克思列宁主义民族理论并非为"民族建设"而创设，但不得不承认，自从有了马克思列宁主义民族理论，中国"各民族"（核心是少数民族）前所未有地觉醒。

（三）第一次国共合作及具有自决自治意涵的"少数民族"概念的提出

在苏俄（联）和共产国际的影响和帮助下，国共两党从1924年1月起（即以国民党一大的召开为标志）开始了两党历史上的第一次合作。从1924年到1927年国共第一次合作破裂之前，国共两党虽然在"现代国家建构"的思路上仍有分歧（即建立自由统一还是各民族自由联合国家的问题），但在对国内各民族问题的看法上并未形成明显的对立，两党都承认各民族的自决权，并在此基础上，先后提出了具有明显自决意涵的、指称汉族以外民族的"少数民族""弱小民族"等概念。

1924年，由孙中山主持制订的《中国国民党第一次全国代表大会宣言》提出了民族主义的两个含义，一是中国民族自求解放，主张反帝反侵略；一是中国境内各民族一律平等。值得注意的是，国民党在"一全大会宣言"中率先提出了"少数民族"概念①。宣言中写道，"辛亥以后，满洲宰制政策既已摧毁无余，则国内诸民族宜可平等之结合，……于是国内诸民族因以有

① "少数民族"概念的提出有诸多源头。有学者研究发现，"少数民族"一词最早在清末满、汉数量对比中就已由汪精卫提出（参见韩锦春：《试论我国辛亥革命前在民族理论上的一些思想观点》，《民族研究》1987年第6期）。之后，"少数民族"一词被用来对译minority（凡尔赛体系中的Minority Treaty，被当时的国人译为"保护少数民族条约"），描述欧洲的少数民族问题。这两条线索皆是从统计学的角度来定义"少数"。而当列宁的民族殖民地问题理论传入中国之后，国共两党等社会政治力量对国内民族问题的认知发生了变化。国民党以1923年11月28日共产国际交给国民党莫斯科访问团的决议为蓝本制定了中国国民党第一次全国代表大会宣言。在共产国际的这份决议中，指出"这些民族""各民族"同样受到中国帝国主义或中国官方的压迫，要求中国的革命应与这些民族的革命运动进行合作。因此，国民党应承认中国境内各民族一律平等，公开提出国内各民族自决的原则［中共中央党史研究室第一研究部译：《联共（布）、 （下转）

杌陧不安之象，遂使少数民族疑国民党之主张亦非诚意。……国民党敢郑重宣言，承认中国以内各民族之自决权，于反对帝国主义及军阀之革命获得胜利以后，当组织自由统一（各民族自由联合）的中华民国”[①]。在此，“少数民族”被包含在“中国以内各民族之自决权”的政策宣示当中；1926年，中国共产党在自己的文件中才首次使用“少数民族”概念，即11月3日的《国民军中工作方针》中提出，“对回民需有适当的政策，不损害这少数民族在政治上、经济上的权利”[②]。显然这里的“少数民族”也是指汉族以外的民族。

（上接）共产国际与中国国民革命运动（1920—1925）》，北京图书馆出版社1997年版，第342—343页]。国民党接受了共产国际的帮助和指导，公开提出中国以内各民族之自决权（中共中央统战部：《民族问题文献汇编》，中共中央党校出版社1991年版，第26—28页）。而共产国际决议中所指受压迫的“这些民族”是指中国境内汉族以外的民族。吊诡的是，在共产国际的决议的原文和俄文翻译中，在表述“这些民族”（эти народности）、“各民族”（народности）时并没有出现“少数”之意，而在国民党一大宣言中为何又会提出“少数民族”概念？或者说在苏联和共产国际的共同影响下，为何国民党率先使用了“少数民族”一词？而深受共产国际影响的共产党却直到1926年才使用“少数民族”一词。答案只有一种可能，即“少数民族”概念并非来自苏联和共产国际。国内学者杨思机在他的研究中回答了这个问题，他指出“国民党一大宣言由鲍罗廷起草，瞿秋白翻译，汪精卫润色，经孙中山批准和国民党一大通过。排除了共产国际和瞿秋白（共产国际深受苏联民族问题影响，在苏联内部很难有非俄罗斯民族占比少数的划分传统，而瞿秋白一直在鲍罗廷身边担任翻译，在他的诸多著述中，几乎未见使用‘少数民族’一词），就只剩下汪精卫。这就回到了‘清末排满思潮’这条历史线索，事实上，正如上文所述，汪精卫在清末曾使用‘少数民族’一词，最有可能是国民党一大宣言‘少数民族’一词的创造者”（杨思机：《国民革命与少数民族问题》，《学术研究》2009年第12期）。但必须强调的是，自从受到共产国际的帮助和指导，国民党一大使用的“少数民族”概念变得复杂化了，国民党一大宣言使用的“少数民族”一词在内涵和范畴上早已超越清末排满思潮中汉“多”满“少”的统计学意义。一方面，国民党一大宣言把少数民族与“各民族”“弱小民族”等概念并列使用，突出强调国内汉族以外的民族，“少数民族”成为一个与汉族相对的整体性概念；另一方面，此时国民党使用的“少数民族”概念是苏联和共产国际语境下具有“民族自决权”的意识形态概念，换句话说，其内涵更强调“自决”，而非“少数”。另外，国民党使用“少数”有暗指汉族以外的民族弱小的含义（《建国大纲》中使用了“弱小民族”的表述），国民党认为汉族应该帮助弱小者，要帮助这些弱小民族发展经济文化。

① 孙中山：《中国国民党第一次全国代表大会宣言》，载《孙中山全集》（第9卷），中华书局1986年版，第117—118页。

② 中共中央统战部：《民族问题文献汇编》，中共中央党校出版社1991年版，第45页。

同时，“在第一次国共合作时期，‘少数民族’一词又与从共产国际视野中的‘被压迫民族’概念转化而来的‘弱小民族’概念一起，被国共两党作为汉族以外民族的指称。‘少数民族’概念与‘弱小民族’‘各民族’‘小民族’等一起具有了‘被压迫’和‘自决’的内涵，并开始变得复杂起来”①。国民党方面，与“一全大会宣言”同日通过的《国民政府建国大纲》第四条中便使用了“弱小民族”的提法。规定“对于国内之弱小民族，政府当扶持之，使之能自决自治”②。而特别提及的是，是共产党率先且习惯用“弱小民族”概念来指称汉族以外的民族的。1923年12月，在讨论对国民党一大宣言的意见时，中共要求民族主义应该“对内解除我人加于殖民地弱小民族（如蒙古西藏）之压迫”③。

（四）国民革命推动少数民族革命运动的兴起

国民革命是诸多因素促成的结果，从领导结构的角度来看，国民革命运动的产生有两个特定的背景，一是受到苏联和共产国际的影响和帮助；一是国共两党的合作。这两个特定的背景使得中国“各民族（核心是少数民族）”在国民革命时期受到关注。更重要的是，通过国民革命的洗礼，少数民族的觉醒较前一时期更加广泛、深入和具有革命性，其标志是少数民族革命运动的兴起。

1.国共两党承认“国内各民族自决权”推动了少数民族更广泛深入的觉醒。在苏联和共产国际的影响和帮助下，孙中山及国民党明确提出了反帝反封建的革命任务，并重新解释了“民族主义”。《国民党第一次全国代表大会宣言》指出：对内反对民族压迫，强调中国境内各民族一律平等。对外反对帝国主义的侵略，提出“中国民族自求解放”④。并从反对帝国主义和本国封

① 杨思机：《“少数民族”概念的产生与早期演变——从1905年到1937年》，《民族研究》2011年第3期，第5页。

② 孙中山：《中国国民党第一次全国代表大会宣言》，载《孙中山全集》（第9卷），中华书局1986年版，第127页。

③ 中共中央统战部：《民族问题文献汇编》，中共中央党校出版社1991年版，第23页。

④ 荣孟源主编：《中国国民党历次代表大会及中央全会资料》（上），光明日报出版社1985年版，第15—16页。

建军阀的角度承认各民族的自决权，主张各民族从帝国主义和本国军阀的压迫统治下自决出来。而对于初创阶段的共产党而言，苏联和共产国际更具有支配地位，马克思主义、共产主义的意识形态、思想观点、立场方法、革命目标直接影响着共产党。因此，两党皆把反帝反封建作为革命纲领，皆承认国内各民族的自决权。在此基础上，两党合作开展了轰轰烈烈的大革命。而国民革命运动的影响很快波及少数民族地区，使少数民族社会内部的革命力量在国民革命期间热情高涨，少数民族地区的革命运动广泛兴起。

2.共产党在国民革命运动中发挥了重要作用，她是少数民族更广泛觉醒和更具革命性的领导力量。自五四运动以后，无产阶级就作为一支独立的政治力量登上中国革命的历史舞台，而五四运动的影响也传播到少数民族地区，并在少数民族当中酝酿着无产阶级知识分子。从某种程度看，之后的国共合作及其国民革命对“各民族”的关注正是无产阶级发展的结果。而从共产党的视角看，国民革命是共产党联合资产阶级民主派发起的旨在反帝反封建的革命运动。共产党的加入虽说难以改变国民党的性质，但却融合了无产阶级及少数民族底层大众的声音，改变了国民党的主张，进而规定了国民革命的性质。正是在共产党的推动下，少数民族内部的革命阶级和底层大众开始反对本民族及外部的封建压迫统治，反对帝国主义的侵略压迫。而这是最广泛的革命力量的觉醒，这是少数民族意识的更广泛更深刻表达。

二、共产党的民族观念实践与各民族政治内涵的显现

第一次国共合作破裂后，秉持无产阶级马列主义民族理论、深受苏联和共产国际影响的共产党继承了孙中山在国民党“一全大会宣言”中有关“中国境内各民族一律平等”“承认中国以内各民族之自决权”的“民族主义”思想。同时，用“殖民地半殖民地各被压迫民族解放理论”中的“各民族”（国际国内双重属性）概念来解释国内民族（主要是指国内汉族以外的民族），把承认“各民族自决”与反帝反封建、反国民党大汉族主义压迫结合起来，使得国内各民族解放运动具有了无产阶级革命的属性，并特别强调“中国境内少数民族问题对于革命有重大意义”。在这样的背景下，共产党从中国革命的需要出发，回应各少数民族诉求，逐步形成了一整套争取、动

员和联合各少数民族的民族观念及实践。比如，推动“少数民族”相关概念的构建和运用，并以此阐述共产党的民族政策；强调少数民族的平等地位；保障少数民族的集体权利；开展专门的少数民族工作等。在共产党民族观念及实践的推动下，少数民族问题被持续关注，少数民族利益逐渐凝聚，少数民族的政治地位不断提升，少数民族的集体权利初步保障，少数民族的政治属性逐步增强，也正因为如此，中国共产党是少数民族建设过程中的关键主体。

（一）共产党对“各民族”的关注与“少数民族”相关概念的构建和运用

共产党十分重视国内“各民族”。在共产党的推动下，“各民族”“被压迫民族”“弱小民族”等“少数民族”相关概念逐步流行，并主要指向国内汉族以外的民族。

1.“各民族”概念

“各民族”概念具有国际国内双重属性。既有“东方各民族”“东亚各民族”，也有“中国各民族”“中国境内各民族”“中华民族的各族人民”“中国西部的各民族”“台湾的各民族”“回蒙番各民族”等①。不仅如此，“各民族”本身就是一个泛称。从历史的角度看，在共产党成立之前，国内社会政治力量在构建中国民族概念的过程中，就已经对国内民族给予了不同程度的关注，构建了“国内诸族”“国内他族”“五族”等概念。但在共产国际的视野中，“各民族”概念具有双重内涵，比如“东方各民族”②是指东方各殖民地被压迫民族或国家，包括中国、印度等。其中，共产国际给予了中国革命极大的重视，并把具有国际属性的“各民族”概念引申到国内各民族，共产

① 参见中共中央统战部：《民族问题文献汇编》，中共中央党校出版社1991年版，第12、211、213、145、312、627页。

② 共产国际第二次代表大会闭幕之后，1920年9月1日至8日，共产国际执行委员会在阿塞拜疆首都巴库召开了东方各民族代表大会。中国、印度、土耳其、波斯（伊朗）、亚美尼亚等民族参会。大会的目的是为了向“东方各民族”宣传列宁的民族殖民地问题纲领思想，强调“东方各民族”与欧美无产阶级一样深受资本帝国主义的压迫，要使东方各民族的解放事业与欧美无产阶级的社会主义革命联合起来。参见牛寅生：《东方各民族代表大会》，《国际共运史研究资料》1985年第3期。

国际根据中国国内各民族的具体发展实际以及对“民族”的认定(共同祖先、共同意识、共同地域等要素，事关民族自决权)条件，对中国国内各民族给予了不同程度的重视。

在共产国际的文献中，多次提到蒙古、西藏、回疆等问题，视蒙、藏等为民族单位，而被认定为民族单位的群体则与民族自决权和联邦制关联在一起。在这样的原则下，1923年6月，中共三大通过的《中国共产党党纲草案》提出了党的最低纲领，其中之一便是“西藏、蒙古、新疆、青海等地和中国本部的关系由各该民族自决。”[①]同时，正是在共产国际的帮助下，促成了国民党的改组以及国共合作的形成。国民党“一全大会宣言”中有关“承认中国以内各民族之自决权”等纲领内容是以1923年11月28日共产国际交给国民党莫斯科访问团的决议为蓝本而制定的。

而共产国际在对中国民族成分缺乏整体认识的情况下，对中国南方的众多“族类群体”缺少关注和重视。从实际的对象来看，“共产国际决议中所指的‘这些民族’‘各民族’主要是‘蒙古族、藏族以及中国西部各民族’”[②]。但共产国际和共产党并没有停止对中国其他民族的关注。共产国际鲍罗廷在与汪精卫争论中国民族问题的过程中，明确指出，“民族问题虽由蒙古而发，所指范围似远逾蒙古一隅”[③]。之后，在“民族自决权”原则的指引下，中国“各民族”的范围在共产党的视野中不断拓宽，越来越多的民族单位得到承认，“各民族”概念在共产党的文献中得到广泛运用。1929年1月，在由毛泽东起草的《中国共产党红四军军党部“共产党宣言”》中把“统一中国，承认满、蒙、回、藏、苗、瑶、各民族的自决权”[④]列为红四军的十大政纲之一；1934年1月，第二次全国苏维埃代表大会的报告明确使用了“中国各民族”的表述，指出“中国苏维埃政权对于凡因革命行动受到反动统治迫害的中国各民族以及世界各国的革命战士，……”[⑤]；同年2月17日，《中

① 中共中央统战部:《民族问题文献汇编》，中共中央党校出版社1991年版，第22页。

② 中共中央党史研究室第一研究部译:《联共(布)、共产国际与中国国民革命运动(1920—1925)》，北京图书馆出版社1997年版，第551页。

③ 同上书，第425，448—450，465—467，469页。

④ 中共中央统战部:《民族问题文献汇编》，中共中央党校出版社1991年版，第97页。

⑤ 同上书，第211页。

华苏维埃共和国中央苏维埃组织法》明确规定“全国苏维埃代表大会及中央执行委员会”代表“中华苏维埃共和国与中国境内各民族订立组织苏维埃联邦共和国的条约”[①]。

抗日战争时期，中国“各民族”概念的内涵发生了一些变化，提出了“中华各族”的概念。1939年12月，毛泽东同志在《中国革命与中国共产党》一书中专门分析了中国社会，其中第一章第一节专门论述了中华民族的悠久族类历史，进而提出中国是一个由多数民族结合而成的拥有广大人口的国家。“要求中华民族的各族人民都反对外来民族的压迫，都要用反抗的手段解除这种压迫”[②]。“中华各族”概念的提出在抗日战争时期具有重大意义，它是团结各民族共同对日的旗帜标语。它厘清了中华民族与各少数民族的关系，也厘清了汉族与各少数民族的关系。须知，在中共二大宣言中表述的中华民族是指汉族。而无论是中国“各民族”还是“中华各族”的表述都没有改变党对少数民族的关注。只不过抗战前强调“各民族”自决，进而与中华苏维埃政权结成中国苏维埃联邦；抗战期间强调中华各族团结自治。

2.被压迫民族概念

追根溯源，马克思、恩格斯在领导国际共产主义运动的过程中，就十分关心和支持波兰、爱尔兰、意大利等欧洲被压迫民族的独立解放斗争，同情中国、印度等东方殖民地半殖民地的反殖民斗争，他们尖锐地批评西方国家的殖民扩张和向外侵略；列宁继承和发展了马克思、恩格斯为被压迫民族争取彻底解放的思想主张，他在对帝国主义时代特点做出客观判断的情况下，首先强调要对压迫民族和被压迫民族进行划分。列宁认为帝国主义时代的特点，“正如我们所看到的那样，就是现在全世界已经划分为两部分，一部分是为数众多的被压迫民族，另一部分是少数几个拥有巨量财富和强大军事实力的压迫民族。世界人口的大多数属于被压迫民族，他们的总数在10亿人以上，大概是125000万人”[③]。正是在对帝国主义时代民族问题的准确把握下，

---

① 中共中央统战部:《民族问题文献汇编》，中共中央党校出版社1991年版，第213页。

② 同上书，第625—626页。

③ 中共中央党史研究室第一研究部编:《共产国际、联共(布)与中国革命档案资料丛书第2卷：共产国际、联共(布)与中国革命文献资料选辑(1917—1925)》，北京图书馆出版社1997年版，第122—123页。

列宁创立了民族殖民地解放运动学说，认为民族殖民地解放运动是世界无产阶级社会主义革命的重要组成部分，并根据帝国主义时代世界革命的特点，提出“全世界无产者和被压迫民族联合起来”的国际主义思想。无产阶级要联合被压迫民族（殖民地半殖民地民族和国家）共同反对帝国主义压迫民族。

而随着具体革命实践的变化，“被压迫民族”的内涵也发生了嬗变，在一些殖民地半殖民地民族和国家内部，又存在受帝国主义支配的占统治地位的统治民族或强大民族与被统治民族压迫的被统治民族或弱小民族的划分。比如，1922年初，“外蒙古独立运动的主脑登德布便称蒙古从清初便成中国殖民地，为被压迫民族”①。1926年3月2日，共产国际通过《关于中国问题的提纲》，提出中共要“帮助中国版图内至今仍受压迫的民族（蒙古族、藏族、中国境内的突厥族、满洲的朝鲜族）开展解放运动”②。这就使“被压迫民族”概念的内涵有所改变，“被压迫民族”概念开始具有了殖民地半殖民地民族或国家内部的弱小民族的内涵。

作为共产国际支部的中国共产党在一开始就引入了“被压迫民族”概念，并把重点放在国内各被压迫民族层面，核心是汉族以外的民族。1922年7月，《中国共产党第二次全国代表大会宣言》指出蒙古、西藏、新疆等部与中国本部在历史、经济等方面有着根本不同，主张蒙古、西藏、回疆三部从帝国主义和本国军阀的压迫中自决出来，这就使得“被压迫民族”概念进入中国之后直指汉族以外的民族。而“被压迫民族”概念的这种嬗变在国共斗争时期体现得更加明显。1935年5月20日，《中华苏维埃西北联邦临时政府回番夷少数民族委员会布告》强调“只有苏维埃政府才是全国穷人和被压迫少数民族的政府，是唯一主张解放少数民族的政府，是解放西北回番夷少数民族的救星……”③。1935年8月1日，在《中国共产党中央委员会和中华苏维埃中央政府为抗日救国告全体同胞书》中，号召：“中国境内一切被压迫民族（蒙、回、韩、藏、苗、瑶、黎、番等）的兄弟们！大家起来！冲

① 见登德布：《蒙古民族及其解放运动》，《向导周报》（第5—6期），1922年10月。转引自杨思机：《国民革命与少数民族问题》，《学术研究》2009年第12期。

② 黄修荣：《共产国际与中国革命关系史》（上册），中共中央党校出版社1989年版，第275—277页。

③ 中共中央统战部：《民族问题文献汇编》，中共中央党校出版社1991年版，第263页。

破日寇蒋贼的万重压迫……”[①]

3.弱小民族概念

“弱小民族”对应的是先进的“强大民族”。“其最初的含义与‘被压迫民族’基本接近，主要指受先进资本帝国主义压迫的民族和弱小国家，并未被用来指称国内民族。”[②]1920年6月5日，列宁在《民族和殖民地问题提纲初稿》中也是在这一层面上使用“弱小民族”概念的。他在《提纲》中写道：“帝国主义列强历来对殖民地和弱小民族的压迫，在被压迫国家劳动群众的心中不仅播下了仇恨，而且播下了对整个压迫民族包括对这些民族的无产阶级的不信任。”[③]后来，由于共产国际视野中“被压迫民族”概念在殖民地民族内部使用的过程中发生变化，“弱小民族”的内涵也因“被压迫民族”概念的转化而被用来指称国内民族，并常常以“殖民地弱小民族”的形式出现。1923年12月，中共在讨论对国民党一大宣言的意见时率先使用“弱小民族”概念来指称中国的蒙、藏等族。共产党称国内汉族以外的民族为弱小民族具有特定的政治意涵，目的更多是为了强调其被国民党统治阶级压迫剥削，进而唤醒汉族以外民族的民族解放意识。1933年12月，在上海中央局为五中全会所准备的材料中凸显了这样的政治考量，指出“由于帝国主义与国民党的重重压迫剥削，在中国境内的许多弱小民族（如苗、瑶、回回、蒙古等）在中国苏维埃运动影响之下，已在各地树起解放斗争的大纛，与帝国主义国民党进行残酷的战争”[④]。

4.少数民族概念

突出强调汉族以外民族这个整体的“少数民族”概念是在1924年国民党第一次全国代表大会宣言中由国民党率先提出的。共产党并没有在一开始就提出“少数民族”概念，而是到1926年在《国民军中工作方针》才首次使用“少数民族”概念。

---

① 中共中央统战部：《民族问题文献汇编》，中共中央党校出版社1991年版，第303页。

② 同上书，第12页。

③ 中共中央党史研究室第一研究部编：《共产国际、联共（布）与中国革命档案资料丛书第2卷：共产国际、联共（布）与中国革命文献资料选辑（1917—1925）》，北京图书馆出版社1997年版，第118页。

④ 中共中央统战部：《民族问题文献汇编》，中共中央党校出版社1991年版，第203页。

与国民党稍有不同的是，共产党使用少数民族或弱小民族等概念则暗指他们受压迫，目的是动员他们参与革命。具体来看，1930年6月4日，《全国苏维埃区域代表大会宣言》认为“反动的国民党所谓国内各民族一律平等，完全是欺骗群众的鬼话。现时国内各少数民族（蒙、回、藏、苗等），一样的遭受帝国主义的侵略（如日本之于内蒙，英之于西藏）汉族地主的压迫与封建势力的束缚”[①]。1931年11月，中华工农兵苏维埃第一次全国代表大会通过了《关于中国境内少数民族问题的决议案》，这份《决议案》认为“中国境内有不少的少数民族，如像蒙古人，西藏人，韩国人，安南人，四川、云南、贵州、广西等处的各种苗、黎等民族，……历年都是受中国（即汉族）皇帝、地主等的剥削和统治”[②]，等等。需要补充说明的是，在共产党的意识形态中，“少数民族”概念与共产国际视野中的“被压迫民族”“殖民地各民族”“殖民地弱小民族”等概念紧密关联，具有双重含义。比如，“1929年6月25日，在《中共六届二中全会讨论组织问题结论》中，就从‘被压迫民族’的角度把上海的英、美、日、印度、安南、朝鲜等国人民也称为‘少数民族’，并把他们纳入‘少数民族问题’中考量，使得少数民族的范围超出了国内民族的关系范畴，而具有明显的国际主义视野”[③]。但随着共产党对国内民族问题认识的成熟，少数民族概念的内涵越来越明确，专指国内汉族以外的民族。

5.其他民族概念

除了上述民族概念之外，在共产党的重要文献中，还使用了“古代民族”“原始民族”“土著民族”“小民族”等概念。归结起来，这些民族概念有一个共同的关注点，即无外乎于国内汉族以外的民族。

1925年1月，《中国共产党第四次全国代表大会对于民族革命运动之决议案》中使用了“小民族”的概念。这里的“小民族”是与“弱小民族”“被压迫民族”混同使用的。例如“土耳其以大土耳其主义压迫其境内各小民族，中国以大中华民族口号同化蒙藏等藩属”[④]；1926年12月，《湖南省第一

---

① 中共中央统战部：《民族问题文献汇编》，中共中央党校出版社1991年版，第126页。

② 同上书，第169页。

③ 同上书，第109页。

④ 同上书，第32页。

次农民代表大会解放苗瑶决议案》指出："苗瑶是一种古代民族，因汉族西来，避至湘、粤、川、滇、黔、桂深山间"[①]；1927年11月，中共中央临时政治局扩大会议通过了为中共六大准备的决议案——《关于中国共产党土地问题党纲草案》,《草案》提出"中国有几省还有土著的苗黎等等。本党应当努力奋斗，消灭对于这些土著民族之一切种种方式的剥削，而赞助他们进于更高的文化程度"[②]；1928年7月9日,"中国共产党第六次全国代表大会通过了《关于民族问题的决议案》,《决议案》在分析中国境内少数民族问题时，把南部苗、黎等称为'原始民族'"[③]。

从少数民族建设的角度看，无论是被压迫民族、弱小民族、少数民族、各民族，还是小民族、异种民族、古代民族、原始民族、土著民族等概念的提出和运用都不是简单的理论构建或研究探讨，而是为阶级斗争服务的话语建构。在党的意识形态话语中，这些概念具有突出的政治意涵，并随着国共阶级斗争的加剧而逐步上升为意识形态概念。构建这些概念只是中国共产党实现政治动员的手段和方式，其最终目的是为了唤起少数民族的政治觉悟、阶级意识、民族解放意识，进而联合在无产阶级领导之下，共同反对帝国主义、国民党等反动阶级。因此，在相关概念的具体使用过程中，每一个概念的提出和表述都围绕共产党的民族平等观念与反对国民党的大汉族主义政策展开，都特别强调统治阶级（军阀、国民党、历史上的封建阶级）的大汉族主义政策对少数民族的压迫。

（二）各民族平等与共产党对少数民族平等政治权利和地位的强调

民族平等是马列主义民族理论的基本原则，中国共产党一以贯之地坚持民族平等思想，强调少数民族与汉族具有平等的政治权利和政治地位。

中共二大上，党从"联邦制"、自治（自决）的角度阐述民族平等思想。即主张在民族自决、自治的原则下，建立"中国本部"与"疆部"平等联合的中华联邦共和国；1926年12月,《湖南省第一次农民代表大会解放苗瑶决议案》从政治参与、土地权益、言论自由、受教育、受尊重等多方面提出

① 中共中央统战部:《民族问题文献汇编》，中共中央党校出版社1991年版，第52页。
② 同上书，第83页。
③ 同上书，第87页。

了苗瑶与汉人平等的思想；1931年11月，中华苏维埃第一次全国代表大会通过的《中华苏维埃共和国宪法大纲》和《关于中国境内少数民族问题决议案》从国家、公民、劳动阶级的角度对民族平等进行了比较完备的规定：比如，“凡是居住苏维埃共和国的少数民族劳动者，在汉人占多数的区域，亦须和汉人的劳苦人民一律平等，享有法律上的一切权利义务，而不加以任何限制与民族的歧视”①。

长征时期，由于途经少数民族生活和居住的区域，党同少数民族的交往更加频繁直接，同时，迫切需要得到少数民族的同情、理解和支持。因此，这一时期，党更加强调民族平等，并把民族平等思想贯穿到具体的民族交往实践中。在与苗瑶民族、川滇黔边区的少数民族（苗、彝、瑶、回……）、川陕地区的少数民族（彝、番、藏人）等接触和交往的过程中，皆强调和重视实行民族平等的原则。

抗日战争时期，党从民族团结抗战的大局强调民族平等自治。1938年9月，毛泽东同志在《论新阶段》的政治报告中明确提出“‘允许’蒙、藏、苗、瑶、彝、番等各民族与汉族有平等权利，主张各少数民族在共同抗日的原则之下，有自己管理自己事务之权，同时与汉族建立联合统一的国家”②。1945年4月，党的七大在延安杨家岭胜利召开，大会再次重申了党的民族平等政策，并承诺赋予少数民族自治的权利。

解放战争时期，独立自决的口号很少提及，而是在民族平等和民族团结的基础上逐步探索和实施民族区域自治。1946年2月，《中共中央关于内蒙民族问题应取慎重态度的指示电》中阐明：“根据和平建国纲领要求民族平等自治，但不应提出独立自决口号。”③中华人民共和国成立前夕，《共同纲领》明确规定了实施民族区域自治的政策。

共产党对少数民族平等政治权利和政治地位等的强调在客观上推动了少数民族自觉。在自觉的进程中，少数民族开始重视民族身份以及民族身份给本民族带来的权益。同时，当“少数民族”概念与政党意识形态中的“弱小”“受剥削”和被压迫、不平等结合在一起时，就自然刺激了少数民族自

① 中共中央统战部：《民族问题文献汇编》，中共中央党校出版社1991年版，第171页。

② 同上书，“前言”第5—6页。

③ 同上书，第1000页。

身的政治意识和革命意识。特别在国共两党斗争的条件下，少数民族因具有这种政治意涵而成为共产党政治动员的重要目标，进而使得民族问题开始上升为重要的国内政治议题。

（三）各民族自决、自治与保障少数民族集体权利的局部探索

“民族自决权”思想是实现民族平等和保障少数民族集体权利的重要原则，它有多种实现方式，列宁把它归结为三种：一是单一制多民族国家内的地方民族自治或民族区域自治。在此，列宁认为，“‘自治’是包含在‘自决’这个概念之内的”[①]；二是建立多民族的联邦制国家，“列宁建立联邦制国家的构想是以民族自决权为出发点的”[②]；三是允许民族分离，建立独立的民族国家[③]。由于苏联对于“民族自决”及联邦制的成功实践，“民族自决权”思想在后来各国无产阶级的革命实践中常常被理解为后两种形式。中国共产党在很长一段时间内都以“民族自决”“联邦制”的形式来阐述列宁的“民族自决权”思想。而随着革命形势的发展以及共产党对国内民族问题认识的加深，党创造性地提出民族区域自治，并以此保障少数民族的集体权利和集体利益，推动少数民族的发展，巩固少数民族的地位。

1.“民族自决”到“民族自治”的转变

民族自决是列宁“民族自决权”思想中的核心原则，政治自决是其基本内涵。中国共产党作为无产阶级政党，全盘接受和采纳了马列主义的民族理论观点，坚持和运用了民族自决原则。同时，随着党不断从幼年走向成熟，党对民族自决权的理解和运用也更加合理，并把“民族自决权”理论用于中国民族的两个层面：一是从中华民族的角度看，新中国成立之前，我国是殖民地半殖民地国家，提倡民族自决就是要中华民族从帝国主义的统治中自决出来，建立中华民族的现代国家；一是从国内各民族关系的角度看，随着党对各民族自决认识的不断清晰，转而坚持以民族自治的方式实现各民族的自决权，即领导国内各民族从反对帝国主义、本国封建主义和其他反动势

①《列宁全集》(第25卷)，人民出版社1988年版，第271页。

② 孙锡安：《列宁联邦制思想考察》，《探索与争鸣》1992年第5期。

③ 参见陈之骅：《评列宁关于实现民族自决权的三种形式》，《世界社会主义研究》2017年第6期。

力的斗争中自决出来，并以自治的形式联合起来。

回顾党对“民族自决权”的运用，早在党的二大上就提出了“疆部”即主要是“各民族”生活的区域实行“自治”①，建立“民主自治邦”的口号和主张。由于当时翻译以及中文语境的原因，又或者是受到当时支持民族自决意味着支持民族独立的舆论批判的压力，成立不久的中共并没有在一开始就使用“自决”的表述，而是使用了较为温和的“自治”口号来表述“民族自决权”思想。1923年，中共三大通过的《中国共产党党纲草案》规定了党的最低纲领，在有关“民族自决权”的问题上，明确指出“西藏、蒙古、新疆、青海等地和中国本部的关系由各该民族自决”②；1928年，中共六大通过的政治决议案在“中国革命现阶段底口号”中正式提出了“统一中国，承认民族自决权”③的原则，并把它作为之后很长一段时间里中国革命的政治口号加以宣传，在党的重要政治决议案中予以坚持，特别在长征沿途各少数民族地区予以宣传贯彻。

抗日战争时期，党对“民族自决权”的理解和运用发生了重要变化，其显著标志是党的扩大的六届六中全会的召开及其毛泽东同志所做的《论新阶段》(1938年)的政治报告，该报告的主要内容是强调各民族“有自己管理自己事务之权”。以此为节点，党开始从过去坚持承认各民族独立、分离和自愿联合结成联邦国家的自决权转变为讲民族自治、民族团结的自治权。1941年，陕甘宁边区政府颁布的《陕甘宁边区施政纲领》中进一步规定：“依据民族平等的原则，实行蒙、回民族与汉族在政治经济文化上的平等权利，建立蒙、回民族的自治区。”④从“自决”到“自治”的转变是党根据时局的变化对“民族自决权”原则具体实施的调整，它是党对民族问题的认识逐

① 中共二大使用的“自治”的来源正是马列主义语境中的“自决”。同时需要强调的是，中共二大的“自治”口号并非党的六届六中全会之后的“民族自治”，“民族自治（民族团结）”是对“民族自决（民族分离）”的超越和发展，它是统一多民族国家实现“民族自决权”的更好形式。

② 中共中央统战部：《民族问题文献汇编》，中共中央党校出版社1991年版，第22页。

③ “完全自决权”是指“各弱小民族有同中国脱离建立单独的国家，或以‘共和国’或‘自治邦’的形式加入中国建立多民族联邦制国家的权利。前者意味着民族分离，后者则是自由联合”。

④ 中共中央统战部：《民族问题文献汇编》，中共中央党校出版社1991年版，第678页。

步走向成熟的标志。之后，党便在民族自治的原则下表述相关民族政策，提出“区域自治”，创造了民族区域自治政策和制度。

2.“联邦制”长期被认为是实现“民族自决”的最好形式

马克思、恩格斯从国家进步、社会整合和无产阶级联合的角度出发是反对联邦制的。受马克思、恩格斯观点的影响，列宁在俄国十月革命前也是反对联邦制的，并主张无产阶级建立民主集中制的共和国。但马克思和恩格斯在有关无产阶级是否建立“联邦制”国家结构形式的问题上，并没有把其观点绝对化，他们认为“联邦制”可作为特定时期或特定国家走向单一制民主集中制的过渡形式，主张用“联邦制”解决资本主义多民族国家的民族问题，并认为在特定条件下，联邦制对解决资本主义的民族不平等问题具有历史进步意义。在对马克思和恩格斯有关“联邦制”的全面认知背景下，列宁合时宜地接受了马克思和恩格斯关于联邦制的观点立场。十月革命胜利之后，苏维埃俄国面临十分严峻的政治局面：外部受到资本帝国主义的围攻，并企图把新生的社会主义国家扼杀在摇篮之中；内部则存在本国资本主义与沙俄残余势力合流的危险。如果继续坚持单一制的建国模式，则很难使已经在沙俄时期完成了民族分离的各个民族整合起来，甚至可能出现因反动势力的挑拨而走向互相仇视的局面，从而不利于苏维埃俄国的巩固和统一。在这样的困难局面下，列宁积极正视苏俄的民族结构和政治环境，及时调整已有主张，转而结合苏俄的现实，创造性地发展了具有苏俄特点的联邦制思想，并以此建立了疆域辽阔、民族众多、政权巩固的苏维埃社会主义国家联盟。

而受苏俄（联）民族实践和共产国际影响的中国共产党，自然也认为“联邦制”是实现“民族自决”的最好形式，强调“联邦制”是“民族自决”的自然衍生。党的二大就提出了建立“联邦共和国”的口号和主张，强调“用自由联邦制，统一中国本部、蒙古、西藏、回疆，建立中华联邦共和国”①，并使用了“疆部”自治，建立“民主自治邦”的表述。而“联邦制”则作为各“民主自治邦”联合起来的重要机制，中华联邦共和国则成为“中国本部”与“疆部”平等联合的政治目标。不难发现，自由联邦制的提出是以“疆部”的自治、自决为前提的，它是作为实现“疆部”自治、“各民族”

① 中共中央统战部：《民族问题文献汇编》，中共中央党校出版社1991年版，第18页。

自决的手段而出现在党的民族纲领之中的。1923年，党把“蒙古问题”作为一个“政治问题”进行了思考和计划，特别指出“在国家组织之原则上，凡经济状况不同民族历史不同言语不同的人民，至多也只能采用自由联邦制，……本着尊重民族自决的精神，……积极地帮助他们……达到蒙古人民真正独立自治之客观的可能”[①]。这里同样把“自由联邦制”作为解决“蒙古问题”或实现蒙古人民真正独立自治的最好形式。而这一时期，中国共产党还处于发展的幼年，其活动范围和活动能力还十分有限，其民族纲领政策等也还处于萌芽阶段。从很大程度而言，此时提出“联邦制”口号仅具有政党政纲的意味，还没有得到真正的实践，故而还不能有效动员起少数民族的政治意识和革命意识。

党的六大至六届六中全会之前（1928—1938）的阶段[②]突出强调“联邦制”口号。党的六大通过了《关于民族问题的决议案》，并把“民族自决权”写入同日通过的《政治决议案》中，成为中国革命的十大口号之一。而党有关“民族自决权”的正式规定要求进一步提出“联邦制”的具体内容。1931年11月7日，《中华苏维埃共和国宪法大纲》规定：“蒙、回、藏、苗……等，凡是居住中国地域内的，他们有完全自决权：加入或脱离中国苏维埃联邦，建立单独的国家，或在中华苏维埃共和国内建立自己的自治区域。”[③]同日通过的《关于中国境内少数民族问题的决议案》进一步解释了《大纲》内容，“这就是说：在蒙古、西藏、新疆、云南、贵州等一定区域内居住着的占当地人口绝大多数的少数民族，都由这些少数民族自己去决定是否愿意和中华苏维埃共和国分离而另外单独成立自己的国家，还是愿意加入苏维埃联邦或者在中华苏维埃共和国之内成立自治区。”[④]《大纲》和《决议案》在具体阐释了“民族自决权”内涵的同时，衍生出了联邦制内容，同时规定了加入多民族联邦制国家的两种形式——独立的民族共和国或中华苏维埃共和

① 中共中央统战部：《民族问题文献汇编》，中共中央党校出版社1991年版，第24页。

② 这个阶段，“联邦制”纲领得到一定程度或很小范围的实践。比如，中华苏维埃共和国及其联邦制实践，中华苏维埃西北联邦临时政府的成立，在红四方面军帮助下建立的“波巴人民共和国”等。

③ 中共中央统战部：《民族问题文献汇编》，中共中央党校出版社1991年版，第166页。

④ 陈蒙：《少数民族管理本民族内部事务权利论》，中南民族大学博士学位论文，2016年。

国之内的自治区域。不仅如此，此时提出的“联邦制国家愿景”也有了新的表述——中国（华）苏维埃联邦。长征时期，联邦制得到坚持，“党在帮助各少数民族实现独立自由的过程中，强调联邦的策略才是正确的，认为各少数民族可以同中华苏维埃共和国联合成立中华苏维埃联邦”①。

抗日战争爆发后，党对“联邦制”纲领的运用发生了变化，这与党对“民族自决权”的调整密切相关。抗日战争时期，“中华民族到了最危险的时候”，中日民族矛盾上升为中国革命的主要矛盾，各民族团结抗日成为实现中华民族自决的积极条件，民族自决从国内各民族的自决上升到中华民族的自决。党从全民族利益出发，不再从国内各民族的角度强调民族自决权，转而强调更加凸显民族团结抗日的民族自治政策。在这样的背景下，再从国内各民族自决的角度来坚持建立“自由联邦制国家”已经不符合中国革命的实际情况。在国共合作共同抗日和凝聚全民族一致对外的时代背景下，民族自决连同联邦制逐步淡出了中国革命的历史进程，取而代之的是民族自治和建立统一国家。

抗日战争胜利之后，建设国内和平成为全民族共同的心愿。但蒋介石发动违背民意的内战，并一步步丧失了民心，加之国民党的反动统治及其腐败堕落，打倒蒋介石解放全中国成为中国新民主主义革命的主要任务，建立统一的“民主联合政府”成为中国革命的必然趋势。在这样的革命形势下，“联邦制”已经不合时宜，中国的解放和统一已经不再需要“联邦制”作为过渡。但不得不说，“联邦制”作为重要的革命纲领及口号在新民主主义革命时期曾发挥了积极的动员作用。正是在“民族自决”“联邦制”的动员下，少数民族在不断自觉的进程中积极参与中国革命。

同时，党对“联邦制”的舍弃可以用“难以割舍”来形容。一方面，当时苏联实行的联邦制结构形式对中国共产党有很深的影响，党既受到苏联“成功经验”的示范，又受到社会主义国家政治意识形态的束缚；另一方面，要舍弃长期坚持的“联邦制”纲领，则必须在民族建设实践中确立新的制度方案。因此，虽然实践已经证明单一制国家内的民族地方自治更有利于中国的团结统一，但直到党的第七次全国代表大会也还出现了“联邦制”的表

① 中共中央统战部：《民族问题文献汇编》，中共中央党校出版社1991年版，第307页。

述，可见，党对“联邦制”的舍弃并不那么痛决，而对它的讨论也持续到了新中国成立前夕。之后，中央征求多方意见，并综合考虑中国的历史国情和政治情势，最终舍弃了“联邦制”纲领，“联邦制”作为党的历史上所坚持的国家结构形式及其实行各民族自决自治的形式成为了历史。

3.“民族区域自治”政策的局部实践

“民族区域自治”是在民族自治的基础上，强调区域自治的结果。1945年10月23日，在《中共中央关于内蒙工作方针给晋察冀中央局的指示》中指出：“对内蒙的基本方针，在目前是实行区域自治。”① 1946年1月16日，在共产党提出的《和平建国纲领草案》中关于“地方自治”一项规定：“在少数民族区域，应承认各民族的平等地位及其自治权。”② 上述文献及内容是“民族区域自治”制度的早期雏形。

在实践层面，1941年5月，陕甘宁边区政府颁布了《陕甘宁边区施政纲领》，规定依据民族平等的原则建立少数民族（这里主要指蒙、回民族）的自治区。1942年4月，“（陕甘宁）边区政府划定了定边的四、五区和城关镇的两个自然村为回民自治区；9月，又划定了曲子县的三岔镇为回民自治区。之后，边区政府又在伊克昭盟建立了城川蒙民自治区，并陆续划定了一些少数民族自治区、乡。在少数民族自治区内，由少数民族自己选举区、乡长，管理自治区内的政治经济文化事业”③。1947年，“我国第一个省级少数民族自治区——内蒙古自治区成立。同期，山东鲁中解放区建立了回民自治政权，河北宣化市二区建立了回民自治区，山东枣庄和黑背孟村建立了回民自治镇，海南岛琼崖解放区建立了民族自治政府”④。这些都为“民族区域自治”积累了宝贵经验。而“民族区域自治”在新民主主义革命时期的局部实践，使一些少数民族在一定程度上获得了集体性的权利，并产生了积极的示范效应。

（四）共产党的民族工作与少数民族的政治认同

中国共产党历来重视民族工作，在中华人民共和国成立之前的各个历

---

① 中共中央统战部：《民族问题文献汇编》，中共中央党校出版社1991年版，第964页。
② 同上书，第964页。
③ 同上书，“前言”第8页。
④ 同上书，“前言”第9页。

史时期，党围绕争取、动员、吸纳、帮助、发展少数民族而逐步构建了少数民族对党和红军、革命、阶级等的认同。

1.初创阶段至大革命时期的民族工作

初创阶段至大革命时期的中国共产党还处于幼年时期，力量十分弱小。而要在当时中国复杂的政治环境中快速建立影响，获得发展，则必须通过政治动员来争取一定的支持者和追随者。长期以来被剥削的无产阶级劳动者、被压迫的弱小民族（少数民族）是党争取的重要群体，党十分重视少数民族工作。

在理论层面，党的第一个纲领即明确规定，"凡承认本党党纲和政策，……不分性别，不分民族，均可接收为党员，成为我们的同志"①；二大宣言提出党的民族纲领，强调"疆部"的自治、自决；三大主要讲民族自决，三大宣言提出"我们的使命是以国民革命来解放被压迫的中国民族"②。实践层面，这一时期，党的民族工作从无到有地初步开展起来。

（1）创立初期，党的早期领导人李大钊等为开创党的民族工作做出了重要贡献。他非常关心和重视少数民族，以他为首的中共北方组织"敏锐地认识到要迅速地把内蒙古地区的民族解放运动引导到正确的道路上去，把它推向一个更新的阶段，使它成为党领导下的中国革命不可分割的一部分"③。而要开辟党在内蒙古地区的工作，没有一批出身于蒙古族的信仰共产主义的干部是不可能的。因此，他很早就在北京的蒙藏学校中散播革命火种。后来，坚信马克思主义能够彻底解放内蒙古的蒙古族青年吉雅泰回忆说："正当我们在为自己民族的苦难焦虑的时候，1923年冬天，中国共产党像冬天里的太阳一样照到了冰冻的蒙藏学校，党向我们伸出了温暖的手，给我们送来了马克思主义……"④党在蒙藏学校培养的这批蒙古族青年及蒙古族党员不仅成为一支党领导的重要革命力量，更重要的是，通过他们，可以更加有效地在内蒙古地区开展民族工作，争取内蒙古广大蒙古族的支持。

（2）大革命时期，党已经注意到少数民族工作对于中国革命的重要性，

① 中共中央统战部：《民族问题文献汇编》，中共中央党校出版社1991年版，第3页。

② 同上书，第20页。

③ 吉雅泰：《李大钊同志和内蒙古初期的革命活动》，《民族团结》1961年第7期。

④ 同上。

并开展了一些具体的民族工作。这一时期，党主要从政治吸纳的角度，发展少数民族党员、培养少数民族革命骨干，目的则是为了获得少数民族的理解，争取少数民族的支持，以期扩大新生政党的实力及影响力。其中，党培养的少数民族革命骨干在民族工作中发挥了至关重要的作用。这一阶段，“党首先把在蒙藏学校培养的革命青年分批送往苏联、‘蒙古人民共和国’和广东等地学习，同时，选派吉雅泰等回到内蒙古开辟工作；其次，开始培养党领导的少数民族军事人才，并在政治思想上、军事技能上得到学习和提升；再次，党组织重视培养少数民族农民运动干部，并在少数民族地区兴办农民运动讲习所。从1924年7月到1926年9月，国共两党在广州先后办了六期农民运动讲习所，在培养农民运动骨干的同时，也培养了一大批少数民族的农民运动干部，特别是由毛泽东主办的第六期，影响最大，学员遍布广泛，培养了包括蒙古、回、满、壮、朝鲜、土家等少数民族在内的农民运动干部。而经过广州农民讲习所培训的少数民族农民运动干部，又回到自己的家乡或者少数民族地区领导当地的少数民族农民运动，宣传马列主义和中共的民族政策。不仅如此，还通过自己的努力，在少数民族地区积极筹备农民运动讲习所，传播党的革命思想和民族政策；最后，党通过少数民族骨干，以及关注和了解少数民族的党员干部来开展少数民族工作，建立少数民族地区的党组织”①。

2.土地革命战争时期的民族工作

（1）土地革命战争时期，党的处境急转直下，党自身面临生死存亡的考验。在民族工作方面，党对少数民族的政治吸纳受到严重打击。在这样的条件下，在长期经受国民党压迫的少数民族地区开展革命工作，寻求生存空间变得极其重要。在一定程度上，争取少数民族的支持对中国革命甚至具有了决定性意义。

1931年11月7日成立的中华苏维埃共和国以“准国家政权”的姿态阐述了一系列争取少数民族的政策主张。同期通过的《关于中国境内少数民族问题的决议案》是中国共产党成立以后针对国内民族问题的第一个专门性决议，比较系统和完整地阐述了党的民族政策主张，为接下来党的民族工作指

① 李资源：《中国共产党民族工作史》，广西人民出版社2000年版，第45—55页。

明了方向。同时，展示了党在民族问题方面的诚意和态度，向各民族劳苦群众描绘了未来的国家蓝图。

红军长征时期，是党与少数民族近距离接触并深入交流互动，以及宣传党的民族平等政策、消除民族隔阂并争取少数民族支持的重要时期；是继续贯彻和检验党和中华苏维埃共和国确立的有关民族问题的原则立场及民族政策的初步实践阶段。党在这一时期提出的少数民族工作方针是“无条件地承认他们有民族自决权，即在政治上有随意脱离压迫民族即汉族而独立的自由权，中国共产党与中国苏维埃政府应实际上帮助他们的民族独立与解放运动，反对帝国主义国民党，反对他们的内奸卖国贼、土司喇嘛与他们自己的剥削阶级”①。与此方针相一致，党在这一时期发布了若干争取少数民族支持的须知、指示和工作原则，特别是针对不同少数民族提出了一些具体的工作方针和要求。

（2）土地革命战争时期，党在争取少数民族支持的同时，还要动员少数民族起来参加革命，动员少数民族为自由解放而战、为民族自决而战。特别是因国共斗争的需要而使动员少数民族革命的工作具有更加明确的指向性和目的性，其原则是党要领导少数民族开展同国民党的革命斗争；其过程是发展民族地区的党组织、组织和帮助少数民族建立苏维埃政权及其革命武装、开展民族地区的土地革命；其目的是发动少数民族反对帝国主义、国民党、军阀、王公、喇嘛、土司等压迫阶级。

第一，少数民族地区党组织的建立和发展。少数民族地区的党组织是动员少数民族革命的领导核心。大革命失败后，少数民族集中区域已有的党组织或党的革命力量受到严重破坏，而为了在少数民族地区贯彻武装反抗国民党的总方针，开展少数民族地区的革命工作，建立和重建党的组织力量迫在眉睫。这一时期，党在广西、广东、湖南、湖北、内蒙、河北、海南、福建、东北，以及在长征沿途经过的藏、夷、回等少数民族中建立了党的组织，通过党的组织发展少数民族党员，吸纳少数民族骨干，动员少数民族革命。

第二，党动员领导少数民族地区的武装斗争，并帮助少数民族建立苏维埃式的民族民主革命政权。1930年6月4日，《红旗》报刊发表了《全国苏

---

① 中共中央统战部：《民族问题文献汇编》，中共中央党校出版社1991年版，第306页。

维埃区域代表大会宣言》，正式以全国苏维埃会议的意志通过了“苏维埃国家”的民族政策，正式以“准国家”的形式提出要赞助少数民族建立苏维埃制度，取得苏维埃制度在全国的胜利。[①]1935年8月4日至6日，中共中央在四川毛儿盖召开重要会议，分析了一四方面军会合后的政治形势和任务。之后，党和红军根据各少数民族地区的实际情况帮助和支持少数民族建立了不同的形式的民族民主革命政权。如劳动苏维埃政府、工农苏维埃政府、苏维埃自治政府、人民革命政府等。[②]

第三，少数民族地区的土地革命运动。土地革命运动是从经济基础的角度来发动少数民族参与革命，它是党动员少数民族革命的重要抓手。少数民族地区土地集中占有的情况更加严重，外加阶级压迫与民族压迫，许多少数民族农民无以为生。要想改变少数民族的生活状况，则必须废除极不合理的土地制度。土地革命满足了包括少数民族地区农民在内的广大贫苦农民的土地需求，符合农业劳动阶级的经济愿望。而少数民族地区土地革命的开展不仅具有重大的经济意义，而且具有重要的历史意义和政治意义。土地革命运动解放了少数民族的生产力，调动了他们的生产积极性。更为重要的是，通过土地革命获得土地的贫苦群众为了保卫土地革命的胜利果实，会更加积极地支援红军、参加红军。不仅如此，土地革命锻造了少数民族群众的革命意识，提升了他们的政治觉悟和阶级意识，促进其进一步觉醒。同时，随着党的不断发展成熟以及对中国革命和少数民族问题的逐步把握，在开展土地革命运动的过程中，主要考虑到少数民族地区特殊的土地关系、和有信仰的少数民族对其宗教领袖的崇拜、少数民族的政治觉悟及阶级觉悟状况等特殊性的存在以及党所处环境的变化，党学会了具体问题具体分析，灵活机动、因地制宜地处理与少数民族的关系。这种因地制宜的工作方针及要求在长征时期体现得最为直接。

除此之外，为了更加深入地开展民族工作，这一时期，党相继在中央机关、地方和军队中成立了民族工作机构。这些民族工作机构的任务和作用就是关注和研究少数民族问题，既为党和红军制定民族政策提供参考，又要

① 中共中央统战部：《民族问题文献汇编》，中共中央党校出版社1991年版，第126页。

② 参见青觉：《中国共产党民族观的形成和发展》，中央民族大学博士学位论文，2004年，第34页。

指导具体的民族工作，特别是争取和动员少数民族的工作。

3.抗日战争时期的民族工作

抗日战争时期，联合包括少数民族在内的一切抗日力量建立最广泛的抗日民族统一战线是全民族最紧迫的任务。而长期以来，党通过政治赋权来争取、动员少数民族的方式在一定程度上延续到了抗战初期，故希望通过更加实际的民族政策及民族工作去承认少数民族的自决自治，进而揭破日本人赞助少数民族独立自治的谎言。正因为如此，在抗战初期仍然采用民族自决等政治表述。而这样的思维方式和政策表述已经不能够适应建立抗日民族统一战线和全民族团结抗日的新要求。并且，这种思维存在几个问题：一是会因日本人的挑拨离间而对少数民族无限赋权，而这种无限赋权的方式随时会在国际国内层面陷入被动；二是忽视了少数民族在中国历史发展中的地位，即没有从历史的角度来宣传和论述少数民族与汉族、少数民族与中华大家庭休戚与共的关系；三是忽视了对全民族团结抗日的内在机制的构建，各民族的独立自治与全民族团结抗日会存在张力。因此，在中华民族生死存亡的关键时刻，全党亟须总结经验，调整思维，制定符合新阶段新要求的民族工作方针、政策等。

在这样的历史背景下，1938年9月，具有标志性意义的党的六届六中全会（扩大）顺利召开，毛泽东同志做了《论新阶段》的政治报告。报告中提出的民族纲领政策发生了明显变化，开始主要讲民族自治[①]，即由强调民族独立自决向“少数民族的自我管理”转变。与此同时，在六届六中全会前后，毛泽东同志发表了一系列将马列主义的普遍原理与中国革命的具体实践相结合的，对于理解中国民族问题和开展民族工作具有直接的指导意义的思想著作。并且，这一时期，党中央还设立了重要的民族工作机构——“西北

① 但应该强调的是，从少数民族构建的角度来看，无论是民族独立自决还是民族团结自治，都没有改变党重视、凸显、推动少数民族构建的一贯原则。民族独立自决强调各少数民族从帝国主义、国民党、军阀、王公、喇嘛、土司等的压迫统治下自决出来，与共产党领导的无产阶级实现平等的自由联合。各民族独立自决的过程就是一个个少数民族被形塑出来的过程；民族团结自治更加强调中华民族的整体自决，强调全民族一致对外。但民族团结抗日的原则同样凸显了少数民族，在共产党的动员下，少数民族为中华民族伟大抗战做出的卓越贡献奠定了少数民族在中国抗战中的历史地位甚至全国解放以后的政治地位。

工作委员会”，李维汉任秘书长。按照《论新阶段》报告、六届六中全会通过的政治决议案和毛泽东论著的精神，西北工作委员会尤其注重少数民族工作，并根据蒙、回民族的实际情况，制定了动员蒙、回民族参加抗战的纲领性文件,《提纲》[①]中规定了党在蒙、回民族中的工作方针。后来的实践证明，我们党就是根据《提纲》中的工作方针团结和动员了蒙、回民族参加抗战，包括争取到一部分上层王公贵族参加到抗日民族统一战线中来。

除此之外，党在抗日战争时期还帮助少数民族建立抗日武装和抗日根据地，领导少数民族的抗日救亡运动；创建延安民族学院，培养少数民族干部；根据民族平等自治的原则，探索建立少数民族自治区等。同时，党自身还开展了对民族问题的调查研究。

4.解放战争时期的民族工作

解放战争时期，动员包括少数民族在内的全国人民共同反对国民党反动派的独裁统治，帮助少数民族实现真正的自由解放是全党全军的重要任务和目标。而前提是要继续巩固包括少数民族在内的广大人民群众对党的认同，激发起少数民族对新中国的热望并为之共同奋斗。为此，这一时期党的民族工作的重要目标仍是赢得少数民族更广泛的支持，以及动员少数民族更广泛地参与革命。

回顾历史，内战爆发不久，国共两党的实力发生了此消彼长的变化，得到人民支持的共产党迅速发展壮大。短短几年，国共力量开始处于均势，中国人民彻底解放的曙光就在眼前。在这样的条件下，党的民族工作更加具体、务实和有效。

(1) 建立更广泛的民族政策认同，并经由民族政策认同而巩固少数民族对共产党的认同。民族政策认同是少数民族对中国共产党认同的重要基础，由政策认同与否进而会直接影响到少数民族对党及其领导的即将建立的新中国的认同。因此，建立和扩大少数民族对党的民族政策的认同至关重要。

第一，扩大包括国统区在内的少数民族对党的民族政策的认知。从国共统治区域对比的角度来看，新中国的建立就是共产党领导的解放区不断扩大

---

① 这里的《提纲》是指由中共中央西北工作委员会制定的《关于回回民族问题的提纲》和《关于抗战中蒙古民族问题提纲》，参见中共中央统战部：《民族问题文献汇编》，中共中央党校出版社1991年版，第648—667页。

而国民党领导的国统区不断缩小的过程。解放战争时期，解放区的民众（包括少数民族）对党的民族政策已经熟知，但国统区的少数民族群众对党的民族政策却存在疑虑或是相对陌生的。[①]因此，早在抗战胜利前夕，毛泽东同志在《论联合政府》中就已经对革命的走向作了预见：一方面提出了和平建国的主张；另一方面，针对可能出现的国共内战，再次向包括国统区在内的广大民众（包括少数民族）重申了党的民族政策主张。内战爆发后，1947年10月10日，毛泽东同志起草的《中国人民解放军宣言》以中国人民解放军总部的名义郑重宣布："承认中国境内各少数民族有平等自治的权利。"[②]

第二，积极做好接管敌占区之后的民族工作。解放战争时期，我党不仅要在解放区内处理好民族关系，还要担负着做好接管敌占区之后的民族工作。一方面是要求解放军在进入和接管敌占区之后，严格执行党的民族政策；另一方面是对敌占区少数民族及少数民族战俘的民族工作。

第三，大量培养和任用少数民族干部。培养和任用少数民族干部既是实现少数民族参政议政的重要工作，也是少数民族真正解放和自主的表现。①大量培养和任用少数民族干部是开展少数民族工作的关键，少数民族干部在各少数民族解放的过程中发挥了重要作用。这一时期，党不仅通过继续开办延安民族学院、短期训练班、军政干部学院等方式培养少数民族干部，而且还把这些经过党培养的少数民族干部分配到少数民族地区特别是本民族中开展工作（包括宣传党的民族政策、培养当地的少数民族干部、争取当地少数民族上层等）；②注重对党的干部（少数民族干部与汉族干部）进行马列主义民族理论的宣传教育，要求在少数民族地区工作的少数民族干部和汉族干部必须加强对马列主义民族理论政策的学习。1948年9月9日，继延安中央党校之后，针对内蒙古干部培养问题，中共内蒙党委通过了《关于开办党校的决定》，开办了共产党的第一家地方党校，并规定了党校教育的三方面内容，其中之一便是"关于民族问题的教育，如马列主义的民族理论、中国党的民族政策、蒙古民族问题、国际主义与民族主义问题，等等"[③]。同时要求党的干部要更加重视调查研究，特别是要求在民族地区工作的干部队伍要研

① 参见《毛泽东选集》(第3卷)，人民出版社1991年版，第1044页。

② 中共中央统战部：《民族问题文献汇编》，中共中央党校出版社1991年版，第1132页。

③ 同上书，第1165页。

究民族问题、了解民族问题，尤其是要学会将马列主义民族理论的普遍原理同各少数民族的具体实际结合起来；③大量任用少数民族干部到党的系统、政府机关、军队中工作。抗战时期，党就已经非常重视边区政府及根据地政权的民主化建设，其重要特点便是少数民族代表参与到政府组织或各类代表委员会中来。解放战争时期，我党领导的解放区不断扩大，少数民族干部得到大量任用，少数民族在政府、代议机关等政权机关中的参与不断体现，少数民族参政议政的政治目标不断实现。

第四，领导少数民族的自治运动。积极领导少数民族的自治运动能够反映出党的民族政策的真实性、实践性和可操作性，是最具有示范效应的民族政策宣传。少数民族自治运动的成功实践能够更加有效地争取或打消国统区、敌占区少数民族对党的民族政策的疑虑。这一时期，内蒙古民族问题的解决具有极大的影响。它是党的民族理论政策、民族工作、统战工作的成功体现，还是阶级斗争的成功体现，它为党成功解决国内其他民族问题提供了最直接的实践经验，它的规模性、代表性、开创性足以彰显党的民族政策的成功。“1947年4月27日，内蒙古人民代表会议全体代表致电毛主席、朱总司令，表达了内蒙各界对共产党的拥护以及对党的民族政策的支持与肯定。”①

（2）批判和揭穿国民党的大汉族主义政策及虚假欺骗。长期以来，国民党笼络、利诱少数民族上层的传统做法一直没有改变，只要少数民族的上层拥护和支持中央政府，便允许他们保留已有的社会政治制度，最根本的是保留他们对本民族的压迫和剥削。因此，国民党在少数民族当中宣扬的所谓“民族平等”都是骗人的鬼话。有学者就指出，在边疆地方自治的层面，尽管南京国民政府也曾提出“民族自治”，但在之后的20年间，国民党从未真正建立过一个民族自治地方，国民党习惯给少数民族开具空头支票。②但由于国民党占据统治当局的地位，以及通过权力、金钱、地位等政治资源极力拉拢、诱惑和控制民族宗教上层，加之少数民族（宗教）上层在各少数民族当中的影响。在民族政策的宣传工作层面，党需要与国民党的虚假欺骗作一

① 中共中央统战部：《民族问题文献汇编》，中共中央党校出版社1991年版，第1114页。

② 赵学先等编著：《中国国民党民族理论与民族政策研究》，中央民族大学出版社2010年版，第163—167页。

场针锋相对的话语斗争。

而反对国民党大汉族主义政策是党的一贯立场，其本质并不是简单的“舆论战”，而是由国共两党阶级划分所决定的阶级斗争和意识形态斗争。反对国民党及其大汉族主义既是为了揭露事实、澄清立场，更是为了向少数民族宣传党的民族政策，以及动员和帮助少数民族为自己的解放自由而起来反抗国民党、反抗少数民族内部的压迫阶级。

在具体的民族工作中，共产党有理、有利、有节地把国民党大汉族主义政策的不平等性质、压迫、歧视、封建阶级属性、帝国主义走狗属性揭露在少数民族面前。

（3）积极开展对少数民族上层的统战工作。开展对少数民族上层的统战工作是帮助少数民族尽快解放的重要内容。事实上，党历来强调对少数民族上层的统战工作，在与少数民族接触的过程中，党非常重视与少数民族上层人士取得联系，征得少数民族上层或宗教领袖的同意，方才进入少数民族地区。正是按照这样的统战政策，党才能够顺利地争取到广大少数民族群众的理解、同情、支持和拥护。这既是党对少数民族生活习惯、宗教信仰的重视和尊重，也是党对少数民族内部权力结构、民族特点、宗教关系的充分把握。

实际上，国共两党都很重视对少数民族上层的工作，但共产党争取少数民族上层的工作与国民党对少数民族上层拉拢、诱惑、控制有着本质区别。国民党是在允诺少数民族上层继续特权统治的基础上，求得少数民族上层对中央政府的支持，其基本特点是国民党压迫阶级与少数民族上层特权阶级的联合，其本质是为了维护国民党、少数民族特权阶级的压迫统治；共产党则是采取真诚、尊重、说服、教育等方式使少数民族上层改变顽固立场，选择站在人民的立场，转而号召本民族为实现自身的解放而同国民党压迫阶级作坚决的斗争。共产党一方面针对少数民族上层的两面性，制定正确的斗争策略，通过争取少数民族上层来开展少数民族工作；另一方面，还为少数民族上层寻找政治出路，吸收少数民族上层人士参加各级革命政权。实践证明，争取少数民族上层的工作为党团结了一切可以团结的力量，为党在少数民族地区的解放事业奠定了坚实的阶级基础、群众基础。

综上所述，共产党以民族为单位的一整套民族观念实践推动了“少数民族”相关概念的广泛传播，少数民族的指称范围一步步扩大，“某某民族”

的用法逐步明确，少数民族的权利意识、凝聚（集体）意识、革命意识、阶级意识进一步提升，少数民族的政治内涵逐步显现，进而推动了少数民族的建设。同时，必须明确，在马克思列宁主义民族理论的指导下，共产党对“各民族”的强调与近代以来其他社会政治力量对“国内诸族”的承认在性质上有显著区别。共产党从马列主义民族理论的视角，承认这些“民族”的政治地位和集体权利；而梁启超、孙中山等近代社会政治力量及政府并没有赋予“国内诸族”“五大民族”集体政治权利，所谓的“五族共和”更像是“五域共和”。并且，从近代中国民族建设的角度来看，与近代其他社会政治力量在中华民族构建的视域中所进行的少数民族建设不同，共产党是从阶级以及中国革命的现实条件和目标出发，关注少数民族，建设少数民族。可以认为，共产党对少数民族的建设是中国革命具体实践需要的结果。

第三节　学术界的民族研究

民族学[①]、人类学、社会学等学者纷纷主张以边疆民族调查为基础开展相应的“边疆民族工作”。而与国民政府出于统治需要对“西南苗夷”等进行的调查有所不同，民族学、人类学等学者则是基于文化多样性角度对“边疆民族”[②]进行调查，换言之，他们是从文化角度来认识和研究民族。比如，吴文藻称中国的边疆民族为“非汉族团”[③]；费孝通称中华民族实为不同体质、

① 20世纪初期，西方“Ethnology”知识传入中国，并与近代以来在中国政治思潮中大行其道的“民族”概念相结合而被界定为“民族学”。准确地说，“民族学”研究的对象、价值取向、视角、立场与近代西方“民族”概念所强调的“民族主义”取向及相关政治范畴有本质区别。但正是在“民族”概念的牵引下,“民族学”把对不同历史、文化、语言、宗教、人种、体质等异质性突出的群体的研究也纳入“民族”的范畴。

② 与国民党对“边疆民族”的理解不同，民族学、社会学学者吴文藻认为“边疆民族”系指国内偏居边地或邻近边地的各种少数民族或浅化民族。参见符雪红：《20世纪中国边政研究与边区开发理论述评》,《学术探索》2004年第9期，见吴文藻：《边政学发凡》,原载《边政公论》1卷5、6期合刊，1942年。

③ 费孝通、王同惠：《花蓝瑶社会组织》，吴文藻“导言”，载《费孝通文集》第1卷，群言出版社1999年版，第479—482页。

语言、民俗组成的“文化丛”[①]；杨堃“指责南京国民政府以民族融合同化为目的的边疆教育不尊重多样的社会文化形态，应该组织由人类学者参与的大规模边疆民族调查，并以此为基础来确定边疆教育的对象”[②]。一言以蔽之，民族学、人类学等学者认为国内各文化群体就是民族。基于这一立场，国内民族（主要是少数民族）被民族学、人类学、社会学等学者不断细分。也正是从这个层面看，学术界推动了少数民族建设。

一、学术机构对“边疆民族”的调查研究

（一）中研院历史语言研究所对湘西苗族和“云南民族”进行的调查

1933年，中央研究院历史语言研究所决定对“西南民族”进行系统性调查。随即“凌纯生、芮逸夫、勇士衡开赴湘西乾城、永绥、凤凰一带调查苗族，经过3个月的调查后，凌纯生、芮逸夫共同完成《湘西苗族调查报告》。此书向国人呈现了‘苗族’作为一个汉族以外的‘民族’的形象”[③]。特别值得关注的是，在这次调查中，不少湘西苗族知识分子也参与其中，他们学会了一些展示本民族的表述方式，同时也加深了对本群体作为一个“民族”的体悟，这为后来他们表达政治诉求奠定了思想基础。

“1934年10月，凌纯声、陶云逵等4人到云南对滇南、滇西、滇西南的摆夷、么些、倮倮、倮黑、崩龙、阿佤等‘族类群体’进行了调查。”[④]其中，“凌纯声和勇士衡以调查边区民族生活状况和社会情形为主；陶云逵、赵至诚以调查边疆人种和语言为主”[⑤]，并在调查的基础上，进行了相关的学术研究。抗战时期，中研院历史语言研究所南迁至昆明，后辗转于西南，中研院历史语言所的芮逸夫等在艰苦的条件下，对川南与黔滇交界的苗族支系进行

① 费孝通：《分析中华民族人种成分的方法和尝试》，载《费孝通文集》第1卷，群言出版社1999年版，第276—277页。

② 杨堃：《边疆教育与边疆教育学》，载《杨堃民族研究文集》，民族出版社1991年版，第96—101页。

③ 李月华：《湘西苗疆土著民族与国民政府对话渠道的建立》，《民族论坛》2013年第4期。

④ 白兴发：《二十世纪前半期的云南民族学》，民族出版社2011年版，第56页。

⑤ 王建民：《中国民族学史》（上卷），云南教育出版社1997年版，第181页。

调查，获得了苗族语言和婚丧礼俗等方面的资料。

（二）“西南夷族文化促进会”对西南边民的调查研究和推动很值得关注

1934年5月，曲木藏尧、阿弼鲁德、岭光电、王奋飞和安腾飞等在南京组织发起成立“西南夷族文化促进会”[①]。该会以三民主义为原则谋求改善西南夷族生活，发展夷族文化[②]。在该会的会刊《新夷族》的发刊词中赫然写道：“本刊旨在唤醒民族意识；探讨民族问题；沟通民族文化；联络民族感情；宣传三民主义；阐扬政治教化；研究社会经济；指导夷人生活；增进夷民智识；提高夷民道德。”[③]同时该刊发表了诸多旨在强化和凸显民族意识的成果。[④]实际上，该会在某种程度上成为代表夷族发声的领导机构，该会汇集了西南夷族精英。高玉柱等组织的“西南夷苗请愿团”到达南京后，就住在“西南夷族文化促进会”驻地。

（三）中国边政学会及有关“边政学”的调查研究

1941年4月，国民党五届八中全会提出要“设置边政机关，研究设计边疆建设问题”。1941年9月遂成立了隶属于蒙藏委员会的中国边政学会。[⑤]而在国府重心边移，政治、经济、文教等事业向西南后撤的整体条件下，政府和学术界获得了进一步了解“边地”特别是“西南边区”及“边民”的有利条件。其中一些民族学者则在这个过程中积极推动构建一门关于边疆民族政治的“边政学”，专门研究“边疆民族政治思想、事实、制度及行政”（吴文藻语）。

---

① 参见张宪文、方庆秋、黄美真：《中华民国史大辞典》，江苏古籍出版社2001年版，第655页。

② 参见《西南夷族文化促进会简章》，《新夷族》1936年第1期。同时，应该注意的是，这里的“夷”并非今天的彝族，而是指西南边疆除满、蒙、藏、回之外的“少数民族”的统称，它常常以“夷苗”的形式出现。

③ 参见《发刊词》，《新夷族》1936年第1期。

④ 比如1936年《新夷族》第1卷第1期发表了王奋飞的《复兴民族（夷族）的途径》、陈之宜的《西南夷族的觉醒》、安成的《西南夷族不是中国土著民族吗》等。参见李小缘：《云南书目》，云南人民出版社1988年版。

⑤ 参见《边政公论》社：《中国边政学会成立》，《边政公论》1941年第1卷第3、4期合刊。

（四）南开大学边疆人文研究室对西南边疆民族语言、民情风俗、地理环境等进行的研究

1942年6月，南开大学成立边疆人文研究室，聘请陶云逵担任研究室主任，并汇集了一大批专家学者。同年7月，陶云逵带领高华年等人从昆明出发，到达红河州，对红河流域的“边疆民族”进行社会调查。并且，“南开大学人文研究室对云南其他地区的‘边民’（今布依族、哈尼族、傣族、彝族、苗族等）也进行了广泛的调查”[①]。

（五）云南大学魁阁研究室的调查研究

吴文藻在云南大学发起成立“云南民族学研究会”[②]，以社会人类学的方法研究“云南民族”，其结果是“云南民族”被不断细分，并开创了一个研究领域。

二、学者对“边疆民族”的调查研究

南京国民政府时期，学者对“边疆民族”的调查研究更是如火如荼，十分兴盛。一些学者在各自的研究领域开创了一片天地，写成了众多关于“边疆民族”的社会调查报告，为中国民族学的发展奠定了坚实的基础。同时，也为中华人民共和国成立之后的民族识别提供了宝贵的参考资料和研究借鉴。

（一）杨成志的《云南民族调查报告》

“云南民族”并非一个民族，而是云南少数民族的统称。作为一种研究对象，它是“西南民族”研究的重要内容。杨成志极力提倡“西南民族”[③]

① 参见南开大学边疆人文研究室：《边疆人文研究调查工作表》，《边疆人文》1947年第4卷（合刊）。

② 周文玖、张锦鹏：《关于“中华民族是一个”学术论辩的考察》，《民族研究》2007年第3期。

③ 参见杨成志：《西南边疆文化建设之三个建议》，《人类科学论集》，国立中山大学文科研究所，1943年6月。

研究，他把“云南民族”看成是大有可为的“西南民族”学问。“1928年7月12日，杨成志带着‘至滇东之熟罗罗区域一行’的任务，从广州出发，经香港、辗转越南河内，经滇越铁路到达昆明，在昆明调查一个多月后，获悉了相关情况后，只身一人前往凉山彝区进行调查。”[①]除此之外，他还对昆明地区的少数民族，河口的瑶人等进行了调查研究，最终写成了涵盖云南众多少数民族的《云南民族调查报告》。

（二）凌纯声的调查研究

凌纯生在进行一般理论研究的同时，还要承担中央研究院历史语言研究所的调研任务和研究工作。正如上文提及，1934年10月，他们一行四人代表中央研究院历史语言研究所分赴云南边区进行民族调查，直到1936年6月才回到南京。事实上，和那个时期的很多民族学者一样，他把毕生的工作都用在民族研究上面。他的主要著作有《松花江下游的赫哲族》《湘西苗族调查报告》《中国边疆民族与环太平洋文化》等。[②]而凌纯声的更大贡献在于对云南民族进行的分类，以及分布情况的研究，集中展现在1936年发表在《地理学报》第3卷第3期的《云南民族的地理分布》一文中，他将云南的民族分为掸人、藏缅和蒲人三类，同时提出了云南民族的区域分布和垂直分布特点。[③]

（三）江应樑的调查研究

与当时的很多民族学家一样，江应樑不仅进行个人的学术研究，还直接参加政府的边政建设，担任政府的职务。他在承担云南省民政厅边疆行政设计委员会交办的边民调查工作后，主持编著了《边疆行政人员手册》，叙述了边疆行政的要点，指导云南地方行政人员的工作，并把云南民族划分为罗罗系、摆夷系、苗瑶系、西番系、缅越系五类。同时对凉山夷族进行了调查研究，写成了《凉山彝族的奴隶制度》和《大小凉山开发方案》，

---

① 白兴发：《二十世纪前半期的云南民族学》，民族出版社2011年版，第56页。

② 参见王建民：《中国民族学史》（上卷），云南教育出版社1997年版，第390—391页。

③ 参见白兴发：《二十世纪前半期的云南民族学》，民族出版社2011年版，第49页。

并提出成立“凉山建设委员会”等帮扶“边疆民族”的边政举措。[①]

（四）顾颉刚的西北考察

在开发边疆、稳固后方及其引起的“边疆考察热”“边疆研究热”的过程中，知识精英做了大量工作，并形成了一些代表性的考察报告或研究成果。在考察西北的众多知识精英中，顾颉刚很具代表性，并著有《西北考察日记》。特别是在1937年9月至1938年9月考察甘肃、青海期间，他广泛接触当地民族，对西北“各民族”的生活情况和善良淳朴报以同情和感动。同时，在西北考察的过程中，他也对因“民族”概念牵引而出现或被强化的民族界限有所感触，特别是对帝国主义利用“民族自决”煽动民族分裂嗤之以鼻。而在对“边疆民族”的同情与国家、国族的理性之间，顾颉刚十分纠结，而这种观念的碰撞、纠葛终究定格为“中华民族是一个”的理论情怀。可以肯定的是，在顾颉刚有关“中华民族是一个”的理论阐释中，并非无视“边疆民族”的存在，而只是对“民族”一词有着更具家国情怀的认知。[②]

（五）方国瑜的滇西边区考察

西南边疆特别是云南汇集了民族学、人类学、“边政学”等方面的众多专家，他们对西南乃至整个边疆地方的考察十分兴盛，考察成果如汗牛充栋，仅云南一省，就吸引了众多民族学家、民族史学界的广泛关注，形成了诸多考察成果。在此以云南本土著名的民族学家方国瑜的《滇西边区考察记》为例进行简要分析。1935年，方国瑜去往滇西边区，对傣族、拉祜族、佤族等聚居的摆夷地、倮黑山、卡瓦山开展了深入细致的考察。通过调研了解当地的历史、地理概况、民情风俗等，写成《滇西边区考察记》，内容涉及少数民族、土司、界务问题。而值得关注的是，在《滇西边区考察记》的“自序”中，他写道：“及至边区，始知前所知识，率多谬误，研究边疆问题

---

① 参见白兴发：《二十世纪前半期的云南民族学》，民族出版社2011年版，第116—118页。

② 参见王文元：《1937年，顾颉刚的甘肃之行》，《西部时报》（人文·历史），2011年11月18日，第011版；葛兆光：《徘徊到纠结——顾颉刚关于“中国”与“中华民族”的历史见解》，《书城》2005年第5期。

之难如此。”[①]这足以说明知识精英对“边疆民族”的认识也需要不断地探索和完善，他们在边疆考察过后，对边疆民族的原有认识将会更加全面。而外界对相关问题的认知也将会随着知识精英的产出而有所进步和提升。事实上，在知识匮乏、社会信息未实现共享的动荡时期，一般民众对边疆民族的认知和了解正是来源于政府和学界的调查、考察。

（六）对“特殊民族”的调查

“特殊民族”一词最早出现在1925年张其昀出版的《浙江省史地纪要》一书中，该书专门谈道“浙江省之特殊民族有畲民、惰民、九姓渔户”[②]。而对“特殊民族”的关注主要源于当时国人多认为“五族”之外仅有“西南民族”，这种认识恰恰反而激起了“特殊民族”研究。

除此之外，还有陶云逵的《车里摆夷之生命环》和《碧罗雪山之傈僳族》、王兴瑞的《海南岛之苗人》、庞新民的《两广瑶山调查》、俞湘文的《西北游牧藏区之社会调查》、吴泽霖的《么些人的婚丧习俗》、胡鉴民的《羌族之信仰与习为》[③]，以及李拂一的《车里》[④]等其他一些民族学家的民族调查研究。

并且，在学术机构、团体和学者对“边疆民族”的调查研究之外，还有一般民众和外国学者、传教士、国际援华组织等对“边疆民族”进行的调查和接触。一般民众在边疆的游历等自由考察行为以及他们在边疆的所见所闻在一定程度上改变了自身对“边疆民族”的理解；外国学者在这一时期则写成了一些具有参考价值的著述。比如，美国探险家约瑟夫·洛克（Joseph Rock）在丽江生活27年后，经过调查和搜集，写成了《中国西南古纳西王国》，编写了《纳西语英语百科词典》；国际援华组织成员顾彼得在探察了丽江的民情习俗后，著有《被遗忘的王国》[⑤]；等等。这些调查及研究成果不

---

① 方国瑜：《滇西边区考察记·自序》，国立云南大学西南文化研究室，1943年。

② 张其昀：《浙江省史地纪要》，商务印书馆1925年版，第70页。

③ 参见李文海、夏明方、黄兴涛主编：《民国时期社会调查丛编》（少数民族卷），福建教育出版社2005年版。

④ 参见白兴发：《二十世纪前半期的云南民族学》，民族出版社2011年版，第50—56页。

⑤ 同上书，第126—127页。

仅对现今民族学研究具有一定的价值和意义，特别在当时对外界了解“边疆民族”提供了帮助。

综上，南京国民政府时期，学术界对“边疆民族”的调查研究取得了丰硕成果。特别在抗日战争爆发后，国府重心边移，边疆大后方成为保持政治、经济、文教的最后屏障，“西南民族”遂成为民族学界调查和研究的重要对象。而民族学、人类学等学者调查研究的旨趣并非是要凸显“西南民族”或“云南民族”这个整体，而是把“西南民族”作为一个文化异质性凸显的区域和研究领域，要深挖这个区域和领域内的不同文化群体（边民等）的生活情况、民情习俗等等。换句话说，他们对某个区域（边疆、边地、边区）内人群的历史、语言、文化等进行的调查研究是为了解他们，扶植他们，并施以各种行政措施“开化”他们，使他们同内地的其他民族一样，融入现代国家的潮流之中。而这样的价值取向在杨成志的《云南民族调查报告》中就有体现，他指出“国人对于‘西南民族’的态度十分淡漠，认为老大帝国的人各个脑海中都印着‘尊夏攘夷’的成见，并表现在言语和行动方面。……我们既看他们是中华民族的一分子，就应该扶植他们，施以各种开化的善良办法，使他们一天一天地长进起来，将如汉族一般，这才不背现在潮流的趋向”[①]。这样的研究旨趣和治学精神成为那个时期大多数民族学家或知识分子的共同情怀。但必须强调的是，在“民族”的话语下进行的调查研究毕竟推动了“边疆民族”的凸显，其结果是越来越多的“边疆民族”（少数民族）被“发掘”，比如，赫哲族、苗、瑶、夷、僮、藏人、西番、仲家、摆夷、傈僳族、羌族、么些、阿佤、畲民等群体被认知，以及“族”和“民族”等相关称谓的使用和传播，这在客观上挖掘了更多的“民族认同”符号，进而在本互不知归属的“族类社会”中确立了新的身份认同，进而推动了中国少数民族的建设。

① 李文海、夏明方、黄兴涛主编：《民国时期社会调查丛编》（少数民族卷），福建教育出版社2005年版，第1—2页。又见沈梅丽：《民国时期外国民俗学理论译介与现代民俗学构建》,《西北民族研究》2015年第1期。

第四节　民族观念的碰撞与民族建设认知的提升

民族话语是传达民族观念的外在形成和表述，民族观念是民族话语展示的实质内容。这一阶段（主要是在南京国民政府时期），不同社会政治力量因政治立场或民族认知上的差异而出现民族观念上的碰撞，并带来了两方面的影响：一方面建设主体的“少数民族认识”不断进步。一是社会政治力量围绕“少数民族”展开讨论说明“少数民族”受到广泛关注，二是围绕“少数民族”展开的讨论使得“少数民族”越辩越明，“少数民族”的相关指称（边疆民族、少数民族、弱小民族、土著民族、特种部族、西南民族等）被社会认知和运用，而碰撞的各方在相互影响的过程中也相互借鉴并相互使用上述“少数民族”的相关指称，使得“少数民族”相关指称概念不断流行和传播；另一方面，“少数民族意识”不断提升。社会政治力量关注少数民族并推动少数民族的觉醒，而否定少数民族的立场也会刺激少数民族的民族意识。重要的是，建设主体“少数民族认识”的进步与建设对象民族意识的提升把这一时期的“少数民族建设”又向前推进了一步。

一、民族观念的论争与“各民族认识”的进步

回溯近代历史，有关“少数民族”的讨论、分歧、争论等实为不同政党、不同派别表达政见的重要手段。南京国民政府虽在形式上实现了全国的统一，但依旧难以对内部实现有效的整合，共产党，国民党中央派系、国民党地方势力，学术界和思想界等社会政治力量的不同立场使得国民政府的意志很难统一，而在“民族”观念上的不一致更是如此。不同社会政治力量对“民族”的不同认知形成了不同的民族观念，南京国民政府时期，对“少数民族”主要存在三大认知取向：一是国民党的“边疆民族”观念，强调“边疆民族”是生活在边疆地区的中华民族，意即中华民族是一个。不可否认，由于国民党的执政地位和蒋介石的特殊地位，使得这一认知取向具有相当的市场。二是共产党对“各民族”（“少数民族”“弱小民族”）的关注和推

动，强调各民族平等和各民族自决（自治）。这一认知取向来源于苏联和共产国际，同时继承了孙中山先生在国民党一大宣言中阐述的民族主义思想的重要方面，即“中国境内各民族一律平等”“承认中国以内各民族之自决权”等[①]。三是以民族学、人类学、社会学、语言学等学者为主干的学术界和思想界对国内文化群体的关注和研究，他们从文化的角度区分民族，认为国内各文化群体就是各民族。而对于如何看待和解决国内民族问题，学术界和思想界的立场是多元的，比如吴文藻主张学习苏联民族理论；杨成志则依据孙中山先生民族主义的两条大原则立论；同时，由于国民党当局的统治地位，学术界也在“边疆民族”的框架话语下开展民族研究。

三大民族认知取向源于不同的研究立场或政治立场。而不同立场之间常常出现分歧、争论、相互批判，这种在民族观念层面的分歧和争论经常上升到政治层面而成为各社会政治力量关注的焦点，其结果是“民族”作为一个问题不断凸显。事实上，民族观念的这种碰撞及其影响的发酵贯穿整个南京国民政府时期。比如，共产党以民族为单位，强调“少数民族”“弱小民族”的平等权利；国民党则以“行政区域统驭民族”，使用“边疆民族”概念；共产党强调中华各族的团结统一，强调各民族自治并建立自由联合国家；国民党反对在中华民族之内滥用“民族”一词，批判民族自决，保留自治；共产党经由民族自治、区域自治创造性地提出民族区域自治；国民党则始终坚持地方自治；等等。而特别强调的是，这一时期，民族观念碰撞而影响最广的当属“中华民族是一个”的大讨论，讨论的关键问题是中华民族内部到底该不该析出各民族。

有关“中华民族是一个”及“各民族”的社会政治大讨论受到两方面条件的刺激，一是国内民族观念的碰撞，核心是如何认识国内各民族；二是日本帝国主义试图利用民族主义大做文章，意图行分裂中国少数民族的诡计。这场讨论虽以学术论争的形式展开，但由于影响甚广，主要政党和社会力量都参与其中。论断的提出者顾颉刚并非是要否认国内“各民族”这个客观事实的存在，而是希望从“中华民族”的整体性来论述“各民族”的地位

---

① 因苏联-共产国际和孙中山的影响，不仅是共产党关注“各民族”，而且受到苏联和共产国际影响的新疆盛世才政府，以及继承了孙中山先生承认“各民族一律平等”思想的国民党内部派系（孙科一系、冯玉祥等）皆承认国内各民族的存在。

问题，反对使用一些暗藏民族分裂风险，且容易掉入日本帝国主义陷阱的政治词汇。“其核心论点是反对在中华民族内部再析出什么民族，应该谨慎使用‘民族’一词。而令他感到着急的是，‘中国本部’‘民族自决’等带有不良图谋和极具煽动性的词汇、概念正是被中国人自己广泛地运用。因此，他积极呼吁‘中华民族是一个’的重要政治观点和学术观点。”①

顾的观点得到了当时中央研究院历史语言研究所傅斯年的支持②，但也受到民族学家费孝通的反对，费孝通认为“谋政治上的统一，不一定要消除‘各种各族’以及各经济集团间的界限，而是在消除因这些界限所引起的政治上的不平等”③。费孝通从历史、文化、体质多样性的层面阐述了“民族”一词的空洞性，认为“若是空洞的‘民族’一词就能分化一个团体，那么，这个团体本身就存在不健全的地方，因此，关键不在这个空洞的名词，而在于如何健全我们自己的组织”④。而强调群体间的平等和从文化群体本身即客观存在的事实来看，这些论点无疑是正确的，但这样的论点无法解释当时“伪满政权”以及德王策动的“内蒙古自治”等分裂活动，实际上，这些活动并非源于汉族的压迫，它们是在民族主义和民族意识的推动下生成的。多年以后，在顾颉刚先生百年诞辰的纪念会上，费孝通先生回顾了1939年那场讨论，讲道：“虽然他仍不同意把‘民族’一词看成是制造分裂的原因，但考虑到这样的讨论对当时的形势并不有利，故没有再争辩下去。”⑤

重新回到那个时期，在政治层面，关于中华民族及其少数民族的认知分歧并没有结束，且愈发活跃。“中华民族是一个”“中华民族是整体的”这些观点主张得到蒋介石的支持，并且蒋介石还发展出了“中华民族一元论”

① 马戎：《如何认识“民族”和“中华民族”——回顾1939年关于“中华民族是一个”的讨论》，《中南民族大学学报》2012年第5期。

② 傅斯年于1935年12月15日就在《独立评论》第181号上发表了《中华民族是整个的》一文，公开指出中华民族是统一且不可分割的整体。

③ 转引自宋清员、王成：《中华民族“多元一体”理论与“和合”思想的内在理路》，《中共中央党校（国家行政学院）学报》2019年第4期。原载费孝通：《关于民族问题的讨论》，《益世报》1939年5月1日。

④ 费孝通：《关于民族问题的讨论》，《益世报》1939年5月1日。

⑤ 费孝通：《顾颉刚先生百年祭》，载《费孝通文集》第13卷，群言出版社1993年版，第30页。

的“宗族说”。[①]而共产党则比较智慧地处理了中华民族与各民族的关系问题。在抗战爆发之前的很长一段时期内，实际上，共产党对“民族”概念的运用基本停留在“各民族”层面，很少使用“中华民族”一词，即使出现也多从“中国本部”或汉族的角度来解释。全面抗战爆发后，共产党审时度势，从民族的根本利益出发，高举全民族抗战的大旗，呼吁建立抗日民族统一战线，并对中国的民族关系提出了更加成熟的认识。

1938年，共产党的民族理论专家杨松在中共中央马列学院开设系列讲座，阐述了“中华民族”“民族自决”等一系列重大民族理论问题。“在中华民族方面，杨松提出中华民族是汉族和汉化民族的共同称谓，中国是一个多民族国家，中国各民族一律平等；在民族自决方面，他提出坚持民族自决权必须与正确地使用民族自决权结合起来，马列主义提倡民族自决权，但不主张民族分散和民族分离，民族自治是解决民族问题的一种有效形式，并在共产党的历史上较早提出了建立‘民族自治区’的设想。”[②]杨松对民族理论的阐释体现了共产党民族观念和民族理论的发展变化，这种转变在毛泽东的《论新阶段》的政治报告中标志性地体现出来。1939年12月，在《中国革命与中国共产党》一书中，毛泽东在第一章第一节中直接以“中华民族”为题进行论述，“分析了中华民族的内部构成，更重要的是，提出了中国是一个由多数民族结合而成的拥有广大人口的国家的认知”[③]。这是这一时期共产党民族观念的集中表达，即从统一多民族国家的角度论述了中华民族与各民族的关系，论述了汉族与少数民族的关系，还论述了少数民族与国家的关系；1945年4月，在《论联合政府》中，毛泽东直接批驳了国民党“宗支论”对少数民族的否定，重申了共产党完全同意孙中山先生的民族政策，即中国民族自求解放，中国境内各民族一律平等。置言之，既强调中华

① 蒋介石在“国族主义”的立场下已经不愿意再称各民族为“民族”，而与顾颉刚等有所不同，他这时已宁愿称各民族为“宗族”而不愿意称其为“种族”了。因为他认为，中国各民族并非为血统有别的异“种族”，而“本就是一个种族或一个体系的分支”。换言之，蒋介石把“民族”与“种族”混同起来。参见黄兴涛：《重塑中华：近代中国“中华民族”观念研究》，北京师范大学出版社2017年版，第304页。

② 郑大华：《论杨松对民主革命时期中国共产党民族理论的历史贡献》，《民族研究》2015年第3期。

③ 王继、郭林：《延安时期中国共产党的民族理论创新》，《民族研究》2009年第3期。

民族的自决，也强调国内各民族的解放。这便是共产党对各民族与中华民族关系的基本立场。

应该注意的是，这场看似围绕“中华民族”的讨论，在本质上则是回答如何认识“国内各民族”的问题。在这场讨论过后，少数民族本身非但没有消失，相反，少数民族在中华民族的抗战中发挥了更大的作用。少数民族与中华民族、少数民族与中国的关系得到了更明确的阐释，少数民族（作为客观存在的人们群体）也引起了更广泛的关注和得到了更多的承认。进一步讲，在少数民族自身觉醒（“少数民族”的觉醒有着特定的政治历史条件，民族主义、列强入侵、国家转型、政治动员等）和“民族”概念已经散布的情况下，禁止滥用“民族”一词，或直接称为“宗族”，已经无法改变少数民族作为一个个被动员起来的客观存在的人们群体的意识。不仅如此，在近代国家转型的整体背景和使用“民族”概念的初始条件下，把称之为少数民族的人们群体称之为“边民”“土著民族”“宗族”等反而会刺激少数民族的觉醒。

而问题的关键在于，对于这样一些在国家转型，以及“民族主义”刺激下逐步觉醒或已经觉醒的“人们群体”，社会政治力量该用何种意识形态来引导他们？这一问题一直困扰着近代学人，这也是“民族”概念在中国运用的过程中遇到的挑战。当梁启超意识到种族民族主义的危害时，“大小民族主义”说的创立算是一种“折衷”的探讨。到了南京国民政府时期，这一挑战仍然存在，顾颉刚等知识精英、国民政府主张“中华民族只能是一个”的国族主义话语，反对在中华民族内部再析出民族，或直接称之为“宗族”，目的在于强调中华民族的整体性，强调国族的统一；费孝通等人类学家则反对“中华民族只有一个”，从文化的角度强调民族的多样性。而共产党在对日作战期间，秉持一种具有“双重属性”民族话语，既主张中华民族的自决，也不反对各民族的解放，同时，正是在各民族自决、自治意识形态话语中，为少数民族的自由解放找到了出路。

从中国现代民族话语传播和运用的长时段看，有关“民族”概念使用的争论长期存在。但仔细研究会发现，近代以来有关“民族”观念分歧、碰撞的另一面实为“民族”观念的进步。比如梁启超与革命派在民族主义上的论争带来的是双方对“民族”概念认识的加深；国共两党对“国内民族”认识的分歧碰撞带来的是“各民族”地位的提升。

二、主要社会政治力量的博弈与“少数民族意识”的强化

国共两党民族观念的分歧碰撞固然受到各自意识形态和政治立场的客观影响，但这种观念上的分歧碰撞更是国共两党斗争的一个重要侧面，国共两党在阐述各自民族观念的过程中具有明显的针对性。比如，国民党害怕各民族觉醒后会向当局提出更高的民族诉求，故不欲强化各民族意识。共产党向各民族宣扬平等自决思想，倾向于以民族自决为手段来反对国民党的统治，批驳国民党的“大汉族主义”观念；相反，国民党则抓住民族自决的危害有意针对和批驳共产党的民族政策主张，反对滥用“少数民族”等与民族自决联系在一起的名词或概念，使用“宗族”概念。而在少数民族认知普遍提升，在各社会政治力量博弈对立、相互影响的情况下，“支持推动”少数民族觉醒与“防患控制”少数民族意识的结果常常一样。从少数民族的角度看，共产党强调各民族平等，承认各民族自决，站在各民族的立场发声，进而从正面推动少数民族觉醒。也正是在共产党的推动下，汉族以外民族逐步学会在“少数民族”的框架下维护自身权益，并逐步认同“少数民族称谓”本身；与此同时，在共产党和国内其他社会政治力量以及少数民族自身的反对下，国民党有意维护国族统一、淡化各民族意识、推行国族同化的预想则显得被动，在特定的条件下，不仅刺激和强化了各民族意识，还使自己走到各民族的对立面。

（一）共产党推动少数民族意识的提升及其对“少数民族称谓”的认同

1.共产党推动少数民族觉醒

与国民党的民族观念相对立，共产党从正面推动少数民族觉醒。(1)共产党推动各民族以民族身份争取平等权利。即反对国民党以行政区域统驭民族的思想，要求重视国内民族问题的特殊性（核心是汉族对少数民族的压迫），承认民族因素的单独存在。后来加入中国共产党的《大公报》记者范长江在1936年考察西北特别是新疆民族关系后，切身感受到民族平等与国家统

合的紧密关系，认为要根本解决中国的民族问题，非用民族联邦不可，另以民族为单位，取消西北省界，重新以民族为单位划分“某族自治区”①。由范长江加入中共以及毛泽东曾嘱咐其利用《大公报》的舆论地位积极宣扬中共的民族政策可知，范长江的观点深受党影响，甚至代表中共发声。②同年，国民大会通过的“五五宪草”（1936年5月5日，国府颁布《中华民国宪法草案》）对国内民族关系的认识和规定并不充分，而少数民族自身则对宪法充满期待，中共进而抓住了契机。1938年，中共在《论新阶段》的政治报告中，明确指出少数民族必须团结起来争取实现自己的权益。1939年，中共又以救国会的名义阐明主张，认为宪法当中应该规定管理和保障少数民族及其权利的特殊制度。一方面，国大代表的选举应该在人口和地域之外，补充民族代表。这与少数民族的主张不谋而合，遥相呼应；另一方面，各民族不同于各地方，在地方制度当中，除了各地方的省、县之外，应该包括各民族区域，并根据各民族的个别要求，给予相应的自治权，设置专门代表他们的机关。③同时，少数民族自己多认为自身的弱小落后正是因为在政治上没有地位，因此，中共积极支持各民族以民族为单位参政。在《回回民族问题的提纲》，《关于抗战中蒙古民族问题提纲》中皆重申了少数民族与汉族在政治上的平等权利。

（2）共产党主张中华民族的“多个”的统一，以及各民族的自决（自治）与联合。后人对于共产党有关“中华民族是一个”“民族自决”等的认识存有误解。因共产党关注和承认少数民族而容易以为共产党肯定反对“中华民族是一个”的主张。事实上，共产党反对中华民族是单独的一个，但主张中华民族是“多个”的一个，可以理解为是“多个”的总称或多个的统一，特别是在抗战时期出现的“中华民族是一个”的论争中，共产党始终承认中华各族的地位，强调民族团结自治。

（3）抗战胜利后，相比国民党主张的地方自治，共产党坚持和主张民族自治，提出要承认和保障少数民族区域的各民族的自治权。

---

① 参见长江：《西北当前几种急务》，《大公报》1936年8月14日第3版。

② 参见方蒙：《范长江传》，中国新闻出版社1989年版，第175页。

③ 张友渔执笔：《关于国民大会（我们对于“五五宪草”的意见之一）》，载周天度、孙彩霞编：《救国会史料集》，中央编译出版社2006年版，第630—639页。

2.共产党推动少数民族认同“少数民族称谓”

正是源于共产党对少数民族的关注、承认和推动，“少数民族称谓”逐步被少数民族接受和认同。今人在讨论“少数民族称谓”由来的过程中很容易忽视这个问题，而这本应当是“少数民族自觉”的重要内容。事实上，少数民族并非一开始就认同“少数民族称谓”①。

（1）“少数民族称谓”曾是一个带有歧视意味或少数民族不情愿接受的他指名称。在国民党的“边疆民族”范式及相关制度架构中，很少使用“少数民族”概念，一方面是因为“少数民族”概念容易与民族自决联系起来；另一方面则是认为“少数民族称谓”有歧视意味。对于后一方面，国民党首先发难，教育部边疆教育司司长张廷休严厉批评滥用“民族”二字的现象，提到什么“云南民族”研究（直指吴文藻）是有意创造的名词，云南人不仅不知道这个名词，而且以为你是侮辱他，认为他不是中华民族的一分子②。少数民族自身也不情愿接受“少数民族称谓”，康巴精英、国民党员格桑泽仁明显不愿意成为地位低微的少数民族，而更愿意认同五大民族的称呼。他在1945年6月2日的教育部边疆教育座谈会上讲道：“我们蒙藏回族同仁曾讲过笑话，说我们的地位，有时抬到天上，那就是说五族共和，五族各保有五分之一的权利。有时候被拉到地下，那就是说国内不只你蒙藏回几族，还有苗瑶夷和你们一样，都是少数民族（1945年5月14日，国民党六大上有人指出蒙藏回等民族从数目上不及全国人口的十分之一，是无关宏旨的少数民族）。其实我们也不希望被抬举，也不愿意抑压。凭自己的身份，得到自己应得的合理待遇就好了。”③由此也可见，国民党对五大族及其之外的“民族”采取了区别对待的政策；不仅如此，五大族之外的苗夷等也不热衷“少数民族称谓”，以高玉柱、喻杰才为代表的“西南苗夷请愿团”是为追逐“苗夷民族”身份，石启贵是为湘西苗族谋求“土著民族”代表。

（2）“少数民族称谓”还曾是一个没有特殊政治内涵的数量关系词汇。

① 比如，由于受到《国民政府建国大纲》中有关“扶持弱小民族”的规定的影响，在国民革命时期，蒙、回、藏、夷苗等曾自认“弱小民族”。

② 张廷休：《边疆教育与民族问题》，载边疆论文集编纂委员会编纂：《边疆论文集》，台湾“国防研究院”1964年，第1065—1069页。

③《边人刍言》，第38—39页、第54页。

其一，在“边疆民族”“少数民族”“少数国民”等概念逐步运用和传播的背景下，“少数民族”概念出现了泛化的现象，国人曾认为“五族”之外的人口较少或极少的民族才是“少数民族”。署名“干因”的人说：“我国地大，民族亦因而复杂，普遍以为拥有五族，其实，这五族只能算作大族，而且已逐渐互相同化了。在五族之外的苗傜、黎人、夷人和蛮子等才是我们的‘少数民族’。”[①]署名“真”的人称：“四亿七千人组合成的中华民族，包括普遍熟知的五大族，在此之外，苗族、猺族、黎族等也差不多都知道。而知之甚少的还有客族、畲人、番族、夷族、布鲁特族、鄂伦春族等准少数民族。”[②]在《民国三十年实用国民年鉴》中也说，五族当中汉族占绝对多数，除此之外，西部边地尚有数十种少数民族，颇为复杂。[③]1942年12月，辞目学家杨家骆从中华民族的角度分析少数民族，认为汉族这个绝大多数早已失去其汉族的本质（应是中华民族的简称），国内虽有少数民族存在，但仅是中华民族融合的最后一个叙述而已，并指出“只有东北、蒙、藏、新四个地区以外的各省区汉人之外的民族才是少数民族”[④]。1945年10月17日，张治中在致信伊宁事变分子的信中说：“中华民国是汉满蒙回藏五大族和若干少数民族所构成的一个国家”，很明显地把五大族与少数民族区别开来。其二，“少数”与“多数”存在空间上的转换。比如，在新疆范围内，缠回（维吾尔族）在那里是大族，汉族反而是少数民族。1941年，拉铁摩尔对《大公报》记者陈记滢说道：“新疆民族问题的确复杂，维吾尔是大族，汉族、哈萨克、蒙古等是少数民族。”[⑤]战后，洪瑞元指出：“新疆的民族非常庞杂，维吾尔占大多数，汉族虽为中华民国最大多数的民族，但在新疆却是少数民族。”[⑥]而在全国范围内，新疆维吾尔族又是人口数量上的少数民族，而把包括维吾尔族在内的新疆各民族视为“少数民族”的人，自然就从少数民族问题的角度看待新疆

① 干因：《艺术到少数民族》，《文艺月刊》1940年第5卷第1期，第20页。
② 真：《少数民族在中国》，《自修周刊》1941年11月11日第192期，第19—20页。
③《民国三十年实用国民年鉴》，文物供应社编印1941年版，第22—23页。
④ 杨家骆：《以民族历史祝民族复兴》，《妇女新运》1942年12月，第4卷第10期。
⑤ 陈纪滢：《访问拉铁摩尔先生》，《大公报》1941年8月9日，第3版。
⑥ 洪瑞元：《新疆之民族问题》，《真理与自由》1946年第6期，第12页。

民族问题[①]，保障少数民族的自治权，以期解决新疆民族问题。但新疆问题远非这么简单，新疆民族问题并非少数民族问题，而是“多数民族问题”[②]，新疆的“多数民族”要反对“少数民族”（汉族）的统治，要求承认新疆民族（即突厥民族）的存在，谋求突厥民族的高度自治，实质是要分裂新疆[③]。其三，“少数”是一个相对的概念。1940年4月5日，张旭在给邹韬奋的信中指出，“西北的蒙、回、藏等族，虽比起汉族是‘少数’，但如若与西南苗、傜、僮、㑩㑩、番、黎等相比，除去苗之外，后者又是少数中的‘少数’了”[④]。

（3）少数民族对各种“少数民族统称”本身并无偏好。国民党偏向于使用“边疆民族”概念，共产党则使用“少数民族”“弱小民族”等概念，而学术界对上述概念的使用则没那么严格，有的学者使用“边疆民族”概念，有的学者则使用“少数民族”概念，同时还有混同使用的情况。除此之外，学者还使用了其他诸多“少数民族”指称概念。而少数民族自身对上述概念本没有刻意的倾向，“在少数民族看来，名称并非最重要的问题。无论哪一种指称，他们都不难接受。关键在于，何种情况下何种名称能为他们带来更多的实际利益”[⑤]。因此，当上述某一概念得到推动运用并附之以实际权利的时候，少数民族才会出现对某些“指称”或“称谓”的认同，只有实惠的平等才能调动他们的积极性，这是少数民族意识的重要体现。

（4）共产党推动少数民族地位和权利的实现才使得少数民族逐步认同

---

① 张治中称新疆的各民族（汉族除外）为“少数民族”，1947年5月22日，国府任命维吾尔族人麦斯武德出任新疆省主席，麦斯武德也称“这是史无前例的一次”。为此，张治中说：“此原为中央意旨，根据中央尊重少数民族政治权利之政策，余若长此兼理，颇有不宜。”（《大公报》1947年6月12日社评《保卫我们的边疆》）而以维吾尔族领袖主政新疆并没有根本解决新疆问题，他们的目的仍是谋求独立。

② Unii Sdchnikov：《新疆——多数民族的问题》，李学杲译，《胜流》1947年7月1日，6卷1期，第305页。

③ 以麦斯武德、艾沙、伊敏为首的团伙在新疆从事泛突厥主义活动，他们利用在国府中的代表身份，把以维吾尔族为主的突厥语族的各民族说成是同一个“突厥民族”，谋求所谓“突厥民族”的独立。

④ 当然张旭的信主要是为了强调西南少数民族的重要性。参见张旭：《西南各民族的团结问题》，《全民抗战周刊》1940年4月20日，第119期。

⑤ 参见杨思机：《指称与实体：中国“少数民族”的生成与演变（1905—1949）》，中山大学博士学位论文，2010年，第303—304页。

"少数民族称谓"。少数民族最开始认同"少数民族称谓"便与共产党的主张有关。"五五宪草"公布后，苗人也积极争取国大代表资格，他们认为本民族在政治上没有地位是造成本民族问题的最大症结。他们最不能容忍政治上的不平等，而共产党给予了他们希望。他们对中共的主张深表赞同，"我们苗族清楚晓得，共产党是忠实于中国人民，是中国各少数民族最好的朋友"①。

抗战胜利后，少数民族意识普遍高涨，且自治的呼声和参政的诉求很高，社会政治力量在民族观念方面的博弈也由民族概念的分歧逐步转向自治方式的选择。在这样的背景下，"少数民族"遂成为各方表达政见的重要热词或概念工具。1946年1月，旧政协会议召开，民主人士提出的和平建国纲领草案中明确提出应"承认国内各民族的平等地位"②；中共则在此基础上进一步提出"要承认各民族的自治权"③；国民党也并未公开否认"少数民族"概念④；1946年7月，四届国民参政会指出："此次国大制宪，且将边疆少数民族之地位，明定于宪法，予以保障，尤为边胞所感戴"⑤。同期，在政协会议关于宪草问题的协议中通过了"保障少数民族自治权"的原则⑥，对"少数民族"使用了"保障""尊重"等字样（当然中共一直坚持这样的原则），在未来的国家政治生活中，少数民族将是有地位且受到特别优待的群体。而这样的变化也使"少数民族"更加重视围绕自治与参政等现实问题展开抗争而不太重视民族指称，过去并不认同"少数民族"的蒙、藏、回也被冠以"少数民族"的称谓。至制宪国大期间，蒙、回等少数民族开始认同并自称"少数民族"⑦。

---

① 石国宝（署名）：《简谈中国苗族》，《解放日报》1941年9月26日，第3版。

②《陪都文化界拟和平建国纲领草案》，载《中华民国重要史料初编》，第七编战后中国（二），第178页。

③《党的民族政策文献资料选编（1922.7—1949.10）》，第98页。

④ 杨思机：《指称与实体：中国"少数民族"的生成与演变（1905—1949）》，中山大学博士学位论文，2010年，第238页。

⑤《中华民国史档案资料汇编》，第五辑第三编政治（五），第22—23页。

⑥ 中共中央统战部：《民族问题文献汇编》，中共中央党校出版社1991年版，第992页。

⑦ 制宪国大期间，青海国大代表李洽在"谈到青海的少数民族问题时，说'二百万青海人中，有汉、回、蒙、藏、土人、撒拉和年来移入的哈萨等七族，七族人的感情是很融洽的，从无纠纷发生，所以少数民族问题并不严重。我还敢保证以后没有事情发生'"（参见丁放怀：《青海代表话青海》，《中央日报》1946年12月4日，第2版）。

但由于《和平建国纲领》中表示要推行地方自治[①]（国民党始终坚持地方自治，部分国民党人反对民族自治），这为政协会议所通过的“保障少数民族自治权”原则的落实埋下了可能的障碍。而为了反对民族自治、高度自治，有人重新否认“少数民族”名词[②]，同时，据说蒋介石在制宪国大（“伪国大”）上删除了旧政协会议通过的宪法修改原则中“保障少数民族自治权”的规定[③]，进而引发了民族自治与地方自治的激辩。与此相对应，蒙古国大代表要求宪法承认各民族自治权，成立统一的内蒙古自治政权，并且实行高度自治[④]。热察绥省代表则对中共军队影响下的东蒙自治大家抨击，并在制宪国大上否认内蒙古民族问题的存在。热河代表“在谈到所谓东蒙‘少数民族’问题时，几位代表都一致认为这只是一个‘不是问题的问题’”[⑤]，而围绕民族自治、高度自治与地方自治的争论也使相关主客体对“少数民族”的认知出现反复，并未形成一致认同。

之后中共在夺取全国政权的过程中，不断地将民族自治变成现实，解放了少数民族，保障了少数民族的自治权利和集体权利。特别是以内蒙问题为突破口，建立了内蒙古自治区，创造性地提出和实践了“民族区域自治”，并为党的民族政策的最终确立奠定了重要的实践基础，同时，大大增强了少数民族对共产党相关主张及“少数民族称谓”的认同。随着全国的解放，“少数民族”成为参与新政权建设的重要民族单位而得以确立，“少数民族称谓”也成为少数民族自认的统称而稳定下来。[⑥]

---

① 中共中央统战部：《民族问题文献汇编》，中共中央党校出版社1991年版，第993页。

② 1946年3月24日，张其昀在《申报》发文指出中国本来没有“少数民族”一词，它是舶来品，根本是要不得的。但该文遭到左派人士的批驳。

③ 李维汉：《人民无权独夫卖国——蒋记伪宪的真面目》，《人民日报》1947年1月6日。

④《内蒙各地代表集京要求保障平等生存》，《大公报》1946年11月18日，1张2版。

⑤ 徐佳士：《热河代表雪夜话乡情》，《中央日报》1946年11月29日，第2版。

⑥ 1949年以后，作为汉族以外民族的统称的“少数民族称谓”在国内政府层面已经不再有不尊重或歧视之意，而是体现人口数量，平等、尊重、自治的“国内民族”概念。参见韩锦春：《“汉族”“少数民族”“中华民族”及其他》，《青海社会科学》1989年第5期，第104页。

(二)国民党对"各民族"的防患控制刺激"少数民族意识"

由于国民党致力于构建单一的中华民族，故有意防患各民族意识的觉醒。国民党较少使用与民族自决相关的"少数民族""弱小民族"等概念，并试图把民族问题纳入边疆问题中考量，重边政，强调区域属性，因而形成了以"行政区域统驭民族"的"边政""边疆民族"等制度设计和话语表述。比如，禁止滥用"少数民族"名词与改称"边疆民族"，比如，以行政区域为单位进行国民大会代表的选举，以边民作为边疆教育的对象，把民族自治纳入地方自治制度范畴内。共产党显然反对国民党的立场，认为这是"大汉族主义"的表现，无法保障"少数民族"或"弱小民族"的平等权益，故积极推动各民族以民族为单位参政；民族学、人类学等学者也不赞同国民党的主张，认为应该以边疆民族调查研究为基础实施相应的边疆政策，意即要通过研究了解中国真实的民族情况(他们认为国内各文化群体就是各民族)，而非仅从行政区域的角度强调蒙、藏、回等。事实上，"西南苗夷"的凸显与民族学、人类学等学者的推动不无关系。后来的事实证明，在共产党和其他社会政治力量的反对下，国民党淡化各民族意识的思维和策略非但没有实现预想的效果，反而刺激了"少数民族意识"。

正是在共产党和民族学、人类学等学者的推动下，少数民族的自我认知较前一时期有了明显提升，而真正给国民党的"防患"思维带来麻烦的是少数民族自身的实际行动。进一步讲，在各方面条件发生变化的情况下，在反对力量等诸多社会政治因素的促推下，国民党越防患各少数民族的民族意识，各民族越觉醒。比如，围绕平等参政的问题，回(内地回民)、"西南苗夷"、湘西苗族、满等纷纷表示反对《国民大会代表选举法》(1936年5月14日公布)仅按行政区域选举国民大会代表的规定，要求兼顾民族身份，专门规定本民族的代表名额。

1.回教回族(具有国际性，国内还有新疆回教徒与内地回回之分)主张者表示强烈不满。[①]俊荣强调回教民族众多，但选举意识淡薄，在一定地域内若以一般人进行选举，则无法保障回教回族利益。建议在区域选举的基础

① 参见《汉口快邮代电》,《月华》1936年第8卷第14期。

上，增列回族“特例”。[①]金吉堂分别上书当时的行政院长蒋介石和立法院长孙科，认为地方代表（区域代表）仅仅代表地方利益，只有民族代表才能代表民族利益，希望专门拟定回民国大代表名额。[②]

2.以“西南苗夷”为争取“夷苗民族”代表的三次政治请愿最具标志性。1936年6月、10月，1937年2月，以高玉柱和云南少数民族喻杰才为代表的“西南苗夷请愿团”向当局进行了三次政治请愿[③]，受到了政府要员和社会名流的接见，在南京期间，高玉柱在电台、大学、科研机构、学术研讨会等平台进行了多次公开宣讲。比如，1937年，高玉柱在上海中西电台公开演讲，指出“我们大中华民国是由汉、满、蒙、回、藏及西南夷族（统称）共同结合而成”[④]等。

3.在湘西苗疆，1936年，“五五宪法”在有关国民代表选举部分没有对“西南苗夷民族”作出规定，湘西苗族知识分子对此作出了反应。“1937年，石启贵受推举，写信给国民政府，要求指定‘土著代表’参加国民大会。”[⑤]后抗战爆发，国民大会延期，1939年9月，国民政府重新议召开国民大会，石启贵展开了要求在国民大会设置“土著民族”代表席位的新一轮请愿。[⑥]1940年到1946年11月制宪国民大会召开的6年间，石启贵多次以“湖南土著民族代表”的名义向国民政府首脑及要员进言，力陈国民代表大会设置“土著民族”代表的必要性和紧迫性。[⑦]但政府认为湘西苗族太汉化，故没有给予湘西苗族以湖南土民代表的名额。[⑧]之后，经过再次陈述（附上《湘西

① 参见俊荣：《国民会议与回教民族》，《突厥》1936年第3卷第4、5期合刊。

② 参见金吉堂：《关于国民代表大会》、《金吉堂呈国府文》，《月华》1936年第8卷第16期。

③ 关于高玉柱领导的西南苗夷政治请愿活动的细节和内容，参见伊利贵：《民国时期西南“夷苗”的政治承认诉求：以高玉柱的事迹为主线》，中央民族大学博士学位论文，2011年。

④《演讲西南夷族问题》，《申报》349—99（5）。

⑤ 石启贵：《民国二十九年六月二十二日给国民政府主席林森的信》，《湘西苗族实地调查报告》，湖南人民出版社2008年版，第691页。

⑥ 参见李月华：《湘西苗疆土著民族与国民政府对话渠道的建立》，《民族论坛》2013年第4期。

⑦ 石启贵：《民国三十四年三月给重庆国民政府主席蒋介石的“代电”》，《湘西苗族实地调查报告》，湖南人民出版社2008年版，第697页。

⑧ 石建中：《苗族学者石启贵》，《吉首大学学报》1991年第4期。

土著民族考察报告书》)，“终在1946年10月15日（国大代表资格审查提名委员会召开第七次联席会议）决定由石启贵担任湖南土著民族代表”[①]。

4.满人的政治诉求。1937年2月19日，前清皇室成员溥侗等人在国民党五届三中全会前夕提议，应该参照蒙、回（新疆等）、藏三族特例，专门设立满族管理机关，当列满族国大代表，添设满族中小学免费学员名额等。而这份提案的参加人还有国民党的许多重量级人物，包括陈立夫、陈果夫、于右任、张继、吴忠信等。[②]他们认为，“只有明确满族民族地位，承认满族为中华民族之一份子，才能应付日寇日伪对满人的收买蛊惑，才能号召满人倾向政府”。

而上述关于内地回民、“西南苗夷”、“湘西苗族”的政治请愿、满族的民族诉求等并非只是个案。事实上，在1946年“制宪国大”召开前后，“少数民族意识”普遍高涨。“国内各少数民族代表围绕着本族的权利与义务、平等地位，据理力争、绝不妥协的民族意识，得到毫不含糊的彰显。他们有的坚决要求民族自治，有的反复吁求本民族代表名额的增加，有的强调本民族的名称必须写进宪法，同时呼吁政府扶持弱小民族，尊重少数民族，等等，慷慨陈词，毫不退让。”[③]

并且，值得注意的是，少数民族在向国民党当局争取权益的过程中，

① 陈浩望、周世伟：《一个向蒋介石争来的苗族国大代表——记著名苗族民族学家石启贵》，《炎黄春秋》1998年第8期。

②《与溥侗等十五人提请设立管理满族机关增添国民大会满族代表名额并准成立满族团体优待满族学生案》，中国国民党中央委员会党史委员会编印：《张溥泉先生全集续编》，1982年版，第41—42页。

③ 比如，蒙古人强烈反对国民党不以民族为单位划分省级行政区域的做法。为此，1946年6月28日，内蒙古各团体到南京请愿，认为抛弃盟旗自治的做法无异于消灭内蒙古，对于消灭盟旗的大汉族主义，誓死反对，等等。参见杨思机：《指称与实体：中国“少数民族”的生成与演变（1905—1949）》，中山大学博士学位论文，2010年，第233—284页。

还采取了联合抗争[①]的形式。当抗战期间通过的“期成宪草”[②]忽视对少数民族地位的明确规定时，格桑泽仁（康巴精英）则代表蒙、回、藏等整个“边疆民族”（少数民族）发声。他说：“我们认为今天中国好比一个大家庭，大家同舟共济，祸福相共。委员长是我们的家长，我们蒙藏回等虽不是这家里的长兄，但也是几个小弟弟。因为我们也有我们小小的一段历史，也有小小的一点文化。我们要要求我们的家长，要教导我们每一个儿子能知自爱，然后始能爱家。使我们每一个儿子能知自强，然后整个家庭才能强起来。……抗战结束后，委员长应该对我们蒙回藏人民在政治上予以一种确实比例的平等。这就是说，政治除依照区域为标准，及人口数目为标准之外，同时请注意我们民族的地位。”[③]不难看出，格桑泽仁的重点是强调以民族为单位参政，这与中共的主张十分相似。同时，格桑泽仁这种“调和式”的民族观念显然受到当时主要社会政治力量博弈对立的影响。

抗战胜利后，少数民族围绕自治与参政问题形成了更强烈的政治诉求，并出现了更密切和广泛的联合。首先，在“制宪国大”（“伪国民大会”）召开前夕，蒙、回、藏各民族团体联合上书政府，试图向政府施压，从而在宪法中满足三族的主张。格桑泽仁则在上书中强调蒙、回、藏等同属边疆少数民族，同属弱小落后。[④]其次，不仅是蒙、回、藏三族，回教徒（中国旧称，实为伊斯兰教徒）、土著民族等也意识到必须联合起来共同向政府施压才能产生预期的效果。比如，超克巴图尔联合（蒙民）43人向政府提出应成立联系国内各民族的特殊机构，实为超越地域和行政范围的民族机构，名称可定为“国内民族委员会”；凡国内各民族，以民族单位推选委员组

① 参见杨思机：《指称与实体：中国“少数民族”的生成与演变（1905—1949）》，中山大学博士学位论文，2010年，第279页。

② 抗战爆发后，国民政府在武汉成立了政治协商机关国民参政会，并组织了包括国民党、共产党、民盟人士在内的宪政期成会，其目的是对1936年通过的“五五宪草”进行修改。1940年3月30日，国民参政会通过了《中华民国宪法草案（五五宪草）修正草案》，是为“期成宪草”。该草案仍把涉及少数民族权利的部分以区域为衡量标准，换言之，仍不承认少数民族的政治地位。

③ 格桑泽仁：《边人刍言》，南京新大陆印刷厂1946年，第18—22页。

④ 同上书，第11—12页。

成；等等。[①]溥儒（满族）等联合31人提出应该设立由各民族人员参加的边疆各民族委员会，以期共同主持有关边疆民族之问题。[②]石启贵（土著民族）等联合22人为蒙藏之外的边疆各民族发声，试图要求政府在蒙藏会之外，另设边疆委员会，而关注的主要对象则是苗夷同胞。[③]再次，在行宪国大期间，少数民族的联合倾向更为强烈。1948年4月，国大代表超克巴图尔、札奇斯钦、吴铁库尔、溥儒等30多人再次向国大提出设立“国内民族委员会”的主张。[④]此外，西南边疆国大代表禄国藩等联合26人组织成立西南民族文化协进会，意图在蒙古、新疆、满族之外成立针对西南诸族的联合组织。[⑤]最后，在正式的利益表达之外，各民族还在联谊宴会的非正式场合进行交流互动，以谋合作。[⑥]

而除了联合施压而获得优遇以外，少数民族内部也出现新的矛盾。一方面，权威当局对“少数民族”的优待令“几家欢喜几家愁”。比如，满族、“土著民族”（石启贵）等获得了民族（代表）地位并实现了自己的政治诉求，而内地回民，“夷苗民族”则未获承认。另一方面，在获得相关优待后，各个少数民族内部围绕代表的分配以及代表的身份问题也出现了矛盾。[⑦]而少数民族的联合与矛盾进一步说明了少数民族的觉醒。

总的来看，整个民国时期，国内意识形态对立，社会政治力量活跃，并相互交织纠葛，就是国民党内也未形成统一的共识。从这一时期少数民族建设的主要主体来看，国民党在“国族主义”立场和“边政”思维下所进行的“边疆民族”治理并没有达到预期的效果，国民政府政治一体化的努力未获成功，边疆民族地区异质化的问题仍然存在，“国族”建设也未实现巩固国基的目的。可以说，国民党在国族同化的道路上终究是与“各民族”渐

---

① 国民大会秘书处编：《第一届国民大会第一次会议提案原文》，第12册，1946年。

② 同上。

③ 参见国民大会秘书处编：《第一届国民大会第一次会议提案原文》，第7册，1946年。

④ 参见《联系国内各民族》，《大公报》，1948年4月18日1张2版。

⑤ 参见《边疆文协昨日成立》，《中央日报》，1948年5月1日第4版。

⑥ 参见《蒙、新、藏边疆民族国大代表出席国民大会》，《蒙藏月报》1948年20卷第5期，第15—16页。

⑦ 参见《访问满藏两位代表》，《新风周刊》1卷10期（1947年1月21日），第8页；以斯马·野牧：《论回胞在宪法中的地位》，《回民青年》1947年第3期，第3—4页；等等。

行渐远，最终失去了包括少数民族在内的广大人民的信任，也丧失了政权。但应该明确，近代以来，自清末新政、南京临时政府、北洋政府都为“现代国家”的建构做了尝试和努力，他们的失败是政治道路的失败，是阶级立场的失败，更是国家权力的失败。换句话说，“各民族”未必就反对“五族共和”“五族统一”“国族凝聚”，“各民族”反对的是“民族压迫和剥削”，反对的是“民族不平等”和“政府的腐朽”。而国民党在处理少数民族问题上的失败受到多种因素影响，单从这个问题本身来看，国民政府在与少数民族接触互动的过程中，没有形成统一的强大的舆论宣传体系，没有进一步对“各民族”进行有效的针对性的政治动员或意识形态动员，或者说，国民政府在政治统治方面，片面地追求国家至上或精英至上，不懂得发动民众（包括少数民族），又或者是因为其阶级属性而不敢发动少数民族。而共产党人用全人类最伟大的马克思主义思想武装头脑，在历史的紧要关头站了出来，为无产阶级劳苦大众服务，为被压迫民族及弱小民族服务，为全人类的解放而奋斗。在共产党的阶级目标及民族话语中，“各民族”找到了自由解放的出路，“各民族”的利益诉求得到共产党的关注和回应，少数民族也积极响应共产党的政治动员，二者在中国革命的共同道路中，同呼吸、共命运，相互选择，相互支持，共产党得到了少数民族的认同，少数民族也得到了共产党的推动。

从少数民族整体凸显的角度看，在南京国民政府时期，除了共产党的积极推动之外，其他因素或社会政治力量在客观上也发挥了作用。如果说共产党自始至终对各民族的关注和推动是源于政党属性、阶级立场和意识形态，那么，国民政府及其他社会力量对“少数民族”的关注和调查则更多是源于抗战建国的背景（当然，也有学者自身的调查研究）。抗战爆发后，边疆民族地区的稳定事关抗战大局，国共两党都给予了极大的重视，高举中华民族抗战的旗帜，并建立抗日民族统一战线。在团结全民族抗战的旗帜下，“各民族”的中华民族意识明显提升，“各民族”客观存在毋庸置疑。而在帝国主义不断侵扰，特别是日本侵略者利用民族主义煽动民族主义情绪的背景下，如何维护中国抗战的统一成为抗战能够取得胜利的关键。为此，国共两党积极动员少数民族抗战。而国民政府在抗战的条件下也对“边疆民族”做了大量的调查工作，要求政府各部及边省充分了解边区“少数民族”的基本情况，积极引导，组织训练。外加政府边移，政治、经济、文教等重心向西南、西北转移，这为政府、学术界和一般民众了解“少数民族”提供了更为便利的区位条件。同时，不同层面的“少数民族”调查、研究、考察等如火如荼，“少数民族”走进了学者和一般大众的视野。而统计调查所获资料为政府制定相应的边政方案提供了帮助。此外，在中华民族的抗战伟业中，少数民族自身也做出了自己应有的贡献。

应该强调的是，自“民族”概念引入以及中国近代民族主义形成以来，民族的存在与凸显已经不完全由政治力量（特别是在政治力量难以有效集中的情况下）所决定，这也是在意识形态对立的民国时期特别是南京国民政府时期，国民党防患民族意识而未获成功的重要原因。事实上，民族的凸显更多来源于民族意识的高涨，以及民族自身在各个时期所发挥的作用和做出的贡献。但需要明确的是，社会政治力量的推动加速了民族的觉醒，而共产党及马列主义民族理论在其中发挥了关键性作用。

第三章

中国共产党民族话语的确立与民族识别的展开

中华人民共和国成立，中国共产党执掌国家政权，党的民族观念话语在国家范围内确立和实践，通过民族识别确认了56个民族[①]，实现了对中国各民族核心是少数民族的定位。比如，构建了56种得到各民族认同的民族称谓；以官方的形式划分了56个民族，固定了中国的民族认同等。但各民族并非是由民族识别“创造”或“杜撰”，事实上，中国的民族并不需要杜撰，对各民族的建设是在中国历史发展中形成的众多“族类群体”基础上的“加工形塑”。这样的建设过程自近代“民族”概念和民族主义引入以来就已经慢慢发生，民族识别是这一过程中的关键节点，标志着各民族建设的基本完成。

第一节　中国共产党民族观念话语的国家实践及要求

中华人民共和国成立后，中国共产党在新民主主义革命时期构建和形成的一整套民族观念话语即将在国家层面实践，并在即将进行的民族过程中提出了识别及划分少数民族的现实要求。民族区域自治的确立，民族代表制的

---

① 具体是哪56种称谓或者说56个民族是如何划分的可参见黄光学、施联朱主编的《中国的民族识别——56个民族的来历》(2005)一书。这是出版的首部也是至今唯一一部有关民族识别的专著，该书由官员与学者(当年民族识别小组的成员)联名出版。书中呈现了当年民族识别的几个阶段，梳理了56个民族的认定过程。

落实，各省民族调查工作的结果皆指向中国到底有多少个民族的基本问题。

一、民族区域自治的确立和以民族为单位的治理的确定

“民族区域自治”是中国共产党以民族为单位所构建和形成的民族观念话语的最集中展示和最核心表达，是共产党坚持民族平等自治的最终回应，共产党民族观念话语和其他民族政策主要围绕“民族区域自治”展开。在民族区域自治政策确立的过程中，熟知的说法是在1949年新政协筹备期间，毛泽东根据李维汉的建议最终没有采取联邦制而选择了民族区域自治制度[①]。其实，这样的抉择并不容易，虽然在抗战时期和解放战争时期已经有和民族区域自治相关的政治实践，但事实上，民族区域自治政策在全国范围内的确立是在中华人民共和国成立前夕才做出的重大政治决断。并且，这样的决断是与单一制国家结构形式联系在一起的。

在党的民族纲领政策历程中，“联邦制”和“民族区域自治”都是保障少数民族集体权利的重要形式。并且，“联邦制”长期被作为民族自决自治的最好形式加以表述。而“民族区域自治”的提出和确立并非一蹴而就，它是“民族自治”与“区域自治”的结合。“民族自治”是党根据中国革命的具体实践对“民族自决”原则的调整和发展，但现实中各民族对自治的程度或性质存在不同层面的理解，即是实行“高度自治”“独立自治”，还是地方自治；是成立自治共和国还是普通的自治政府？为此，共产党在解决中国民族问题特别是内蒙古民族问题[②]的具体实践中给予了回应，主张实行地方自治，并正式提出了“区域自治”的主张。

而当“民族自决”向“民族（区域）自治”转变后，与“民族自决”紧密

---

① 参见中共中央统战部：《民族问题文献汇编》，中共中央党校出版社1991年版，“前言”第10页。

② “根据党中央的指示，以乌兰夫同志为首的内蒙古各同志，与过左的或民族分裂主义进行了艰苦卓绝的博弈和斗争。说服一些人放弃了以内蒙古人民革命党代替中国共产党领导的企图和要求所谓‘独立自治’‘高度自治’的错误主张，终于在1947年胜利召开了‘五一’大会，成立了我国第一个省级少数民族自治区——内蒙古自治区”，为民族自治和区域自治积累了宝贵的实践经验。见中共中央统战部：《民族问题文献汇编》，中共中央党校出版社1991年版，“前言”第9页。

关联的联邦制是否还与“民族自治”相匹配则成为一个新的问题凸显出来，即到底是实行单一制国家内的民族自治、区域自治，还是建立联邦制下的自治地方（民族共和国）？准确地说，“联邦制”与“民族区域自治”并不是同一范畴内的概念，更不是相对应的概念。[①]前者在本质上表述的是国家结构形式，换言之，联邦制在内涵上是超出民族范畴的，它是被苏联用来解决国内民族问题并把它与“民族自决”联系在一起后才进入民族纲领政策领域的；后者则是中国共产党的伟大抉择。而从理论上看，“民族区域自治”既可以在单一制下运行（单一制国家内的复合制色彩，自治的权利可能会受限），也可以在“联邦制”下运行（在联邦制下，将会获得更大的权力，甚至超出自治的范围，变为民族共和国）。

问题的关键其实不在于自治，而在于在何种结构形式下自治。全国解放后，联邦制不仅牵涉民族问题，更关系国家结构形式。是否采取联邦制的问题直接关系到国家统合而再次凸显出来。为此，党中央毛主席十分慎重。其实，“列宁一开始也不主张实行联邦制，但在特定的政治形势下，列宁又把联邦制作为实现国家完全统一的过渡形式，同时指出‘民主集中制’不排斥地方自治或区域自治，进一步说，列宁认为在单一制国家范围内也可以在特定区域内实行自治”[②]。而中国共产党已经在解决民族问题的具体实践中积累了民族自治、区域自治的经验，并且中国的民族结构与苏联有显著差异且各民族没有经历过民族分离。同时，中华人民共和国成立时，祖国的西南还没有获得完全解放。不仅如此，西藏地方还出现了以分裂为图谋的“驱汉事件”[③]，美、

① “民族区域自治”是中国共产党解决民族问题的实践创新。而已有的研究多把“民族区域自治”与“联邦制”相对应起来，即认为党放弃了“联邦制”转而采用“民族区域自治”，从结果上看这种认识是对的，但从过程及内涵来看，还可继续深入探讨。事实上，“民族区域自治”并非是一种与“联邦制”相对应的国家结构形式。而新中国成立前夕对“联邦制”与“民族区域自治”的讨论在本质上并非是要不要实行“民族区域自治”的问题，而是要不要实行“单一制”的问题。

② 齐鹏飞：《中共在新中国成立前夕对于“国家统一”目标和模式的理论探索及历史选择》，《学海》2017年第1期。

③ 参见周爱民、袁莎：《金钥匙·十七条协议》，鹭江出版社2004年版，第198—199页。

英等西方势力也预加干涉，散播所谓的“西藏独立”论[①]。在这样的背景下，“民族自决”及联邦制下的民族共和国很容易给帝国主义及其所怂恿的民族分裂分子以借口。除此之外，中国大一统和中央集权的历史传统也会成为党中央抉择的考虑因素。正是在上述因素的共同作用下，党中央毛主席采纳了李维汉同志的建议，决定在单一制国家结构形式下实行民族区域自治。

但这样合乎中国国情的政治抉择，在当时也是存在一定讨论的。李维汉提到“有人提出过中国共产党的民族政策不符合马克思列宁主义，理由是我们没有强调民族自决权，不主张实行联邦制”[②]。并且，在特定的国际形势下，新中国采取了一边倒的外交方针，进而在很多领域都模仿苏联。而当时苏联“老大哥”对联邦制的推崇自然会对中国共产党产生影响。为此，有学者指出“不实行联邦制而采用民族区域自治，客观上会产生与第一个社会主义国家苏联在民族政策上的不一致，这也是中国共产党不能不慎重考虑的问题。在这样的环境中要完成由联邦制到民族区域自治的突破和创新，就显得殊为不易，也更难能可贵”[③]。

正因为如此，1949年9月7日，周恩来同志《关于人民政协的几个问题》的报告中，对即将成立的新中国为何没有采取联邦制做出了专门解释：“……任何民族都是有自决权的，这是毫无疑问的事。但是今天帝国主义者又想分裂我们的西藏、台湾甚至新疆，在这种情况下，我们希望各民族不要听帝国主义者的挑拨。为了这一点，我们国家的名称，叫中华人民共和国，而不叫联邦。今天到会的许多人是民族代表，我们特地向大家解释，同时也希望大家能同意这个意见。我们虽然不是联邦，但却主张民族区域自治，行使民族自治的权力。”[④]

1949年9月29日，《中国人民政治协商会议共同纲领》明确规定：“各

---

① [加]谭·戈伦夫：《现代西藏的诞生》，伍昆明、王宝玉译，中国藏学出版社1990年版，第143—144页；王贵、喜饶尼玛、唐家卫：《西藏历史地位辩》，民族出版社2009年版，第381—382页。

② 李维汉：《关于民族工作中的几个问题》，《民族研究》1980年第1期。

③ 陈扬勇：《〈共同纲领〉与民族区域自治制度的确立：兼谈新中国民族区域自治政策的形成》，《中共党史研究》2009年第8期。

④ 中共中央统战部：《民族问题文献汇编》，中共中央党校出版社1991年版，第1266—1267页。

少数民族聚居的地区，应实行民族的区域自治，按照民族聚居的人口多少和区域大小，分别建立各种民族自治机关。”①至此，民族区域自治作为解决中国民族问题的基本政策被中国共产党最终确立下来，即确立了一套以民族为单位的区域治理模式，进而在“民族区域自治”的框架内开展民族事务治理。

二、民族代表制与民族成分的划分

中华人民共和国成立后，党要将抽象的民族理论转换为具体的政策制度实践，民族区域自治、民族平等、民族代表制是重要依托。②而民族代表制实践的关键是人民代表大会制度的建立。为尽快召开全国人民代表大会及其地方各级人民代表大会，新中国成立初期的第一件头等大事便是尽快搞清楚中国到底有多少个民族，进而在全国人民代表大会中确定少数民族代表名额。1953年颁布的《中华人民共和国人民代表大会及地方各级人民代表大会选举法》规定“任何一个少数民族不论人口多寡，至少享有一个代表席位”③。1953年2月11日。邓小平在中央人民政府委员会上做了《关于“中华人民共和国全国人民代表大会选举法”草案的说明》，选举法草案对于国内各少数民族的选举，作了专章的规定。“据说第一届全国人大代表的总数是1200个席位，而全国人民代表大会的少数民族代表人数预计实际上会接近代表总数的七分之一。这就使当时预期的少数民族代表人数已经远远超出少数民族人口在全国人口中的比例。邓小平接着说，我们认为这个名额的规定是合理的，因为全国民族单位众多，分布地区很广，需要作这样必需的照顾，才能使国内少数民族有相当数量的代表得以出席全国人民代表大会。”④

另外，依据《共同纲领》中有关“民族政策”的原则精神，即民族平等、

① 中共中央统战部：《民族问题文献汇编》，中共中央党校出版社1991年版，第1290页。

② Dru Gladney. *Muslim Chinese: Ethnic Nationalism in the People's Republic*. Cambridge: Harvard University Press, 1991.

③ 参见人民出版社编：《民族政策文件汇编》(第二编)，人民出版社1958年版，第8—10页。

④ 同上书，第11页。

民族团结、反对民族歧视等。新中国成立初期，对民族名称采取了“名从主人”的不干涉原则，认为确定民族名称是各民族自己的事，不能由别人包办代替，更不能用行政命令方式强加于人。[①]而按照“名从主人”的原则，在1953年7月至1954年5月，全国第一次人口普查时，各地自报登记下来的族体名称有400多种。[②]这么多的族体名称及其族体给民族政策的实践带来了现实的困难（比如如何确立民族自治单位），特别是给即将召开的全国人民代表大会有关人大代表的选举和分配带来了困难。在这样的背景下，民族识别作为重要的民族工作被正式提上了党和国家的议事日程。

三、各省的民族调查工作实践与民族识别问题的凸显

在民族识别正式开始之前，云南、贵州、广西、广东、湖南、甘肃、青海和福建等省已经广泛地开展了对各省自报的民族集团的调查研究工作。[③]以云南省为例，1951年，在一幅内部刊印的民族分布图中，云南省民委列出了132个民族[④]；1953年，云南省民族事务委员会出版的另一幅民族分布图中列有125个民族，之后再版时，也列有124个民族[⑤]。而1953年7月开始的人口普查则进一步扩大了民族名称登记的范围和自由度。云南省首先登记了白族、本人族、傣族、哈尼族、回族、景颇族、佧佤族、拉祜族、傈僳族、苗族、纳西族、普拉族、夷族、僮族等14个人口超过10万的民族群体。政府在此前已经对这些群体有了一定的认识，并做好了认定它们为民族的准备。[⑥]其次，“登记了阿昌族、阿扎族、布朗族、花腰族、苦聪族、母机族、怒族、土族、香堂族、些族、西番族、瑶族和藏族共13个人口在1万到10万之间的中等规模群体。这27个自报登记的民族群体与共产党对云南少数

① 黄光学、施联朱主编：《中国的民族识别——56个民族的来历》，民族出版社2005年版，第104页。

② 同上书，第104页。

③ 同上书，第105页。

④ 参见云南省民族事务委员会：《云南省兄弟民族主要分布地区简图》1951年版，第5页。

⑤ 参见云南省民族事务委员会：《云南省兄弟民族分布略图》1953年版。

⑥ 参见云南省民族事务委员会：《云南兄弟民族主要分布地区简图》1951年版；云南省民族事务委员会：《云南省兄弟民族分布略图》1953年版。

民族情况的预期基本相符。但在这27个群体之外，人口在100到1000之间的群体有38个，而人口少于100的群体竟有92个。更加超出预预期的是，有20种民族名称竟然只有1人”[①]。这次普查过后，全国共统计有400多个民族名称，仅云南省就有200多个[②]，贵州省其次，也有80多种。如果按照自报的民族名称进行统计及确认少数民族代表的话，全国人民代表大会将会被一大群代表少数群体的少数民族代表充任。如果先前预期的少数民族代表占代表总数的七分之一，那么，按自由申报的民族名称及其可能确定的少数民族代表将达到代表总数的四分之一。这远远超出了党对中国少数民族情况的预期，这次普查结果使党和政府大为震惊，如果国家接受400多个民族名称的普查结果，全国人民代表大会制度将难以建立。甚至将出现有一些少数民族代表仅代表他（她）自己的荒唐情况[③]。

于是，“党迅速意识到自我申报、自由分类的民族划分是无法运作的。政府决定，如果真的要将民族作为中国公民身份的轴心，政府就不能允许人民按自我意愿来决定其民族身份，必须实现制定一套官方认定的民族类别，供每个人从中选择。这些类别必须是互斥的、数量有限的、达到相当规模的，但也必须在当地具有充分的现实基础，能够得到较为普遍的支持，这就涉及对自报的400多个民族名称的识别、辨认以及归并等”[④]。但距离第一届全国人民代表大会召开的时间已经很近，党只有借助民族学家和语言学家等力量来完成这一项具有明显构建性的民族分类、归并、识别、划分的国家政治工程。而这项由中国共产党领导的多方力量参与的国家工程还被冠以科学

① 参见［美］托马斯·S.墨磊宁著，曹何稚译：《国家的眼睛：社会科学家在中国民族识别工作中的角色》，载林超民主编：《民族学评论》第4辑，云南人民出版社2015年版。

② 通常认为云南有260个（或262个，有关262个族称单位的论点主要从著名民族史学家的讲座上获悉。）申报群体，但墨磊宁认为这是个错误。根据他对该时期普查登记的分析，普查人员记录了212个族称单位而不是通常认为的260个或更多。同时他认为，如果剩下的50多个申报群体真的被记录下来，那么，应该是被不严谨地归在了“其他民族”“不明民族”或其他具有类似“混杂”标题的栏目里。因为这些族称单位没有被记录在案，这50个申报群体不可能申请识别小组的审核，也就不可能有得到官方认定的机会。他的分析主要参考了云南省民族事务委员会：《云南省少数民族人口统计表》，1954年。

③ 云南省人民政府民族事务委员会研究室：《云南少数民族人口统计表》，1954年。

④［美］托马斯·S.墨磊宁著，曹何稚译：《国家的眼睛：社会科学家在中国民族识别工作中的角色》，载林超民主编：《民族学评论》第4辑，云南人民出版社2015年版。

性的分类名称，即民族识别。正是在上述一系列背景条件的共同作用下，民族识别应运而生。

第二节　新中国的民族识别与各民族的自觉认同

民族识别并非像西方解构主义学派的一些学者所认为的那样——完全是主位作用的结果，即民族识别创造民族、民族识别强加民族身份。实际上，民族识别的发起、过程、结果都得到了少数民族的广泛认同，体现了党和国家与少数民族的良好互动。

一、各民族的自觉要求是民族识别诸多现实性因素当中的重要因素

民族识别正是党和国家基于各民族的自觉要求而做出的政治回应。事实上，各民族的自觉自近代西方“民族”概念及民族主义引入以来就逐步发生，从最早的“五大民族”到“苗、瑶、夷、番”等“民族”的凸显就是例证。“中华人民共和国建立后，少数民族的历史命运发生了根本性的变化。在中国共产党的领导下，实行了民族平等政策，实行民族区域自治，进行社会改革，帮助少数民族发展政治、经济和文化事业，党的民族平等、民族团结政策在各民族中深深扎根，各族人民共同生活在平等、团结的民族大家庭中。”①

而获得上述权利的前提是要被承认为民族或认定为民族。于是，“除了那些历来被公认的少数民族外，许多长期受压迫、受歧视的少数民族纷纷提出确认自己的族称和公开自己的民族成分，迫切要求成为新中国统一多民族大家庭里的光荣一员”②。费孝通先生对新中国的新气象与少数民族的自觉反应做出了精辟的总结：认为“解放后，在中国共产党的领导下，中华人民共和国国内实现了民族平等。长期被压迫的许多少数民族纷纷要求承认他们的

① 黄光学、施联朱主编:《中国的民族识别——56个民族的来历》，民族出版社2005年版，第62页。

② 同上书，第63页。

民族成分，提出自己的族名。这是党的民族政策的胜利，是少数民族自觉的表现”①。而1953年经自愿申报并汇总登记的400多个民族名称正是各民族自觉的最生动体现。当然，只有在实行民族平等政策的国家里，少数民族这种自觉的返本归原，以及恢复本来面貌的要求才能得到实现。这个过程生动地展现了共产党新中国与少数民族的互动，而并非像西方学者所片面强调的那样，认为民族识别完全是由党和政府主导。

二、民族识别过程中以民族意愿为重要依据和原则

中国少数民族身份的构建和确认建立在充分尊重本民族人民意愿的基础上，而识别民族成分的一个重要依据和原则就是民族意愿。“民族意愿可以包含民族意识和民族愿望两个部分。民族意识指一个族体的广大人民群众，包括其领袖人物和上层人士的族属意识，他们对自己族体的认同感，即一个人们共同体的成员对本族体的历史、特征的认识和感觉，并相互认同属于这个人们共同体的自觉意识……；民族愿望指人们对于自己族体究竟是汉族还是少数民族，究竟是单一少数民族还是某个少数民族的支系的主观愿望的表现。”②中国共产党和人民政府在民族识别的过程中强调“不能用行政命令根据任何客观标准来合并若干民族，或是拆散一个民族为若干民族。民族是历史形成的，也是在历史发展过程中变动的。离开了人民的意愿，强制加以改变是反人民的。我们进行民族识别并不是代替各民族来决定应不应当成为少数民族，或是应不应当承认为单独民族。我们的工作是在于从民族特征的各个方面加以调查研究，提供材料和分析，帮助已经提出民族名称的族体自己来考虑，是否应认定为少数民族或是否应单独成为一个民族。这些问题的答案是要各族人民自己来做的，这是他们的权利”③。在这个过程中少数民族自身发挥了重要作用，特别是民族精英在要求对本民族进行识别及确定本民族名称的过程中发挥了关键作用。

---

① 费孝通：《关于我国民族的识别问题》，《中国社会科学》1980年第1期。

② 黄光学、施联朱主编：《中国的民族识别——56个民族的来历》，民族出版社2005年版，第102页。

③ 同上。

而民族名称的最终确定同样尊重了本民族人民的意愿，党和政府遵循“名从主人”的原则，认为“确定一个民族的成分和族称是本民族自己的事，不能强加于人，不能由别人包办代替，不能有任何强迫或勉强”[①]。在民族名称确定的过程中，党和政府要么是与民族精英协商，要么是尊重少数民族人民自己协商的结果，要么是尊重本民族大多数人的意见。

三、民族识别结果得到各民族的认同

民族识别是一项解决实际问题的工作，是一项落实事实上的民族平等的工作。在民族识别工作的过程中，“民族工作者贯彻执行了党的民族政策，付出了辛勤的劳动，取得了辉煌的成就，使少数民族人民实现了当家作主，从而激发了各族人民以满腔革命的热情积极投身于祖国社会主义现代化建设的事业当中，充分发挥他们在建设中的主人翁作用。各少数民族人民对此是十分满意的”[②]。

但客观地讲，由于民族识别过程中存在一些科学性问题和遗留问题。所以，我们不应回避少数民族对民族识别结果的认同是相对的。一是认同的程度，这是一个涉及心理学层面的问题，它是相对的；二是范围，绝大部分少数民族对民族识别结果是认同的，但也不排除极少数涉及民族识别遗留问题的群体以及一些已经进行了识别的群体对民族归属及单一民族身份的热望，这是民族识别后少数民族自我建设的表现。而这恰恰说明，我们充分尊重和承认客体意识，并在后续的民族工作中关注和逐步解决这些问题，而并非所谓的全面压制。而整体来看，以民族识别为前提的一系列民族政策的实践是成功的，是得到少数民族认同的，这是对民族识别工作的重要肯定。

综上所述，民族识别并非是共产党的一厢情愿，从落实党的民族政策的角度来看，搞清楚中国有哪些民族，对民族成分进行识别和辨认有一定的必然性。但民族识别还是基于各民族的普遍自觉而做出的政治回应。王希恩在他的研究中指出：“先有少数民族的普遍自觉，后有民族识别；民族识别

① 黄光学、施联朱主编：《中国的民族识别——56个民族的来历》，民族出版社2005年版，第102页。

② 同上书，第119页。

是对民族自觉的政策回应，而不是在族体确认上强加于人。不论民族识别是否进行，民族自觉或民族认同实际上都在发生。它们的区别仅在于，识别会使认同沿着识别的结果而发生；不识别则会朝着多种可能的结果而发生，因为它的对象是不明确的。从这一点来说，由于识别结果的权威性和可信性，识别引导的认同对民族团结和社会稳定起的作用是正面的、积极的。”① 这应该是对民族识别比较全面的认识。

第三节　56个民族的官方划分与民族认同的构建

56个民族的官方划分和确认不仅标志着中国少数民族格局的确立，更意味着中国各民族建设在官方层面的基本完成。如果说民族认同是民族建设的核心要素，那么56个民族的划分和确认则“固定”② 了中国各民族的民族认同。在少数民族层面，首先，民族识别将中国少数民族的认同符号（即称谓）固定为55种；其次，明确了中国少数民族的55种民族归属；再次，固化少数民族的认同边界；最后，55个少数民族的政治地位和法律地位强化着少数民族身份。

一、民族称谓

民族称谓是民族的族称。事实上，近代民族概念引入以来，对民族称谓的形塑过程就已经开始。民族识别之前已经公认的民族单位就是近代社会政治力量不断牵引构建的结果，其中，共产党发挥了关键性作用。但在革命党时期，共产党对民族称谓的形塑和使用并不具备国家政治地位或法律地位。长期以来，只能是作为革命党的民族意识形态而存在。同时，已经获得“某

① 王希恩：《中国民族识别的依据》,《民族研究》2010年第5期。

② 根据郝瑞的观点，即通过民族识别，用被人们认为是科学的、由国家确定的、相对稳定的民族划分，代替了混乱的、流动的地方族群认同。参见Stevan Harrell. “The National Question and Prmi Problem,” *Negotiating Ethnicity in China and Taiwan*, edited by Melissa J.Brown, pp.274—296, The Regents of the California, 1996.

某民族”称谓的族体的指称并不固定，常常与历史上存在的其他众多族类称呼并存使用，甚至仍然把叫作“某某民族”的族体当作“种族”来看待。因此，民族识别之前，对民族称谓的形塑仍停留在一般嫁接阶段。即对“民族”的认识并不准确、用法并不固定，“民族”称谓的演变仍具有自身的逻辑。

但新中国开展的民族识别则从国家层面为众多族类群体或“民族”建构起了新的统一的民族称谓，一个民族称谓对应一个民族群体，民族群体除此民族称谓再无其他官方称呼。同时，未经国家允许，不得随意更改或乱用族称。并且，“族体名称”与民族称谓是不同性质的两类符号。由众多族体名称到固定的民族称谓的变化绝不仅仅是数量上的变化，或是由多个到单一的名称统一过程，而是在一个新的层面上的建设过程。后者是指称民族的符号是单一和固定的。而前者是族类群体的称呼，其特征松散多样且带有随意性。

而民族称谓的固定既归并了过去松散混乱的族体名称，也整合了各个族类群体松散的族类认同，为族类群体建构起了新的民族认同符号。不仅如此，因民族称谓的固定还使得民族认同的对象也被固定下来。因此，固定的民族称谓加强了民族认同，使得民族认同开始稳固。

二、民族归属

明确的民族归属阐释的是少数民族的“族籍”问题，即属于哪个民族（支系）或是什么民族（单一民族）的问题，它强调的是对民族成分的识别和归并。如同对民族称谓的形塑一样，民族归属问题在新中国开展民族识别之前已经有所涉及。比如民国时期云南省政府开展的族类统计、1935年新疆盛世才政府的各民族划分等。除此之外，民国时期学者所作的族体“分类学”研究也涉及族体的“归属”问题。但总的来看，这些识别、研究、分类结果皆不具有实践的广泛性，其识别或划分的对象局限于部分地方或部分族体，识别和划分的结果也不明确和统一。更为重要的是，缺少主客体互动，认知和使用的层面也仅限于各地方、各划分主体。换句话说，被划分的客体仍按照长期存在的归属意识划分自我边界。

而新中国的民族识别则明确了他们的民族归属。新中国的族体成分识别具有以下特点：第一，识别的主体具有全国性，能够调配全国范围内的资源来实现对众多族体成分的识别。具体识别的过程中，既可以是中央单独识别，也可以联合地方组成识别调查组，还可以委派专业院校组织专家学者来完成。第二，识别的对象具有联动性，它不是各省孤立的识别各省的族体，而是在全国范围内先确定一批民族成分，然后再对各省的族体进行识别和归并。即可把不同省份的同一族体识别和归并为同一民族成分。当然在这个过程中，也存在一些灵活性的个案，但基本是遵照族体的意愿进行了归并。第三，识别的过程具有互动性，新中国族体成分的识别尊重了族体的利益要求，同时，也按照特定的标准、依据、原则给予客观的认定。它是由识别主体主导并与客体互动的结果。第四，识别的结果具有广泛性和政治性。国家识别的族体成分在全国范围内获得认知，是全国人民认可的族体划分结果，未经国家和人民的允许，不得随意更改民族成分。

因此，新中国最后认定的56种民族成分（核心是55种少数民族成分）它是明确而有效的，它是民主基础上的集中体现。之后，在人民参与的国家政治生活中必须遵循56种民族成分的划分。而56种民族成分意味着56种民族认同主体。从民族认同的角度看，民族归属的明确具有重要意义。如果说，民族称谓的固定明确了民族认同的对象，那么，民族归属的确认则强化和固定了民族认同的主体。

三、民族界限

民族界限阐释的是民族的边界（民族性）问题。“边界”一词最早是现代国家视域中的概念术语，常常与主权、领土一起论说，是指一国行使主权的界限。后来“边界”一词被泛化了，出现了民族边界、文化边界、地理边界、社会边界、政治边界等。其中最有名的当属挪威已故著名人类学家弗雷德里克·巴斯（Fredrik Barth）对“族群边界”的思考。

20世纪60年代后期，分析族群认同的理论视角在西方可谓汗牛充栋。出现了原生论、工具论、边界论等。巴斯的边界论“强调了族群认同对于族群性研究的重要性。他指出族群性是自我和他者在互动行为关系中形成的产物，受双方的制约”①。他所说的族群性就是族群的边界。置言之，族群的边界随着认同主体的互动而出现，在认同主体互动和交往的过程中产生了“边界”(即族群的自我意识)。同时，巴斯还指出，族群的边界是流动的，边界会随着互动场景的变化而不停地变化。而边界的流动也会使得族群的认同发生变异。虽然巴斯所探讨的“族群”是一个十分泛化的概念，但他对族群边界的流动及其认同的变异的论述对我们思考中国少数民族“边界”的特性有很大启迪。

巴斯的边界理论能够很好地解释中国历史发展中的“族类群体”的边界流动及认同的变异。中国历史上“族类群体”的认同是弥散的，边界是不固定的。而民族识别改变了“族类群体”边界流动的逻辑。民族识别把自然演变的众多“族类群体”按照现实政治的需要识别为具有明显边界的自觉民族。这就使得历史上自然的、流动的、不固定的族体边界被固定的民族边界所框定，族体的交往和互动在民族识别之后不能超越56种民族的界限。不仅如此，每一个民族的边界也是按照一定的依据和标准识别和建构出来，民族与民族之间也有相应的边界。重要的是，一旦被识别为少数民族，就会得到相应的利益保障，并且出现了民族性越巩固—民族政策制定越谨慎—民族利益越受到重视的赋权逻辑。在这样一种特定的民族发展逻辑下，少数民族群体会为了争取更大的发展利益而不断地强化自己的民族性，或因对现实利益的巨大渴望而更加有力地凝结在一起，少数民族变得越来越实。

四、政治地位和法律地位

特殊的政治地位和法律地位源于特殊的政治身份，民族识别结果的官方认定及其相关民族观念话语的实践凸显了少数民族在中国政治生活中的特殊位置和“特殊身份”，规定着少数民族的政治地位和法律地位，强化了少数民族的政治内涵。首先，“少数民族”作为一个与汉族相对的整体并不完全是统计学意义上的“少数”，而是代表特定群体。其次，以民族为单位的

① 参见Frederik Barth. *Ethnic Groups and Boundaries*：*The Social Orgnaization of Cultural Differences*，Oslo：University Forlaget，1969.

民族区域自治政策、民族干部政策等的实践，国家对民族地区经济文化教育卫生事业的帮扶和优惠照顾，国家对少数民族在相关领域的优惠照顾等反映了少数民族的政治地位；最后，“少数民族”身份意味着相应的权利，民族工作、民族事务等主要是指少数民族工作、少数民族事务。民族政策、民族思想、民族话语等主要围绕如何保障少数民族平等权利；民族理论是以如何保障少数民族权益为核心的民族意识形态。这样一些有象征性的民族政策、话语、标识使得少数民族在中国社会政治生活中变得特殊起来。

总的来看，民族识别在少数民族建设的整个历史政治过程中影响巨大，它构建和确认了中国的少数民族。即以官方的形式认定了55种得到少数民族认同的民族称谓，明确了55个少数民族的划分格局，固化了55种少数民族认同，使得少数民族以一个个单独的民族单位的形式被确认下来。但应该提及的是，民族识别并不意味着中国少数民族建设的终结，相反，因民族识别后少数民族建设主客体的自觉而使少数民族建设得以在官方确认的框架内延续。

第四章

党和国家民族话语的发展演进与民族建设的主客体自觉

民族识别开启后，一个个“民族”先后被确认下来，以民族识别第一阶段的完成为节点,“族体”的发展逻辑“变更”[①]到新的“民族”过程当中,“族体”的演变逻辑趋于稳定，少数民族建设理路基本定型。而民族有特定的发展规律，在民族识别开启之后的民族过程中，少数民族建设的主客体皆按照“民族”的逻辑来活动，推动已经识别和将要识别的少数民族的持续演变，进一步讲，民族识别后，少数民族建设还将在官方确认的民族框架内延续着。具体来看，党和政府的民族政策与民族工作、学术界的民族研究、少数民族自身都不同程度地助推了民族识别后的少数民族建设，并且，这些推动还呈现出阶段性特征。

第一节　党和国家的民族观念实践推动各民族发展演变

党和政府的民族观念话语（民族理论政策体系）及实践是民族识别后少

① 首先，民族识别改变了“族体”的自然联结纽带，特别是建构起了以政治为纽带的新的民族认同，使“民族”具有了政治属性；其次，民族识别实现了少数民族的彻底觉醒；最后，民族识别开启了新的民族过程，而在这种民族过程中，少数民族占据着重要位置，社会政治力量围绕少数民族开展工作，并形成了与之相匹配的特定的民族话语和民族政策。

数民族建设延续的核心动力。从民族识别后少数民族持续演变的历史进程看，离开了党和政府的推动，很难对少数民族的发展进步做出合理的说明。正因为如此，当党和政府的民族观念实践出现波折时，少数民族的发展也受到影响。

一、对民族识别结果的巩固

在民族识别之后的民族过程中，党和国家（政府）的民族观念实践巩固了民族识别的结果，提升了各民族（核心是少数民族）的民族认同。

（一）国家大法对各民族平等地位的明确

1954年9月20日，第一届全国人民代表大会第一次会议通过了中华人民共和国的第一部宪法，史称“五四宪法”。其中序言第五节，第一章第三条，第二章第四节第五十三条、第五节、第六节第七十七条规定了我国处理民族问题和民族关系的纲领性原则。“五四宪法”的第一章第三条规定：“中华人民共和国是统一的多民族的国家：各民族一律平等。禁止对任何民族的歧视和压迫，禁止破坏各民族团结的行为；各民族都有使用和发展自己的语言文字的自由，都有保持或者改革自己的风俗习惯的自由；各少数民族聚居的地方实行区域自治。各民族自治地方都是中华人民共和国不可分离的部分。”[①]同时，规范了民族自治地方的层级、设置条件和法律地位。

（二）民族政策围绕少数民族展开

1.民族区域自治对少数民族集体权利的保障

建立民族自治地方是实施民族区域自治的具体形式。在具体的实践中，1954年6月19日，中央人民政府委员会第三十二次会议通过了《关于批准将绥远省划归内蒙古自治区并撤销绥远省建制的决定》，调整和扩大了内蒙古自治区的行政区划。按照“五四宪法”对民族区域自治“三级自治”的规定，1955年10月1日成立了具有典型意义的新疆维吾尔自治区，新疆各民

①《中华人民共和国宪法》，人民出版社1954年版，第2—4页。

族共同戴了“维吾尔”这个“称谓”，既考虑到维吾尔在新疆的主体民族地位，定名“新疆维吾尔自治区”，也兼顾到新疆其他各民族的自治诉求，实现了全区各民族的自治，使得新疆维吾尔自治区成为中国唯一一个内含自治州、自治县，外加自治乡的省级民族自治地方。1955年12月29日，国务院总理周恩来接连发布了《国务院关于更改相当于区的民族自治区的指示》《国务院关于建立民族乡若干问题的指示》《国务院关于改变地方民族民主联合政府的指示》，进一步规范了民族区域自治的实践。1956年10月6日，国务院发布《国务院关于更改相当于区和相当于乡的民族自治区的补充指示》。至此，民族区域自治的“三级民族自治地方”加民族乡的设置基本稳定，民族区域自治与地方政权层级有机地结合起来。1957年7月20日至8月6日，周恩来总理在青岛亲自主持召开了全国民族工作座谈会，8月4日，周恩来总理向大会作了具有里程碑意义的题为《关于我国民族政策的几个问题》的长篇报告。系统地阐释了民族区域自治的基本原则，宣示了党和国家对民族区域自治的基本态度，标志着民族区域自治制度已经定型。[①]之后，在十分困难的局面下，仍相继成立了广西壮族自治区、宁夏回族自治区、西藏自治区等省级少数民族自治地方。

民族区域自治以制度化的形式保障少数民族行使集体政治权利，赋予了少数民族政治属性。何谓政治属性？“民族共同体由于不可避免地与一定的政治权力和政治生活有机地联系在一起而获得特定的属性，便是民族的政治属性。”[②] 但须知，民族因与政治权力和政治生活相联系而获得的政治属性并不是民族与政治权力或政治权利的简单的嫁接或染指，更不是历史上针对一些“族类群体”的政治安排或权宜之计，而是以民族集体政治权利的实现所体现出来的有机联系。在民族识别之前，获得民族称谓的一些民族群体实现集体权利的方式是缺乏制度保障的，甚至当时并没有承认他们的集体政治身份和政治地位，更多是从文化的层面承认他们作为一个群体的存在。而

① 转引自周平：《民族区域自治制度的内在逻辑》，《学术界》2019年第6期。周恩来总理指出：“中国适宜实行民族区域自治，不宜于建立也无法建立民族共和国”“中国的民族宜合不宜分”“民族区域自治是民族自治与区域自治的正确结合”等。参见周恩来：《关于我国民族政策的几个问题》，人民出版社1980年版，第13、17、13页。

② 周平：《民族政治学》（第二版），高等教育出版社2007年版，第32页。

在民族识别后获得集体权利的民族与中国历史上的“族类群体”，以及近代以来那些曾经获得民族称谓的“民族”都有本质区别。

2.少数民族干部政策对少数民族政治权利的维护

少数民族干部政策主要在民族区域自治框架内落实，按照民族区域自治的规范，各民族自治地方十分注意培养民族干部的工作，1955年底，全国已有民族干部二十万四千余人[①]。1957年1月23日，人民日报发表题为“努力培养少数民族干部”的社论。《社论》指出，“各少数民族的干部，已经增加到二十二万多人。自治机关增多了，也加强了。各民族人民树立了当家作主的思想”。但在“执行少数民族干部政策的过程中，还存在一些需要解决的问题。其中最重要的问题是少数民族干部生长很慢，质量和数量都赶不上客观要求；自治机关的民族化也做得不够好。这就使得少数民族自治机关不能很好地维护少数民族的特殊利益，不能充分按照少数民族的愿望办事”[②]。1957年7月，青岛民族工作座谈会上，周恩来总理在讲话中重申：“关于干部方面的民族化，就是民族干部应当有一定比例。在汉族人口多的地方，容易忽视少数民族干部的一定比例。即使少数民族人口少，也必须照顾这一点。”[③]

除此之外，少数民族语言文字政策，保护少数民族文化的政策，党和国家对民族地区制定的财政政策、经济政策，少数民族享有的教育政策等都不同程度地凸显了少数民族的身份和地位。

二、民族政策和民族工作的波折

社会主义制度建成后，为了克服党内存在的主观主义、宗派主义和官僚主义，听取社会各界的批评和建议，使党的作风建设能够更好地为社会主义建设事业服务，按照1957年2月毛泽东发表的《关于正确处理人民内部矛

① 人民出版社编：《民族政策文件汇编》(第二编)，人民出版社1958年版，第26页。

② 同上书，第93页。

③ 周恩来：《关于我国民族政策的几个问题》，载金炳镐：《民族纲领政策文献选编》，中央民族大学出版社2006年版，第592页。

盾的问题》的讲话思想，1957年5月1日开始了全党的整风运动。[①]但在这些批评建议中，也出现了质疑社会主义制度，攻击党的领导地位的“右”的杂音，事态的性质发生了变化，使得整风运动的主题开始由正确处理人民内部矛盾转向反右斗争，并出现了反右斗争的扩大化和党的指导思想向“左”的偏移。更重要的是，党中央重新判定社会矛盾，重提阶级斗争。在这样的背景下，民族政策和民族工作也被纳入阶级问题的视野中来审视，使得民族政策和民族工作实践不断受到“左”倾错误思想的影响，并在曲折中探索、调整。而当“左”倾的错误发展到极致以后，党的民族政策和民族工作实践经历了深重灾难。

民族工作出现波折与党内出现严重的“左”倾密切关联。而从开始批判地方民族主义思想可见“左”倾的端倪。因为，“在很长一段时间里，克服大汉族主义是主要方面”[②]。包括1956年4月，在《论十大关系》的讲话中，毛泽东也指出：“对于汉族和少数民族的关系，我们的政策是比较稳妥的，是比较得到少数民族赞成的。我们着重反对大汉族主义。地方民族主义也要反对，但是那一般地不是重点……”[③]但自1957年整风运动和反右斗争开始后，在处理汉族与少数民族关系问题上，便从主要反对大汉族主义向主要反对地方民族主义转变。在认识民族问题的过程中，重提“民族问题的实质是阶级问题”的论断。同时，在反右斗争严重扩大化的形势下，少数民族地区的干部、知识分子等被纷纷打成“右派”分子、地方民族主义分子、甚至民族分裂分子。

更为严重的是，反右斗争扩大化给党探索社会主义道路带来了极大的负面影响，使党误判了社会的主要矛盾。毛泽东在中共八届三中全会上指出“无产阶级和资产阶级的矛盾，社会主义道路和资本主义道路的矛盾，毫无疑问，这是当前我国社会的主要矛盾”[④]。这一判断改变了中共八大确定的正

---

① 郝时远：《中国共产党怎样解决民族问题》，江西人民出版社2011年版，第111—113页。

② 谢扶民：《各族人民的伟大团结》，载《十年民族工作成就》，民族出版社1959年版，第46页。

③ 毛泽东：《论十大关系》，载《建国以来毛泽东文稿》（第六卷），中央文献出版社1992年版，第93—97页。

④ 中共中央党史研究室：《中国共产党历史》第二卷（1949—1978），中共党史出版社2011年版，第461页。

确路线，转而要求“多快好省”的建设社会主义，并导致“大跃进”“人民公社化”等社会主义冒进运动，甚至想一步登天实现社会主义强国目标。

这种急功近利的心理也出现在处理民族关系和对待少数民族层面，即不尊重民族问题的演变规律，激进地刮起“民族融合风”，无视党的民族政策，无视少数民族的意愿，随意撤销或合并民族自治地方，或使民族自治地方形同虚设，散失自治能力。而这种激烈的变革也激起了一些地区少数民族上层的不满，他们趁机挑动民族矛盾，挑拨民族关系，比较典型的是1958年4月在青海省循化县发生的武装叛乱。而这场由少数民族上层煽动、蛊惑、组织的叛乱活动自然是更加坚定了中央从阶级斗争的立场来把握民族问题的认识。与此同时，青海“循化事件”所产生的“负效应”已经影响到处于观望的西藏上层集团。

而在上述问题背后也有过一段插曲，事实上，1958年秋冬之际，中央对“大跃进”“人民公社化”运动中出现的一些问题已经有所察觉，并试图纠正“左”的错误。但终因没有准确把握中国社会的主要矛盾，导致以纠“左”为主题的庐山会议出现了向反右的转向，党内又进入新的阶级斗争当中。而“大跃进”造成的经济紧张形势，连同严重的自然灾害，以及苏联的背信弃义，使得国家进入了十分困难的时期。为此，1962年1月召开了试图全面调整的“七千人大会”。1962年4月，全国人大民族委员会、国家民族事务委员会联合召开全国民族工作会议，总结认为过去几年民族工作出现的严重缺点和错误，主要是因为忽视了民族问题的特殊性。党中央也对这次会议作出指示，强调“民族问题的彻底解决，是长期的，必须进行长期的经常工作，才能逐步实现。如果不看到这种长期性，不重视社会主义革命和社会主义建设过程中的民族问题，不照顾民族特点和地区特点，不按党的政策办事，在工作中就势必要犯错误”[①]。但之后不久，在苏联驻新疆伊宁领事馆的蛊惑和煽动下，新疆伊犁、塔城地区出现了大规模的“边民外逃”事件，这给刚有向好势头的民族工作又蒙上了阶级斗争的阴影。1962年9月，在党的八届十中全会上，“毛泽东同志把社会主义社会一定范围内存在的阶级斗争

① 中共中央党史研究室：《中国共产党历史》第二卷（1949—1978），中共党史出版社2011年版，第627—628页。

扩大化和绝对化。断言在整个社会主义历史阶段资产阶级都将存在和企图复辟，并成为党内产生修正主义的根源”[①]。这些基调为之后“以阶级斗争为纲”的提出奠定了思想基础。在这样的形势下，民族问题自然也被错误地纳入阶级斗争的范畴中来认识和评判。

而“左”的极端是“文化大革命”，这十年是社会主义道路遭遇严重挫折的十年，是民族政策和民族工作遭到严重破坏的十年。民族问题被简化为阶级斗争，民族关系遭到重创，党的干部及少数民族精英遭到残酷迫害和沉重打击。新中国成立至1957年反右斗争之前建立的民族政策和民族工作基础毁于一旦，党的民族观念实践基本停止运转。

三、民族观念话语及实践的重塑

粉碎“四人帮”后，亟需扭转“文革”给各领域造成的混乱，从理论上进行拨乱反正。在民族问题领域，则需要对民族关系做出准确的阐释，以此为前提恢复和重建新中国成立初期建立的民族工作基础。同时，随着党和国家工作重心的转移，民族工作的任务和重心也一并转移到社会主义现代化建设的道路上来，核心是加快少数民族的发展。

（一）对民族关系的重新阐释

党的十一届三中全会以后，党在各个领域开始纠正过去的错误，最根本的是纠正“阶级斗争为纲”的错误思想。而对民族关系的重新阐释是民族问题领域拨乱反正的基本前提。1979年6月，邓小平在中国人民政治协商会议第五届二次会议开幕式上指出：“我国各兄弟民族经过民主改革和社会主义改造，早已陆续走上社会主义道路，结成了社会主义的团结友爱、互助合作的新型民族关系。”[②]邓小平的讲话准确地阐释了我国社会主义民族问题的性质。在这一思想的指导下，1980年4月，中共中央在《关于转发〈西藏工作座谈会纪要〉的通知》中指出：“在我国各民族都已经实现了社会主义改

① 参见中国共产党十一届六中全会通过的《关于建国以来党的若干历史问题的决议》（1981年6月27日）。

② 邓小平：《新时期的统一战线和人民政协任务》，载《邓小平文选》（第二卷），第186页。

造的今天，各民族间的关系都是劳动人民间的关系。同时，指出所谓‘民族问题的实质是阶级问题’的说法是错误的，这种宣传只能在民族关系上造成严重误解。”① 过去“以阶级斗争为纲”产生了一系列恶果，对包括民族工作在内的各领域和各行各业造成严重损失，对包括民族关系在内的社会的各种关系造成严重伤害。但至于说，“‘文革’使少数民族受到损害，这并不能表示我们歧视少数民族，‘文革’是全国各族共同遭受深重灾难，对汉族的伤害更深更大，而非针对少数民族”②。这些认识对于修复民族关系十分重要。1981年6月27日，党的十一届六中全会通过了《关于建国以来党的若干历史问题的决议》,《决议》强调了改善和发展社会主义民族关系，巩固民族团结，对于多民族中国的重大意义，指出“在民族问题上，过去，特别是在‘文化大革命’中我们犯过把阶级斗争扩大化的严重错误，伤害了许多少数民族干部和群众。在工作中，对少数民族自治权利尊重不够，这个教训一定要认真记取。必须明确认识，现在我国的民族关系基本上是各族劳动人民之间的关系”③。1982年12月通过的宪法指明“平等、团结、互助的社会主义民族关系已经确立”。而民族关系的重新界定，民族问题的重新认识为接下来民族政策和民族工作的恢复重塑奠定了重要的思想基础。

（二）民族政策和民族工作的恢复

民族政策和民族工作恢复的核心是民族区域自治的重新实施，离开了民族区域自治，党的民族政策和民族工作无从谈起。“1980年1月，周恩来总理于1957年8月在青岛民族工作座谈会上发表的《关于我国民族政策的几个问题》的具有里程碑意义的重要讲话被首次公开发表，这篇讲话系统地阐释了新中国成立后党的民族政策和民族工作的基本原则。”④ 此时公开发表，

①《当代中国的民族工作》(上卷)，当代中国出版社1993年版，第164页。

② 邓小平：《立足民族平等，加快西藏发展》，载《邓小平文选》(第三卷)，人民出版社1995年版，第246页。

③《中共中央关于建国以来党的若干历史问题的决议》(节录)，载国家民委办公厅等编：《中华人民共和国民族政策法规选编》，中国民航出版社1997年版，第23页。

④《当代中国的民族工作》(上卷)，当代中国出版社1993年版，第164页；周竞红：《中华人民共和国民族关系史研究》，中国社会科学院研究生院博士学位论文，2002年。

对于民族政策和民族工作的恢复具有重要的指导意义，特别是对于民族区域自治的恢复提供了根本性的理论依据和指导原则。1980年8月18日，邓小平提出要使各民族真正实行民族区域自治作为修改宪法的重要建议之一。[①]即要把保障少数民族的自治权及其相关权利、权益以根本大法的形式固定下来，并加以规范。1981年6月27日，党的十一届六中全会通过的《中共中央关于建国以来党的若干历史问题的决议》不仅总结了新中国成立以来民族工作的经验教训，重新界定了社会主义民族关系的性质，更重要的是，指明了下一步民族工作的方向。《决议》重申了党的民族政策，强调“必须坚持实行民族区域自治，加强民族区域自治的法制建设，保障各少数民族地区根据本地实际情况贯彻执行党和国家政策的自主权。要切实帮助少数民族地区发展经济文化，努力培养和提拔少数民族干部。坚决反对一切破坏民族团结和民族平等的言论和行为。要继续贯彻执行宗教信仰自由的政策”[②]。

这样一些原则性的阐述直接促成了民族区域自治的恢复。之后，“八二宪法”在“五四宪法”的基础上对党的民族政策进行了补充和完善，在第一章第四条规定：“……各少数民族聚居的地方实行区域自治，设立自治机关，行使自治权。各民族自治地方都是中华人民共和国不可分离的部分……”[③]1984年5月31日，第六届全国人民代表大会第二次会议修订并通过了我国第一部有关民族区域自治的专门法律——《中华人民共和国民族区域自治法》[④]，对民族区域自治的相关问题进行了全面规定，实现了民族区域政治制度的规范化、体系化、刚性化、操作化[⑤]，标志着民族区域自治实现了政策、制度、法律的有机统一。之后，党的民族工作便主要在民族区域自治的框架内进行。

---

① 金炳镐主编：《民族纲领政策文献选编》，中央民族大学出版社2006年版，第648页。

②《中共中央关于建国以来党的若干历史问题的决议》（节录），载国家民委办公厅等编：《中华人民共和国民族政策法规选编》，中国民航出版社1997年版，第23页。

③《中华人民共和国宪法》（节录），载国家民委办公厅等编：《中华人民共和国民族政策法规选编》，中国民航出版社1997年版，第27—31页。

④《中华人民共和国民族区域自治法》，载国家民委办公厅等编：《中华人民共和国民族政策法规选编》，中国民航出版社1997年版，第38—47页。

⑤ 周平：《民族区域自治制度的内在逻辑》，《学术界》2019年第6期。

（三）加快少数民族的发展

在改革开放的新时期，在民族区域自治的框架内，党和国家的民族工作重心和任务发生了根本变化。少数民族和少数民族地区迫切要求加快发展与自我发展能力不足的矛盾十分凸显。邓小平抓住了民族问题的关键，从发展生产力的角度来认识民族问题，认为我们的政策是要着眼于把少数民族发展起来，用发展的眼光解决问题。[①]

在加快少数民族发展的目标下，少数民族工作全面展开。政治方面，首先，民族区域自治制度不断完整，民族区域自治的政治功能得到最大限度发挥。同时，为了最大限度地保障每一个少数民族的政治权利，在自治区、自治州、自治县三级民族自治地方之外，国家还在相当于乡的少数民族聚居区建立了民族乡。[②]除此之外，还关注到散杂居少数民族的平等权利。[③]其次，对少数民族干部的使用进一步规范明确。1983年10月，《中共中央组织部关于建立省部级后备干部制度的意见》规定："多民族地区的少数民族（省部级）干部要占有一定的比例。"[④]。1984年5月，六届全国人大二次会议通过的《中华人民共和国民族区域自治法》明确指出："民族自治地方的人民代表大会常务委员会中应当由实行区域自治的民族的公民担任主任或副主任；自治区主席、自治州州长、自治县县长由实行区域自治的民族的公民担任。自治区、自治州、自治县的人民政府的其他组成人员，要尽量配备实行区域自治的民族和其他少数民族的人员；民族自治地方的自治机关所属工作部门的

① 在邓小平理论的指引下，1987年4月17日，在中共中央、国务院批转的《关于民族工作几个重要问题的报告》的通知中提出新时期民族工作的中心任务是"以经济建设为中心，全面发展少数民族的政治、经济和文化，不断巩固社会主义的新型民族关系，实现各民族的共同繁荣"（参见《新时期民族工作文献选编》，中央文献出版社1990年版，第304页）。

② 1983年12月29日，国务院发布了《国务院关于建立民族乡问题的通知》，载国家民委办公厅等编：《中华人民共和国民族政策法规选编》，中国民航出版社1997年版，第31—32页。

③ 1979年10月12日，中共中央、国务院批转了国家民委党组《关于做好杂居、散居少数民族工作的报告》，载国家民委办公厅等编：《中华人民共和国民族政策法规选编》，中国民航出版社1997年版，第9—14页。

④ 转引自付明银：《民族自治地方人事管理自治研究》，云南大学博士学位论文，2013年。

干部中，要尽量配备实行区域自治的民族和其他少数民族的人员。”[①] 之后，少数民族干部政策逐步以制度化的形式稳定地运行至今。而在一些地方的现实操作中还出现了“保证一个少数民族至少有一个厅级干部的规定”[②]。同时，与少数民族捆绑在一起的政治界别、性别等都关联到对少数民族干部的选拔和任用过程当中。“少数民族身份”在一定程度或一定范围内成为选拔和任用干部的重要优势。

经济建设方面，少数民族地区经济发展水平的高低好坏不仅是一个经济问题，更是一个政治问题。因此，开展少数民族地区的经济建设工作十分重要。具体来看，有“1979年国家制定实施《边疆建设规划（草案）》，提出在8年内安排边疆建设资金400亿元；1980—1988年，中央财政对民族八省区实行年递增10%的定额补助制度；1990年，国家设立‘少数民族贫困地区温饱基金’；1992年，设立少数民族发展基金，实施沿边对外开放战略，确立13个对外开放城市和241个一类开放口岸，设立14个边境技术合作区，开通边民互市渠道；1994年实施《国家八七扶贫攻坚计划》；1996年国务院确定由15个东部发达省、市对口帮扶西部11个省、区；2000年全面启动西部大开发战略；2004年，国家民委和财政部推动实施‘兴边富民行动’；2005年，国家民委等中央部门联合制定了《扶持人口较少民族发展规划》(2005—2010)”[③] 等。同时，党和国家还对边远山区和少数民族地区采取了更加宽松的政策，对不同地区采取了不同的经济发展政策和税收政策，对西部地区实行财政转移支付、投资援建等。上述行动和工作的重要目标都是

---

① 参见国家民委：《中华人民共和国民族政策法规选编》，中国民航出版社1997年版，第38—46页。

② 以2002年作为标志性节点，云南省率先在每个厅局配备少数民族干部；2005年，云南省进一步明确了干部选拔使用中的两条“硬杠杠”：一是全省25个少数民族必须至少有一名以上担任省级机关厅局级领导干部；二是每个厅级部门领导班子中必须至少有一名少数民族干部。原文来自《春城晚报》记者，《人民日报海外版》2004年12月17日第七版，以《云南25个少数民族有了省厅级干部》为题进行了刊发；2009年，中共云南省委办公厅下发了《关于进一步加强少数民族干部队伍建设的意见》的通知（云办发〔2009〕21号），《通知》强调要巩固“人口5000人以上的25个少数民族都有1名以上干部担任省级机关厅级领导干部”成果。《今日民族》2009年第9期特予刊发。

③ 郝时远：《中国共产党怎样解决民族问题》，江西人民出版社2011年版，第128—153页。

试图加快少数民族经济社会的发展，从唯物论上讲，党和国家试图从经济基础的角度来解决民族问题。

文化方面，组织力量补充编写《民族问题五种丛书》；继续创建少数民族文字，加强少数民族文字图书出版；尊重少数民族风俗习惯；重视宗教工作等。

通过一系列积极的民族工作，改革开放之后，少数民族在政治、经济、文化、社会等方面取得了长足进步，民族地区的面貌发生了翻天覆地的变化。

四、中华民族框架内的少数民族权利保障

2010年，当中国GDP总量超过日本跃居世界第二位以后，中国的崛起便浮出了水面，中国国家发展进入了新的阶段。在此背景下，民族工作的目标任务出现了新的变化，这种变化很快在民族政策层面体现出来。

就在2010年，中央先后召开了第五次西藏工作座谈会和第一次中央新疆工作座谈会。与以往不同的是，这两次会议均提出了“促进各民族交往交流交融”的方针和要求，而不仅仅强调“加快少数民族发展”[①]这一命题。这种变化反映了新阶段中国民族政策思路的调整。而这种调整对于如何更加合理的保障少数民族权利提出了新的指引，其核心是在少数民族已经发展起来的条件下如何继续坚持和完善民族区域自治制度；2014年5月，中央第二次新疆工作座谈会再次强调“加强民族交往交流交融”，并对民族区域自治的实践提出了新的要求，即“依法行使民族区域自治权和贯彻党和国家方针政策相统一；保护少数民族合法权益和依法履行公民义务相统一；促进区域内全体群众共同富裕和重点帮助相对贫困地区相统一”[②]。这些要求实际上更加注重民族区域自治的区域因素。

与此同时，民族事务治理还被纳入中华民族伟大复兴的中国梦和国家治理的目标和范畴中考量。党的十八大以后，习近平总书记提出了要“实现

---

① 分别于1992、1999、2005年召开的三次中央民族工作会议都强调了“加快少数民族发展”的命题。

② 朱维群：《民族工作应向“交往交流交融”使劲》，人民网，http：//politics.people.com.cn/n/2014/0728/c1001-25357004.html。

中华民族伟大复兴的中国梦”①，并把它与建成社会主义现代化国家的目标结合起来。这一表述意味着要以中华民族来凝聚国家，用民族的梦来增强国家的发展动力；党的十八届三中全会提出了“实现国家治理体系和治理能力现代化”②的国家发展与改革目标。从国家治理的角度来定义国家发展，并把对民族事务治理纳入国家治理的框架中应对，强调民族区域自治的区域发展功能和治理功能。

在中国崛起和实现中华民族伟大复兴的时代目标下，中华民族的历史地位和肩负的历史使命均前所未有地凸显出来。③在2014年召开的中央民族工作会议上，习近平总书记从中华民族的角度论述民族工作，从中华民族的高度来对民族区域自治及保障少数民族权利提出了明确的指引。强调了中华民族的整体性以及各个民族在中华民族大家庭中的地位，强调坚持和完善民族区域自治制度要做到“两个结合”，“一是坚持统一和自治相结合，二是坚持民族因素和区域因素相结合”④。党的十九大报告进一步从中华民族伟大复兴的角度来论述党和国家的重大问题，强调了铸牢中华民族共同体意识对实现中华民族伟大复兴的极端重要性和时代意义，要求“加强各民族交往交流交融，促进各民族像石榴籽一样紧紧抱在一起”，并把“铸牢中华民族共同体意识”写入新修订的《党章》。随后，“2018年3月11日，十三届全国人大一次会议第三次全体会议通过的《中华人民共和国宪法修正案》增加“中华民族伟大复兴”的内容。这是“中华民族”首次写入宪法，具有里程碑式的意义”⑤。2019年7月15日，习近平总书记在内蒙古自治区考察并同基层干部群众代表交流时强调：“全面建成小康社会，一个民族不能少；实现中华

①《实现中华民族伟大复兴是中华民族近代以来最伟大的梦想》，载《习近平谈治国理政》，外文出版社2014年版，第35—36页。

②《切实把思想统一到党的十八届三中全会精神上来》，载《习近平谈治国理政》，外文出版社2014年版，第90页。

③ 周平：《“中华民族”建设：尚未完成的历史任务》，《探索与争鸣》2018年第4期。

④《习近平谈治国理政》(第二卷)，外文出版社2017年版，第300—301页。

⑤《“中华民族”入宪具有里程碑式的意义——专家学者谈“中华民族”入宪》，中国民族宗教网，http：//www.mzb.com.cn/html/report/180423639-1.htm。

民族伟大复兴，一个民族也不能少。”[①]他说：“民族区域自治制度是我国的基本政治制度，要认真总结民族区域自治的理论和实践经验，坚持和完善这一制度，促进民族团结融合，促进各民族像石榴籽一样紧紧抱在一起。”[②]而“促进民族团结融合”的提法指明了民族工作的侧重点和方向。2021年召开的中央民族工作会议正式提出以铸牢中华民族共同体意识为主线，确立了习近平总书记关于加强和改进民族工作的重要思想。

上述一系列有关中华民族、中华民族共同体、铸牢中华民族共同体意识中华民族伟大复兴、促进各民族交往交流交融、促进民族团结融合等重大表述和政策要求形成了新时代中国民族事务治理和民族工作的顶层设计，并成为指导新时代党和国家民族工作的行动指南。从总体上，要在中华民族或国家治理的总体框架内开展民族工作及少数民族建设，要把推动少数民族的发展放在中华民族伟大复兴的目标下考量。

第二节　民族研究对各民族发展的贡献

学术界的民族研究是推动少数民族发展演变的重要动力。作为一种专业研究的民族研究本身有自己的研究范式和发展逻辑。中华人民共和国成立后，已有的民族分类研究及其传承和影响并未终止，相反，民族研究与中国共产党的民族意识形态和民族工作结合在一起，找到了新的研究沃土[③]，既

① 奇锦玉：《深刻认识习近平总书记考察内蒙古的重大意义 扎实推进内蒙古新时代民族团结进步事业》，《中国民族报》2019年8月13日。

②《习近平在内蒙古考察并指导开展“不忘初心、牢记使命”主题教育》，《人民日报》2019年7月17日。

③ 一方面，民族学家积极配合融入中国共产党的民族工作，将自身研究的侧重点转到中国共产党在少数民族地区的实际工作上，把所学的民族学专业知识及民族分类知识贡献给新生的人民共和国。民族学家和其他民族工作人士一道积极加入党所领导的民族工作中来，积极投入到新中国的建设工作中来；另一方面，为了更好地在新形势下发挥民族研究的作用，民族学家们还努力学习马克思列宁主义民族理论，并在马列主义民族理论和共产党民族意识形态的指导下，把民族学的立场、观点和方法运用到党的民族观念实践当中，为党的民族工作做出民族学的新贡献。参见王建民：《学术规范化与学科本土化——中国民族学学科百年回眸》，《民族研究》2000年第1期。

促进了民族研究的深入，形成了中国特色的“民族研究”[①]，也为民族识别及民族识别后少数民族的发展演变做出了重要贡献。

一、民族研究助力民族工作

（一）参与民族识别

1953年起，民族学家正式参与民族识别工作。墨磊宁认为民族识别是“知识与权力的联合”，一方面完全忽视少数民族客体的意愿，另一方面，特别凸显社会科学家在民族识别中的作用。他认为共产党新中国通过社会科学家的调查研究来了解中国的民族，通过社会科学家这双“眼睛”来观察中国的民族问题，并依靠社会科学家来开展和完成民族识别。[②]

墨磊宁虽有夸大社会科学家在新政权治理中的作用的嫌疑，但仅从民族识别的角度看，并非没有依据。事实上，民族识别工作确实为社会科学家的研究提供了继续深入和展示的平台。以云南省的民族识别为例，50多位社会科学家参与了云南民族识别小组，识别小组的主管都是政府官员，但小组内部最有影响力和最重要的团队成员却是调查主管人。有三位学者更是在事实上监管了民族识别计划，即著名的人类学家林耀华、语言学家傅懋勣、云南本土著名的历史学家、民族史学家方国瑜。而包括他们在内的社会科学家在民国时期就已经达到了学术的巅峰，跨越1949年之后，他们在新的机构占据了学术领军人物的位置。[③]从他们自身研究的角度来看，民族识别只

① 从中国特色“民族研究”的内容来看，主要形成了民族学、民族史、民族理论（马克思主义民族理论）三大研究领域。本文所指的“民族研究”主要是这三个方面，其研究主体则主要是民族学家、人类学家、民族史学家、马克思主义民族理论工作者等。最新的民族学二级学科则进一步优化为马克思主义民族理论与政策、中华民族学、人类学与世界民族。

② [美]托马斯·S.墨磊宁：《国家的眼睛：社会科学家在中国民族识别工作中的角色》，曹何稚译，载林超民主编：《民族学评论》第4辑，云南人民出版社2015年版。但墨磊宁忽视了一个根本问题，即社会科学家为新政权及人民服务，以及积极学习马列主义特别是苏联民族理论的重要事实。而这才是社会科学家工作的前提。

③ [美]托马斯·S.墨磊宁著，曹何稚译：《国家的眼睛：社会科学家在中国民族识别工作中的角色》，载林超民主编：《民族学评论》第4辑，云南人民出版社2015年版。

是他们研究工作的继续。但不同的是，民族识别工作还具有超越学术研究层面的政治考量。

而如何把已有的专业性研究与具有政治内涵的民族识别工作结合起来是社会科学家必须要考虑的问题。实际上，社会科学家特别是民族学家的研究与新中国的民族识别工作并没有截然分开。社会科学家积极参与新政权的建设工作，坚持和融入新政权的意识形态，积极学习马列主义民族理论，特别是苏联及斯大林的民族理论和民族定义。也正因为如此，他们才能在新中国开展的民族识别工作及民族识别小组中发挥作用，充当重要职务。在民族识别的过程中，他们是知识权威，具有重要的学术话语权，他们向政府提交识别方案和建议，并作为政府最终认定民族的决策参考。并且，在对一些民族的识别上，社会科学家的意见对政府的决策产生了一定影响。“一些争议较大的、待识别民族成分的确定，是在民族学家的帮助下，通过历史重构完成的。”①

（二）少数民族语言文字的调查和创建工作

为了帮助尚无文字的民族创立文字，1954年5月，政务院文教委员会民族语言文字研究指导委员会和中央人民政府民族事务委员会向总理、副总理和各位委员报告，认为“没有文字或没有通用文字的问题已经成为少数民族发展进程中迫切需要解决的一大问题，而要创立文字，就必须首先解决有关制订少数民族语言文字问题的基本原则。语言是创立少数民族文字的基础，《报告》分析了没有文字的各少数民族语言的七种情况，提出应根据他们的自愿选择，在经过一定时期的调查研究之后，帮助他们逐步制订一种拼音文字，或帮助他们选择一种现有的适用的文字。同时根据少数民族语言的七种情况提出了七种与之相对应的创立文字的办法”②。该《报告》得到了政务院的批复。《批复》“特责成中国科学院语言研究所和中央人民政府民族事务委员会审慎研究，然后拟订计划和订出在一两个民族当中创立文字的具体方

① 王建民：《学术规范化与学科本土化——中国民族学学科百年回眸》，《民族研究》2000年第1期。

② 秦和平：《“56个民族的来历”并非源于民族识别——关于族别调查的认识与思考》，《民族学刊》2013年第5期。

案，开始先在一两个民族中逐步试行”[①]。为此，“1950年至1955年，中国科学院语言研究所少数民族语文研究组先后对西南、中南、西北部分省区的布依、水、苗、瑶、壮等少数民族的语言进行了初步调查。1955年2月，全国民族语文科学讨论会提出了民族语文工作全面规划。从1956年开始，中国科学院和中央民委（后称国家民委）组织700多位专家学者，组成7个民族语言调查工作队，分赴16个省、区开展少数民族语言普查工作。经过两年多的时间，先后对42个少数民族语言及其方言的音位系统、词汇和语法结构进行了调查研究，获得了大量的资料”[②]。并以此实践工作为基础，将调查研究成果应用到帮助少数民族创制和改造文字的工作中来。

（三）少数民族社会历史大调查

为了加深对少数民族的了解，提升民族工作的针对性，抢救、整理即将或正在消失的反映少数民族社会历史状况的珍贵资料。“从1956年开始，由全国人大民族委员会具体领导，抽调200多位专家学者和民族工作者，组成内蒙古、西藏、新疆、云南、贵州、四川、广东、广西等8个少数民族社会历史调查组。对蒙古、藏、维吾尔、壮等20多个少数民族进行社会历史普查，这次调查共整理出了1500万字的珍贵历史资料。”[③]1958年以后，少数民族社会历史普查工作改由中国科学院民族研究所具体负责。“为加快普查进度，在先前8个调查组的基础上，增设甘肃、青海、宁夏、辽宁、吉林、黑龙江、湖南、福建等8个调查组。共计16个调查组，外加有关单位的研究人员，总计最多时达到千人以上，分赴16个省、区进行少数民族社会历史大调查。而在未派调查组的省份，则自行委托当地民族工作部门负责组织调查并提供所需资料。至1964年，历时8年的少数民族社会历史调查工作基本结束。经过这次大调查，基本上摸清了各少数民族的社会历史状况，包括族体来源、生产力和生产关系、社会制度、语言文字、文化习俗、宗教信仰等。据不完全统计，这次大调查共记录的各种资料有340多种，

① 人民出版社编：《民族政策文件汇编》（第二编），人民出版社1958年版，第100—103页。

② 国家民族事务委员会研究室：《中国的民族事务》，民族出版社2009年版，第43—44页。

③ 同上书，第42页。

2900多万字；整理的档案资料和文献摘录有100多种，1500多万字；拍摄和录制的有关17个少数民族社会发展状况的纪录片有16部103本，同时，还拍摄了大量珍贵的少数民族图片资料，搜集了大量少数民族历史文物。”[①]同时，“为了对少数民族社会历史和语言大调查的丰硕成果进行系统梳理和保存，中央民委从1958年开始组织编写《中国少数民族简史丛书》《中国少数民族简志丛书》《中国少数民族自治地方概况丛书》三种丛书”[②]。

应该强调的是，摸清少数民族语言、文字、历史等既是民族识别得以顺利完成的重要前提，也是民族识别开启之后少数民族发展演变的重要内容。少数民族语言、文字的调查和创建，少数民族社会历史大调查等工作既为民族识别提供了佐证，又巩固了民族识别的结果。少数民族相关丛书的编写为少数民族提供了历史依据、文本依据，使得少数民族在代际传递的过程中有迹可循。

二、民族研究受到冲击

1957年，整风运动和反右及反右斗争扩大化后，民族研究形势出现了反转，一些民族研究知识分子被错误地打成右派分子，或是被戴上地方民族主义的“帽子”。前一时期强调“抢救”、整理少数民族历史、语言、文字的积极工作，在这一时期被批评为“专找落后”，或右倾保守主义的“特殊论”等；把宣传少数民族文化的工作作为一种上层建筑与经济基础对立起来；把国外的研究成果看作是“资产阶级学术思想”。民族研究及民族学陷入十分困难的境地。

到了“文革”时期，社会各领域、各行各业更是经历了深重灾难。民族研究停滞不前，民族学科被完全取消，包括民族学者在内的一大批专家学者遭到迫害。学术研究丧失了尊严，学术大家被当成“资产阶级反动学术权威”而被打倒。

---

① 国家民族事务委员会研究室编:《中国的民族事务》，民族出版社2009年版，第42—43页。

② 国家民族事务委员会:《民族问题五种丛书》修订再版总序，民族出版社2009年版。

三、民族研究的恢复与繁荣

改革开放以后，推动民族研究的主要学科——民族学得以恢复重建，把民族作为学科的研究对象[①]，对民族现象进行着多样化的解读，关注民族的多样性。与此同时，以民族学者为主的民族研究者重新参与到相关的民族工作中。1978年，"'中央民委'改为'国家民委'，并继续编写'三种丛书'，同时，增加《中国少数民族》和《中国少数民族社会历史调查资料丛刊》两种丛书，定名为《民族问题五种丛书》"[②]。从1978年开始，先后有3000多人参与了编写和出版民族问题五种丛书的工作，历时10年，到1987年基本完成，共出版图书398本（也有说401本），9000多万字。这套丛书的编写集中展示了我国历史上的众多族类群体被构建为55个少数民族的发展进程，涵盖了政治、经济、文化、社会等方方面面的内容，荟萃了大量原始而鲜活的珍贵资料，是一部关于中国少数民族的大型综合性丛书，是中国民族问题研究的重大项目和重大出版工程。[③] 2005年7月，《民族问题五种丛书》修订再版工作全面启动，历时4年，2009年7月完成。全国20个省、自治区民族工作部门和155个民族自治地方政府的一批民族工作者和政府工作人员参与了组织工作，来自26个科研院所和高等院校的1000余名历史学、民族学、人类学、语言学等方面的专家学者参与了本次修订工作。修订后的《民族问题五种丛书》共364本，已统一由民族出版社在2009年7月出版。[④]

而这样一些工作既为了解、展现我国的少数民族提供了权威资料，也为民族研究积累了宝贵的第一手资料，民族研究者在参与和完成了相关民族工作后，中国的民族研究也在马列主义意识形态的指引下更加繁荣起来。"以中

---

① 20世纪90年代以后，民族学研究的对象出现了由民族向民族、族群、文化扩展的趋势。参见钟年：《我国民族学应转向对文化的研究》，《民族学通讯》第58期，中国民族学学会，1987年。

② 国家民族事务委员会：《民族问题五种丛书》修订再版总序，民族出版社2009年版。

③ 国家民族事务委员会研究室编：《中国的民族事务》，民族出版社2009年版，第45页。

④《〈民族问题五种丛书〉修订再版总结大会召开》，http://cpc.people.com.cn/GB/165240/168777/10652226.html.

国各少数民族作为研究对象的满学、蒙古学、突厥学、藏学、彝学、苗学、瑶学、壮学、布依学、纳西学、朝鲜学”[①] 等研究纷纷建立，产生了一批成果。同时，在相关工作中还形成了由庞大知识精英群体组成的中国特色的民族研究队伍及占据主导地位的民族研究话语。这些话语对一个时期以来的民族政策制定产生了影响。

四、中华民族共同体视域中的民族研究

2014年9月召开的中央民族工作会议上，习近平总书记多次使用“中华民族”“中华民族共同体”概念，实际上提出了一个严格意义上的中华民族思想。[②] 在习近平总书记中华民族思想的指引下，中国特色的民族研究中成规模地注入了中华民族的内容，中华民族研究“热”了起来。

但由于少数民族话语在中国的民族过程和民族研究中长期是一种特殊的存在，汉族是被排除在民族事务和民族工作的范畴之外的。我们所言的“民族”经常指少数民族，所指的民族事务、民族工作是少数民族事务、少数民族工作。费孝通在回忆其民族研究的经历时也指出：“在我开始参加民族研究的那一段时间里，我们一提民族工作就是指有关少数民族事务的工作。”[③] 不仅如此，在很长一段时间里，我们也忽视了对中华民族的研究和关注，民族理论中很少提及中华民族，既没有对中华民族的性质进行政治定位，也没有巩固中华民族、加强中华民族建设、强化中华民族认同的完整论述。于是，中华民族的论述长期付之阙如。[④] 而这样一种在长期民族过程中形成的民族研究惯性很难短时间改变。正因为如此，转型初期的民族研究虽然使用了“中华民族”概念，但并不统一，侧重点也有所不同。但有一点值得肯定，过去较为单一的民族研究对象，以及只能以一种视角看少数民族

① 王建民：《学术规范化与学科本土化——中国民族学学科百年回眸》，《民族研究》2000年第1期。

② 周平：《中华民族思想是重大的理论创新》，《中国民族》2015年第3期。

③ 费孝通：《代序：民族研究——简述我的民族研究经历》，费孝通主编：《中华民族多元一体格局》（修订本），中央民族大学出版社1999年版，第11页。

④ 周平：《中国民族构建的二重结构》，《思想战线》2017年第1期。

的民族研究范式被打破，而出现了从国家、中华民族的视角看少数民族的立场和观点，并形成了一种事实上的中华民族理论视域。诸如“中华民族共同体视域中的少数民族相关研究”开始成为理论共识，重要的是，把少数民族朝着中华民族的方向大大拉近了一步。特别是在2021年中央民族工作会议和2023年中央政治局就铸牢中华民族共同体意识进行第九次集体学习之后，构建科学完备的中华民族共同体理论体系成为民族研究的共同使命。

第三节　各民族的自我建设

各民族的自我建设是中国民族建设过程的一个重要方面，同时，也是民族识别后各民族发展演变过程中的重要内容。事实上，自“族类群体”的发展逻辑在“民族”概念的牵引之下逐步发生变更之后，各民族自身的努力奋进就已经不同程度地开启。推动民族发展进步的因素众多（内因、外因），比如民族概念的传播、民族意识的觉醒、政治主体的推动、社会力量的介入等。从各民族自我建设的角度看，民族精英在其中扮演了重要角色。民族识别以后，各民族的自我建设存在两条逻辑线条：一是在官方确认的民族框架内所进行的努力，主要表现为已经获得民族身份的各民族对“民族内核”的不断填充；二是在官方确认的民族认同之外的自我认同及自我建设。但各民族的自我建设并非没有边界，受到中华民族的规约。

一、各民族自我建设的逻辑线条

一方面，中国少数民族经历了由外及内、由表及里的建设过程，当民族识别最终确认了“族类群体”转换为民族的基本要素（外部要素）之后，“民族”会在新的发展逻辑之下不断填充内部要素。而中国悠久的族类历史和族类基础便是中国少数民族填充内部要素的“原料”。

在身份认同的影响下，获得承认的少数民族只有自觉地将自我认同与外部认同（官方确认）有机结合起来，才能在国家确认的新的“民族称谓”下获得相应的发展条件。所以，少数民族在官方认定的“民族称谓”下想象着共同的历史记忆（集体记忆），并在对共同祖先想象的过程中进一步凝聚民族认同，增强民族荣誉感和自豪感；不断挖掘着新的共同的民族文化（使用国家创制的语言文字、传统习俗、原始宗教等其他传统文化资本等），通过挖掘多样的文化特质来保持民族的多样性和独立性；熟练掌握党和国家的民族政策，并以此为依据来保护本民族的利益。不断构建各自的民族边界。不仅在汉族与少数民族整体之间存在二元关系，而且少数民族之间的民族归属意识也比较强烈，而这种民族归属意识常常在少数民族交往的过程中得以体现并不断强化。

另一方面，民族识别后，当国家确认的发展逻辑线条与少数民族的利益（情感、价值、文化、荣誉、平等、权利）相一致时，少数民族认同与国家确认的民族认同基本重合，少数民族的自然逻辑线条将会被国家确认的逻辑线条所覆盖。但需要注意，覆盖并不意味着消失，在国家场域之外，少数民族的自我建设还会在自身的逻辑线条中得以延续。特别是当国家确认的逻辑线条没有照顾到某些族体或族体的某些利益诉求时，国家之外的建设线条将会显现出来。

二、中华民族规约下的各民族自我建设

2014年3月，在看望出席全国政协十二届二次会议的少数民族界委员时，习近平总书记首次提出包含对中华民族认同的“四个认同”的重要意义。[①] 2014年5月召开的第二次中央新疆工作座谈会上，习近平总书记再次指出：“要在各族群众中牢固树立正确的祖国观、民族观，弘扬社会主义核心价值体系和社会主义核心价值观，增强各族群众对伟大祖国的认同、对中华民族的认同、对中华文化的认同、对中国特色社会主义道路的认同。”[②] 2015年8月召开的中央第六次西藏工作座谈会上，习近平总书记在原来提出的“四个认同”的基础上，增加了“对中国共产党的认同”，他指出：

①《习近平看望出席全国政协十二届二次会议的少数民族界委员》，《当代兵团》2014年第5期。

②《习近平在第二次中央新疆工作座谈会上发表重要讲话》，《人民日报》2014年5月30日，第2版。

“必须全面正确贯彻党的民族政策和宗教政策，加强民族团结，不断增进各族群众对伟大祖国、中华民族、中华文化、中国共产党、中国特色社会主义的认同。”[①] 此后，习近平总书记多次强调了增强“五个认同”的重要意义。

而习近平总书记在强调少数民族要增强对中华民族、中华文化等的认同背后，实际上提出了中华民族对少数民族自我建设的规约问题。换言之，少数民族的自我建设不能超出中华民族的范畴。从理论上看，按照过去费孝通先生的解释，中华民族与少数民族的关系已经十分明了。[②] 但终因少数民族话语及建设实践的强大牵引，在一段时间里，少数民族与中华民族的发展并不平衡，甚至偏废。首先，中华民族与少数民族的发展并没有朝着“应有”的方向前进。少数民族在中国特色的民族结构中前所未有地凸显出来。相反，中华民族建设则长期被忽视。其次，从表面上看，中华民族涵盖少数民族，各个少数民族是中华民族大家庭的平等一员。但从内部结构来看，中华民族是“民族”的民族，56个“民族”与中华民族之间存在一种结构性张力。而要最大限度地规避二者间可能出现的结构性风险的关键是使少数民族与中华民族相向而行。为此，党中央决策层特别强调少数民族对中华民族的认同，重新表述中华民族与各民族（核心是少数民族）的关系，并把它界定为“一个大家庭与家庭成员的关系。”少数民族的自我建设、自我奋进不能超出这样的关系范畴。时至今日，在铸牢中华民族共同体意识的主线指引下，各民族的自我建设在增进共同性、尊重和包容差异性，特别是以增进共同性为主的原则下进行，少数民族自我建设与中华民族建设的关系更加明确。

---

①《习近平在中央第六次西藏工作座谈会上发表重要讲话》，《人民日报》2015年8月25日，第2版。

② “费孝通把中华民族这个概念诠释为现在中国疆域里具有民族认同的十一亿人民。”他所阐释的中华民族也是与中华人民共和国紧密结合在一起的国家民族。除此之外，作为一个民族实体，中华民族还具有历史、文化等广义民族的非本质属性；55个少数民族则是组成中华民族的民族单位。对于他们与中华民族的关系，费孝通指出：“中华民族所包括的五十多个民族单位是多元，中华民族是一体，它们虽则都称‘民族’，但层次不同。”依据费孝通的阐释，中华民族在中国特色的民族结构中处于较高层次，中华各民族（汉族和少数民族整体）处于较低层次。参见费孝通：《中华民族的多元一体格局》，《北京大学学报》（哲学社会科学版）1989年第4期。

第五章

中国民族建设理论的基本逻辑

基于各民族的观察视角，中国的56个民族到底是怎样被建设起来的？有何种特定的内涵或特征？基于对中国近现代以来民族建设过程的系统梳理发现，它有着悠久的族类基础，丰富的互动过程（主客体）和要素或实现标志，以及类型差异即各个民族被建设的过程和程度的差异。它们构成了中国民族建设的内在逻辑，也是认识中国民族建设过程的基本要点。

第一节　民族建设的基础和形式

今天中国的“民族”并不是在一块“白板”上随意比画的结果，而是在中国历史发展中存在并演变至近代的“族类群体”及族际关系结构的基础上一步步朝着“民族”建设的产物。

一、民族建设的族类基础

承认各民族的建构性，并不否认各民族与历史发展演变中的“族类群体”的历史文化联系。事实上，“构建论并不否认原生论，而是认为族群或民族的形成无法从族群的特质中导出，必须归结到社会条件的基础上，通过政治与经济资源的竞争和分配则可以解释族群的形成、维持与变迁。进一步讲，原生论提供了族群（民族）认同的基础（原初的文化特质），构建论描述了族群（民族）认同如何构建（到底怎样形成）的方式。”[①]应该说，“原生论”与“构建论”并不是截然对立的。族群—象征主义民族理论学派的代表人物安东尼·史密斯也从民族与族群的关系对相关问题进行了论述，他在不否认民族（nation）的构建性的基础上，强调民族的族群基础及文化特征（即认为民族的基础是族群），特别强调民族的历史地位和持久生命力。[②]他指出："如果我们想要领会现代民族和民族主义的力量以及理解他们的形成，我们必须追溯各民族在长时段中的（族群）起源和形成以及他们在未来可能的走向。”[③]同时，他还论述了现代民族形成的两种前现代族群形式。安东尼·史密斯对民族与族群关系的论述虽不能直接用来分析中国的少数民族与中国历史发展中的“族类群体”之间的关系，但却提供了一种认知中国少数民族的方法论。实际上，中国历史发展中的“族类群体”与后来建设的民族（少数民族）并不是完全割裂的，少数民族建设正是在各个“族类群体”的基础上一步步实现的。

中国历史发展中的各个“族类群体”有着自身的互动过程。这些族类群体在各种因素交互影响、碰撞凝定的过程中共同创造了中国“统一多民族国家”的历史疆域和族体源流。中国有着上下五千年的文明史，在中国这块庞大的历史疆域上，在这五千年的历史变迁中，先后有众多族类群体起源、繁衍、发展、留存、嬗变、甚至消失。众多历史悠久的族类群体以“华夏–汉族”为凝聚核心，在中国这块庞大的历史疆域上，“经过接触、混杂、联结和融合，同时也有分裂和消亡，形成一个你来我去、我来你去，我中有你、你中有我，而又各具个性的多元统一体”[④]。在这个“多元统一体”的历史演进过程中，“华夏–汉”与“四夷”是核心主体，而“四夷”成为今天中国少数民族的“族类基础”或“民族原料”。

---

① 左宏愿：《原生论与建构论：当代西方的两种族群认同理论》，《国外社会科学》2012年第3期；汤韵旋：《族群、族群认同与族群建构论的实践》，《广西民族研究》2006年第4期。

② 叶江：《当代西方的两种民族理论——兼评安东尼·史密斯的民族（nation）理论》，《中国社会科学》2002年第1期。

③ A. D. Smith，*Myths and Memories of the Nation*，Oxford University Press，1999，p.10.

④ 费孝通：《中华民族的多元一体格局》，《北京大学学报》（哲学社会科学版）1989年第4期。

从文明社会的历史变迁来看，从周朝开始，在华夏族为中心并向四周区分的空间认识之下形成了“四夷”的泛称。即把华夏族东边的族类群体泛称为“东夷”，把西方族类群体称为“西戎”，把南方的族类群体称为“南蛮”，把北方的族类群体称为“北狄”[①]。除此之外，在东南部有百越族群，可能是“南蛮”的一支分化而成，在西南方有百濮族群，可能由不确定的族源（九黎部落）与“南蛮”的一支融合而成。六大族类群体构成了那个时期中华大地上“族类群体”的格局。之后中国历史上各个族类群体的历史皆由此展开。但本文很难对各个族类群体纵向的演变过程做翔实的研究，只能做一个梗概。事实上，在中华大地上，不仅庞大族类群体（以汉族为核心凝聚而成）存在融合、混杂、接触、联结的过程，各个族类群体也在融合、混杂并不断湮没、再生。在包括汉族群体在内的各个族类群体生存互动的过程中，汉族融合了其他各个族类群体的成分，无纯粹之汉族，都已经成为血缘混合的群体。同时，其他各个族类群体也如此。费孝通先生特别指出，“在看到汉族在形成和发展的过程中大量吸收了其他各民族的成分时，不应忽视汉族也不断给其他民族输出新的血液。从生物基础或所谓‘血统’上讲，可以说中华民族这个一体中经常在发生混合、交杂的作用，没有哪一个民族在血统上可以说是‘纯种’”[②]。这样的论述从血缘的角度阐述了中华民族的整体性，汉族与少数民族相互输入，既强调汉族在中华民族凝聚中的核心作用，也认识到了少数民族对汉族的融合。

各个非汉族类群体与汉族群体、各个非汉族类群体之间的交流融合、生存互动共同谱写了“族类群体”的演变过程，并在中国历史上的各个朝代、各个阶段以不同的结果呈现出来。历史上影响较大的“非汉族类群体”，东北有乌桓、鲜卑、高丽、室韦、契丹、女真等，北方有匈奴、乌孙、突厥、回纥、蒙古等，西南有氐羌、吐谷浑、吐蕃、西南夷等，南方有武陵蛮、僚、瑶、苗、黎等。经过了长期的融合、混杂、迁徙等过程，到了近代，主要是汉、满、蒙、回、藏——“五族”或梁启超主张的“汉、满、蒙、回、苗、藏”等诸族，抑或是“大中华国云南军都督府”提出的“汉、回、

① 见《礼记·王制》。转引自吕思勉：《中华民族源流史》，九州出版社2009年版，第27页。

② 费孝通：《中华民族的多元一体格局》，《北京大学学报》（哲学社会科学版）1989年第4期。

满、蒙、藏、夷、苗”等各族最为活跃。

同时，中国历史发展中出现的众多“族类群体”在互动演进的过程中还会形成特定的族际关系。从族际关系主体来看，主要有统治族类群体与被统治族类群体的关系、边缘族类群体之间的关系。除此之外，还有整个“庞大族类群体”与“外藩”的关系、边缘族类群体与“外藩”的关系等；从族际关系的性质来看，在本质上是强调夷夏之别，其基础是血缘、教化，其形式是不平等。特别强调中原文化的优先性，以此来区分族类群体的异质性（熟藩—生藩）。并以中原文化为核心形成了对异文化群体在文化上的歧视以及统治上的压迫。具体表现为统治族类群体对被统治族类群体的压迫以及相互攻伐、中原族类群体对边缘族类群体的教化和歧视，以及边缘族类群体对中原文化的仰慕等；从族际关系的治理来看，历代王朝基本秉持了“以夷制夷”的文化治理模式，以此来处理异文化群体的文化差异性问题。如“羁縻之制”“土司制”等；从族际关系演进的角度来看，历代统治者对“异文化群体”的认知有所变化，既有“非我族类，其心必异”的“异族观”，也有“华夷之变”“华夷一体”的天下族类观。但总的来看，始终存在“华夏（汉人）—蛮夷”的族类划分，其分类标准是文化的异质性程度。

二、民族建设：由“族类群体”到民族的转变

历史发展中的“族类群体”在近代以来受到冲击。“民族”这一西方新近的——通过政治纽带联结在一起的——与国家结合在一起的族体形态随着西欧民族国家不断向外扩张而成为世界体系中的重要单位。在构建民族国家势不可挡的历史背景下，一个个新兴的民族也被构建出来，民族在民族国家的制度框架内迸发出了强大的生命力，并影响着全世界。随着这种影响全世界的国家形态及民族形态的向外扩张，东亚传统古老帝国所构建的“朝贡体系”受到西方民族国家“条约体系”的严重冲击，落后的封建制度失去了历史上耀眼的光芒。西方的制度、观念、价值、技术源源不断地流入中国，“民族”概念也是在这样的背景下传入中国的。而相比历史上的朝代更迭，清末之变局的根本不同在于国家范式及国家内核的被迫转换，即有两千多年历史的封建王朝被迫向现代国家转型，以及王朝国家的内核——“族类群

体”（庞大族类群体和各个族类群体）向现代国家的内核——“民族”（中华民族和各民族）的转换。

但近代中国并没有与西方近代民族概念相对应的族体形式，一方面，包括汉族在内的“庞大族类群体”在清末民初呼之欲出；另一方面，“汉、满、蒙、回、藏”等国内诸族活跃在“庞大族类群体”的内部。而现代国家的构建又迫切需要整合国内演变至近代的多样的族类群体及复杂的族际关系，即重塑“国民”，进行民族（国族）构建。因此如何处理和定位历史发展中的众多“族类群体”特别是“非汉族类群体”，成为近代国家范式转换过程中必须要解决的核心问题。但在特定的条件下，受中国传统文化族类观和族际关系的影响，近代思想界出现了以文化、种族来划分“庞大族类群体”的做法，并用“民族”来指称。而“大、小民族主义”学说的提出既统合了“国内诸族”，也开启了构建“国内诸族”的先河。同时，汉民族主义的兴起特别是种族革命引发了“非汉族类群体”的族裔民族主义。在这样的背景下，在近代社会政治力量的作用下，历史发展中出现并演变至近代的众多“族类群体”被一步步朝着“民族”的方向建设。在建设的历史过程中，各个时期获得了族或民族称谓的族类群体并会按照族或民族的逻辑展开叙事。这样的转变在族类群体演变的历史上从未有过，它是一种质的转变。

第二节　民族建设过程的“双线”轨迹及其互动演变

建设过程的展开回答的是民族建设如何推进的基本问题。从建设的角度来看，涉及建设主客体及其发展演变。实际上，主客体的运行轨迹是民族建设过程中的两条线索，梳理这两条线索及其互动过程便能搞清楚民族建设过程是如何向前推进的，及其向前推进的动力问题。

一、社会政治力量等建设主体的政治推动

诚然，中国的各民族是各民族建设主客体共同作用的结果，但主要还是社会政治力量推动的产物。社会政治力量对少数民族的建设是中国少数

民族建设过程中的“主线”。近代以来的各个历史阶段，不同党派、阶级等对“民族”概念的运用，对少数民族内涵的构建，对少数民族的细分等推动着少数民族的建设。大致来看，先后存在以梁启超、孙中山为代表的知识精英、政治派别对“民族”概念的运用，对中国近代民族主义的构建；南京临时政府、北洋政府对“五族共和”观念的实践；南京国民政府对“边疆民族”概念的推崇，共产党对“各民族”的关注；新中国的民族识别；民族识别后少数民族建设的延续等建设主体及建设过程。

回溯历史，近代社会政治力量的活动贯穿于少数民族建设的整个历史过程之中，并在这一进程中具有主导性地位。第一，社会政治力量引入“民族”概念，以及用“民族”概念来嫁接“族类群体”是中国少数民族构建的“起点”。梁启超从日本引入的“民族”一词来源于近代西方“德国取向”的nation概念，即强调nation的血缘、历史、文化属性。而强调血缘、历史、文化属性的民族概念在中国运用的过程中遇到了巨大的挑战。依据梁启超对日本民族概念的理解，中国的“民族”与“国民”并不同一，这与日本的“民族”和“国民”的同一性形成了巨大反差。为此，梁启超很快认识到中国民族情况的特殊性，迅速从“合”的角度提出“大、小民族主义”的划分，并强调在“小民族主义”之外，更提倡“大民族主义”，建设大国民国家。梁启超希冀通过建设“大文化”的国民国家以统合“国内诸族”。而应该提及的，民族概念一旦引入，即使梁启超在不断强调“大民族主义”，在对待“国内诸族”层面也开始谨慎起来，对此，有学者认为，这是民族概念运用上的“作茧自缚”。而同时期的孙中山也深受日本民族概念的影响，在看到日本强调大和民族的同种同源性之后，孙中山等革命派人士秉持以一民族为一国民的单一汉民族国家观，排斥异族，这反而刺激了“国内诸族”的民族意识。但必须明确的是，在现代民族（国民）国家构建的目标下，无论是梁启超还是孙中山，皆从“合”“统一”的角度来处理“民族”与国家的关系。前者强调与民族国家结合在一起的大民族主义、大国民；后者则逐步强调中华民族的国族主义。二者的分歧仅在于对国家内部民族结构的认识上。之后，北洋政府、南京国民政府皆延续了“民族统一”与民族（国民）国家构建的目标。但无法回避的是，民族概念的引入及民族主义的散布使得“各民族”概念的传播不胫而走，和国内“各民族”的觉醒不引自发；第二，近代社会政治力量对“各民族”概念的运用不同程度地推动了“少数民族建设”。比如，南京临时政府提出“五族共和”；北洋政府对“五族共和”思想进行了一定程度的实践；南京国民政府宪制变迁中对“中华民国各民族”的表述，国民党地方势力对“各民族”的划分、分类，学术界的民族调查研究与“少数民族”范围的拓宽；等等。而诸如“五族”“国内诸族”“各民族”等概念被构建和提出后，中国历史发展中的“族类群体”逐步获得了“族”或“民族”的称谓；第三，中国共产党在少数民族建设过程发挥了关键性作用。共产党坚持具有特定指称的少数民族概念（受马列主义民族理论和苏联民族实践的影响）和一系列承认、扶持、促进少数民族发展的政策，把众多自在的“族类群体”建设为55个自觉的民族。离开了党和政府的构建，就无法对今天中国的55个少数民族作出合理的说明；第四，新中国的民族识别是少数民族建设过程中的关键节点。党和政府在民族识别过程中发挥着重要作用，党和政府通过民族识别确认了中国55个少数民族的基本格局；第五，民族识别后，在“民族”的范式和逻辑下，少数民族建设主客体皆在新的“民族”过程中开展新的“民族”实践，并在民族识别确认的民族框架内推动了少数民族建设的延续。

二、民族的自我觉醒

各民族自身对建设主体的建设行为并非完全是被动接受，事实上，民族自我意识的不断觉醒也是民族建设过程中的重要方面。第一，清朝末年，在国家转型以及西方“民族”概念引入的背景下，中国“族类群体”的“自觉”意识开始萌发，并呈现出族别差异和地区差异。“族裔民族主义”情绪最早在满、蒙、藏当中出现。同时，随着西方民族国家的入侵，各族人民在反抗外来侵略的过程中，众多“族类群体”也出现了“保种保族”意识和国家意识。辛亥革命的爆发，还波及“回疆”和西南的“原始民族”，使得这些地区的“族类群体”也出现要“聚拢”的意识；第二，民国初期，各社会政治力量达成了“五族共和”的共识，“少数民族”遂咸于“共和”，在国家认同方面，发生了由“清王朝”向“共和民国”的转变。北洋政府在“五族共和”思想的指引下，积极地与少数民族上层开展互动，缓和了中央与少数民族地方的关系，少数民族上层的政治参与意识高涨。与此同时，马克思列宁主义民族理论传入中国，少数民族构建迎来了新的理路，无产阶级的发展壮大以及中国共产党的成立推动了少数民族的“新觉醒”。即少数民族底层大众的“民族”意识开始觉醒，少数民族革命运动开始兴起；第三，南京国民政府时期，“各民族”问题尤其是少数民族问题成为国共两党斗争和博弈的重要变量。在“承认”与“淡化”之间，少数民族意识普遍提升；第四，中华人民共和国成立后，政权发生变更，为实现参政议政和积极建设新政权的愿望，少数民族的民族归属感和政治诉求空前高涨。更重要的是，新中国的民族识别构建了55种的少数民族认同，少数民族彻底自觉；第五，民族识别后，在民族识别确认的民族框架内，党和国家对少数民族的建设和少数民族的自我建设仍在继续。而少数民族建设客体的自觉反过来又会对少数民族建设主体提出新的、更高的要求，并影响着建设主体的行为。

三、主客体建设轨迹的基本重合

各民族建设主客体的“双线”轨迹没有完全割裂开来。从历史发展的逻辑来看，少数民族建设主客体的互动有一个逐步加强直至基本重合的过程。其中，民族识别是一个关键节点，它是区分建设主客体互动效果的主要标志。在少数民族建设的历史过程中，各政党、各阶级对少数民族的建设与少数民族自身的觉醒并非一开始就呈现出“双向”互动的特征，直到新中国的民族识别才真正实现了少数民族建设主客体逻辑的基本重合。

少数民族建设主客体逻辑的基本重合与民族识别之前少数民族建设主客体的“非对称性互动”形成了鲜明对比。在民族识别之前，少数民族建设主客体之间虽有发生互动，但在时间和族别上不同步、空间和族别上不均衡、可及性（有效性）上不广泛。同时，少数民族的利益诉求没有得到充分的回应。从少数民族建设主体的角度来看，首先，近代社会政治力量对“民族”概念的运用与“各民族”对“民族”的体认不同步。通俗地讲，“民族”概念从思想界、学术界的运用到“少数民族”自身的认知有一个传播的过程。并且，少数民族自身“民族”意识的启蒙也有一个时间先后和地区差异的问题。其次，各政党、各阶级、政府对“各民族”的关注存在事实上的区域差异和族别差异。近代以来，政府和国人给予蒙藏地方及蒙、藏民族以较多关注，国民政府的“民族”观念中也多秉持“五大民族”的认知，直到抗战爆发后，“西南民族”“西北民族问题”才受到更大关注。最后，北洋政府、国民政府在边疆多民族地区推行的改革或政治一体化进程多依靠少数民族上层，缺乏对广大少数民族的动员。共产党的民族观念实践在长征以前多停留在理论探讨层面。知识精英对民族问题的调查研究及分类也多停留在学术研究层面；从少数民族建设客体的角度来看，民族识别之前，无论从横向（族别）层面，还是纵向结构（少数民族上层与少数民族大众）上看，少数民族与建设主体的互动都是缺乏整体性的，换言之，少数民族没有全面觉醒，众多“族类群体”仍然保持着传统的族类生活，或者仅是他们中的上层或精英受到外部力量的影响。同时，少数民族下层的利益诉求常常只得到共产党的回应，共产党之外的建设主体则很少关注少数民族特别是少数民族大众的诉求，而多重视少数民族上层的意见。并且，少数民族的意愿也很难影响到共产党之外的其他建设主体的建设行为。

民族识别使少数民族建设主体和少数民族建设客体基本走到了同一条轨迹上，双方的互动具有整体性和普遍性。首先，共产党的民族观念实践深入人心，并随着党的民族工作而大范围普及。少数民族对新政权的新气象充满了希望，并纷纷要求确认自己的族称和公开自己的民族成分，400多个自报的民族名称的出现足以说明少数民族自觉的普遍性和要求民族识别的整体性和广泛性。其次，共产党一律平等对待国内处于不同发展时期的“少数民族”，通称他们为“民族”，并整体性、全方位地推进民族识别。最后，共产党民族识别工作因得到少数民族的认同、参与而更加凸显其权威性和有效性，广大少数民族人民是满意的。因此，民族识别使党和政府引导少数民族认同的轨迹与少数民族自身自觉的轨迹基本重合，在少数民族建设的同一条轨迹上（外部建设与少数民族自我建设的吻合），建设主客体发生了经常性、“平等性”、有效性的互动。在建设双方的共同参与下，确认了55个得到少数民族认同的民族称谓，标志着少数民族建设的基本完成。

应该提及的是，“自上世纪90年代以来，分析中国的民族识别，解构中国政府对其境内少数民族的构建在西方业已成为中国研究的一个知识增长点。他们解构中国少数民族，并不是因为他们觉得没有民族识别也就没有中国少数民族，与此相反，在他们看来，如果没有民族识别，中国的少数民族至少会是400多个而不仅仅是55个”[①]。他们批评的焦点在于两点：一方面认为中国政府在对民族（族群）构建的过程中没有尊重族群的意愿，“在西方中心主义者看来，由自己来定义自己是谁，这应该是人的基本权利，而国家通过所谓‘科学客观’的民族识别来否定400多个人们群体对于自身的认定，这正是威权政治的具体体现”[②]；另一方面，对后来被识别为单一民族但内部支系复杂的族体存在质疑，认为这一构建的过程是对众多族类支系的灭绝，由众多支系构成的统一民族（少数民族）内部并不具备共同的族群意识，进而否定中国民族识别的科学性，从而以西方本位的意识形态立场，评判中国政府民族政策的歧视性和同质化色彩。由上述两方面的解构进路进而推及的结论是“中国的少数民族是党和政府通过民族识别发明创造出来的”[③]。

而本研究对西方学界对中国少数民族的误读和中国政府的偏见做出了强有力的回应。第一，本研究强调少数民族建设的悠久“族类基础”，而非随意构建，凭空创造。第二，少数民族是近代以来在外来民族概念被引进，中国现代民族观念形成以后一步步建设出来的。它是近代以来在一个相当的历史过程中建设的结果，而绝非中华人民共和国成立之后才有的产物。第三，民族识别在少数民族建设的历史过程中发挥了关键性作用，但民族识别并非完全由党和政府主导，相反，民族识别过程充分尊重少数民族的意愿，民族识别所确认的民族是各方力量互动协商的结果。第四，民族识别具有政治与行政的考量，我们可以自信的指出它是现代中国的国家工程，但重点是这并不妨碍中国民族政策的成功实践，更不能因民族识别的政治性而否认中国少数民族的认同。第五，在党和政府的推动下少数民族取得了长足的进步，在政治上实现了当家作主，享有充分的集体权利。但中国政府为民族平

① 潘蛟：《解构中国少数民族：去东方学化还是再东方学化》，《广西民族大学学报》（哲学社会科学版）2009年第2期。

② 潘蛟：《软实力建设：中国民族问题的国际陈述研究——基地重大项目论证报告（节选）》，《共识》，2011年第5期。

③ 潘蛟：《解构中国少数民族：去东方学化还是再东方学化》，吴晓萍、徐杰舜主编：《中华民族认同与认同中华民族——人类学高级论坛2008卷》，黑龙江人民出版社2009年版。

等做出的努力和少数民族取得的发展成就常常被西方学者选择性地无视。相反，西方学者常常在预设的带有西方中心主义偏见的研究范式中认识中国。而他们的理论根本无法解释中国少数民族的发展演变，同时，也缺少对中国族类传统的认知，得出的结论十分片面。

四、主客体建设轨迹的持续运行

民族识别后，各民族建设主客体的建设轨迹并没有停止运行，相反，建设主客体在官方确认的民族框架内推动着新的民族过程的发生发展，即推动着各民族建设的延续和少数民族的持续演变。

在少数民族持续演变的过程中，少数民族形态不断发展变化。一方面，党和政府、学术界等建设主体的民族观念实践、民族研究巩固了民族识别确认的少数民族格局及中国特定的少数民族形态，并以此格局对少数民族实施相应的赋权，推动少数民族的发展；另一方面，少数民族自身也在特定的民族生态和民族演变结构中不断觉醒，不断巩固自我意识，不断塑造自我想象。郝瑞（Stevan Harrell）在质疑中国民族识别的科学性时指出，过去民族识别归并的“民族”内部缺乏认同基础，单一少数民族内部的各个支系之间仍存在比较明显的自我认同。而问题的关键是，由于获得了官方认定的地位，过去没有统一认同的“民族”，如今在某种程度上已经发展出了新的“民族认同”，各民族已经成为民族生态中的一个个真实的统一体。①而认同的这种变化正是得益于民族识别之后少数民族的自我奋进。

值得注意的是，民族识别后，少数民族建设主客体的运行轨迹具有新的特征。一方面，在民族识别的国家轨迹（少数民族与国家达成共识）之下，仍存在着少数民族自身的活动轨迹。当国家确认的民族身份能够保障少数民族权益的时候，少数民族自身的活动轨迹就会被国家确认的民族实践所覆盖，反之，则可能存在新的张力。另一方面，民族识别后少数民族建设主客体推动下的少数民族发展演变过程具有持续性。正如国家是一种动态的存

① 参见［美］斯蒂文·郝瑞：《田野中的族群关系与民族认同：中国西南彝族社区考察研究》，巴莫阿依、曲木铁西译，广西人民出版社2000年版，第4页。

在物一样，我们对民族的认识也应持一种开放性的态度，体认“民族（少数民族）”实际上是一种在现实环境下实时发生的动态建构过程。[①]

第三节　民族基本要素的建设及类型

在由“族类群体”到“民族”（少数民族）的转变过程中，涉及“族类群体”建设成为“少数民族”有哪些要素，以及实现过程等基本问题。比如，民族称谓的获得与确定，少数民族的内涵逐步明确并具有特殊性，少数民族意识的形成等。而这些要素或要求的达成并非一蹴而就，推动少数民族建设的条件也非一成不变。事实上，“少数民族建设”处在一个变化的历史政治过程当中。在这个过程中，“族类群体”（主要是非汉族类群体）逐步获得民族称谓，并由最初的简单嫁接到最后的明确固定；社会政治力量对少数民族内涵的认识和把握由一般到特殊；少数民族逐步认同“少数民族称谓”；少数民族的民族认同渐进形成。同时，各个“族类群体”在转变为“少数民族”的过程中或是实现上述要素的过程中存在族别差异。

一、用民族概念指称各个“族类群体”：由随意嫁接到明确固定

各个“族类群体”自开始获得“民族”称谓距今已有一百多年的历史。而在一百多年前，并非一开始就有56个民族，事实上，除了最早的汉、满、蒙、回、藏之外，当时的很多“族类群体”都不叫民族。同时，那时的“民族”与今日的“少数民族”在自觉程度、地位、内涵上有很大的变化，甚至有根本的区别。正如周平教授指出的那样：“诚然，在这56个民族当中的汉、满、蒙、回、藏等族体早已存在，但那时的各族并非今天的‘各民族’，既没有取得民族的地位，也没有享有作为民族的集体性权利，更不能享有由党和国家的各项政策带来并维护的民族利益。”[②]

---

① 参见关凯：《当代中国社会的民族想象》，《中国民族报》2010年7月9日，第006版。

② 周平：《中国民族构建的二重结构》，《思想战线》2017年第1期。

用“民族”概念指称各个“族类群体”处于变化过程当中。一是“民族”概念指称范围的不断扩大，即由最初的“五族”扩大到今日的56个民族。具体来看，近代思想界、政治派别更多是在“五族共和”的理念框架下来认识和处理中国的族际关系。比如，在这个框架内，梁启超在“五族”之外，加入苗族，即“只有以汉族为中心吸收满族，合汉、满、蒙、回、苗、藏为一大民族，才能实现大民族主义的目的”[①]；大中华国云南军都督府提出汉、满、蒙、回、藏、夷、苗“七族共和”[②]；新疆伊犁辛亥革命提出汉、蒙、回、缠、哈，均应该一视同仁；等等。而细细研究会发现，这样的一些“民族”划分更多只是对中国“各民族”的泛称，还不是具体民族称谓。同时，在当时主流“民族”观念和认知之外，事实上，还存在诸多“民族”划分。

进入新民主主义革命以后，中国共产党特别关注“各民族”，推动“各民族”称谓的广泛使用。在共产党的相关文件中，共有数十种“某某民族”称谓被提及，比如“蒙古民族”“内蒙古民族”“西藏民族”“夷民民族”“苗瑶民族”“倮倮民族”“回回民族”等。[③]除了直接构建和使用“某某民族”称谓之外，共产党还使用各民族、各少数民族、弱小民族、被压迫民族、古代民族、原始民族、土著民族等概念来指称中国境内的“非汉族类群体”。

同时，国民党及其地方势力也在各自的意识形态下给予“少数民族”一定重视，特别是新疆盛世才政府仿照苏联民族模式，在新疆第二次全省民众代表大会正式确定新疆有14个民族，即维吾尔、哈萨克、汉、回、蒙古、满、乌孜别克、柯尔克孜、锡伯、索伦（达斡尔）、塔吉克、塔塔儿（尔）、塔兰奇（实为维吾尔族）、归化（俄罗斯族）等。[④]而与清末民初以来发展形成的“五族”观念及其少数民族建设路径有所不同，盛世才在新疆进行的民族划分受到苏联民族划分的影响。而这套划分模式与新中国成立之后共产党进

① 梁启超：《政治学大家伯伦知理之学说》，载《饮冰室文集》第2册文集之十三，中华书局1989年版，第75页。

②《布告全省同胞文》，发布时间为11月，上海《民立报》1911年12月8日刊登，见孙璞：《云南光复军政府成立记》，中国社科院历史研究所第三所编：《云南、贵州辛亥革命资料》，科学出版社1959年版，第46页。

③ 参见中共中央统战部：《民族问题文献汇编》，中共中央党校出版社1991年版。

④ 参见娜拉：《清末民国时期新疆民族人口及分布格局》，《黑龙江民族丛刊》2006年第3期。

行的民族识别有着相似的划分路径和理论依据。事实上，除了“塔兰奇”被错划为一个民族之外，新中国成立之后对新疆“各民族”的认识基本延续了盛世才的划分格局。

1949年9月21日，在北平举行的中国人民政治协商会议第一届全体会议有13个少数民族的33名代表参加。[①]新中国成立初期，蒙古、回、藏、维吾尔、苗、瑶、夷、朝鲜、满、黎、高山等民族已经成为公认的“少数民族”[②]。但延续至新中国成立初期的民族划分在缺少识别的情况下缺乏科学性。之后，经过新中国三个阶段的民族识别，最终确认了今天56个民族的基本格局。

二是民族称谓逐步固定。即“某某民族”的指称逐步规范和稳定。事实上，在“民族”概念引入以后的很长一段时间里，“某某民族”的用法并不固定。“某某”“某某族”“某某民族”经常混同使用。直至新中国的民族识别后，少数民族称谓才正式固定下来，而今日对于“某某民族”称谓不能随意使用和更改。更改民族成分已经上升到政策法规层面，需要官方的批准才能修改。

三是民族成分或归属逐步确认，民族内涵逐步明确，民族地位更加巩固。在“民族”概念引入之初，获得“民族”称谓的很多民族的成分和归属是不明确的，含义也是模糊的。比如，“五族”里面的“回”是泛指新疆“回部”信奉伊斯兰教的所有民族群体，与汉族杂居在内地的“回回”则不被承认为一个“民族”。而汉不仅包括汉族，实际上还泛指所有汉化民族。其实，民族成分、民族内涵的这种不明确一直持续到新中国成立前后。比如，新中国成立初期，1949年10月25日，《连队生活》杂志在给解放军指战员介绍少数民族时写道：“咱中国四万万七千万人口里，除汉族外，还有蒙、回、藏、苗等许多种族，因为这些种族人数少，所以便称为‘少数民族’。”[③]可见，这时仍有从种族的角度来理解少数民族的内涵。比如，在1950年的国

---

① 《中国人民政治协商会议第一届全体会议代表名单》，《人民日报》1949年9月22日，第3版。

② 黄光学、施联朱主编：《中国的民族识别——56个民族的来历》，民族出版社2005年版，第106页。

③ 金炳镐：《我国“少数民族”概念的历史考察》，《中国民族报》2002年1月1日。

庆观礼团中，湖南省永顺县的一位后来被识别为土家族的女青年田心桃就被误认为是苗族的代表。“她在与其他民族接触的过程中，对比自己的民族特点，发现与其他民族尤其与比邻而居的苗族、汉族不同，不仅在语言上不同，即在自称、风俗习惯也不相同。”①“因而，她向党和政府提出自己的民族成分是土家族而非苗族，要求中央派人对土家进行调查识别。这个要求当即引起中央领导和有关专家、学者的重视。中央民族学院研究部的潘光旦、王静如、汪明瑀等教授立即着手开展对田心桃同志所反映的土家人的历史文化、风俗习惯和语言等情况的研究。”②比如，中央民族访问团到达海南时发现海南苗族在语言、文化生活、风俗习惯等方面都与瑶族相近似，但与土家族女青年强烈的土家族认同相反，这些从民族特征和历史渊源都应是瑶族的群体则一直存在自己是“苗族”的共识。类似上述问题是在民族识别后才得以解决和确认的。而伴随着民族成分的确认、民族内涵的厘定，少数民族的地位也逐步确立。时至今日，“少数民族”在中国民族话语中已经被赋予了特殊的身份和地位，“少数民族”在很多领域成为一种资格。总的来看，与“民族”概念引入之初相比，今天的少数民族称谓再也不是一个简单的、随意使用的指称符号，而是一个固定的、严肃的、与政治相关、与利益相关的政治认同符号。

二、社会政治力量对各民族的把握由一般到特殊

在当今中国的民族话语中，“少数民族”是汉族以外55个民族的统称。而如果从近代社会政治力量对汉族以外民族的认知、关注、重视和推动的角度看，近代以来少数民族建设主体比较宽泛，先后主要出现了改良派（维新

① 她说：“土家族自称‘毕兹卡’，称苗族为‘伯卡’，称汉族为‘帕卡’。风俗习惯也不同：土家过春节比苗族、汉族早一天，正月初三至十五，每晚男女聚集在摆手堂跳‘摆手舞’，是敬土家祖先向大官人、田好汉、鲁力嘎巴等。所以土家不是苗，土家不是汉，土家是一个历史悠久的民族。”参见田心桃：《确定土家族是单一民族的见证》，《土家学刊》1997年第4期。

② 参见黄光学、施联朱主编：《中国的民族识别——56个民族的来历》，民族出版社2005年版，第104—105页。

派、君主立宪派、保皇派）与革命派，国民党与共产党。除此之外，还有北洋政府，以及各个历史时期的地方实力派、学术界、社会团体等。他们在中国少数民族建设过程中发挥了各自的作用，并且随着各自对民族认知的进步，而把中国少数民族建设逐步推向深入。同时，考虑到他们秉持不同的政治主张，以及所面临的环境、条件、目标的差异，他们对“少数民族”的建设并非完全一致。其中一些社会政治力量在少数民族建设的过程中发挥了关键性作用，而一些社会政治力量则是从其他角度（国族主义、边疆民族等）来认识“少数民族”。

回溯历史，自“民族”概念引入之初，“少数民族建设”开始萌芽，其中一个显著标志便是社会政治力量（当时主要是知识精英）用“民族”概念来指称“非汉族类群体”。从“少数民族建设”的“概念牵引”线索出发，改良派及梁启超无疑是创造有利于“少数民族建设”的相关“民族”概念的“始作俑者”。具体来看，自1903年梁启超在《政治学大家伯伦知理之学说》中首次创造性地提出“大小民族主义”学说之后，中国少数民族的建设并开始有了“民族主义”的指引。梁启超在论述“大民族主义”的过程中已经认识到汉、满、蒙、回、苗、藏诸族的客观存在，也正是以此为节点，中国既存的各个“族类群体”开始有了“族”“民族”的称谓。并且，梁启超在解释“小民族主义”的过程中还出现了“汉族”与“国内他族”的区分（小民族主义为何，汉族对于国内他族是也）。所以，梁启超“大、小民族主义”的划分，即关注到“民族整体”，也认识到“各个少数民族”（满、蒙、回、苗、藏诸族）。

与改良派正面认识“少数民族（非汉族类群体）”的做法相反，革命派则从“排满”和强调汉民族主义的角度刺激了“少数民族（满、蒙、回、藏等）”的“民族”意识。缘何“排满”？有学者指出，“历史文化里的族类之辨和东西洋学理中的民族主义汇通于20世纪初年的中国，使戊戌变法失败之后节节内卷的社会矛盾得以附着聚合，在知识人的论说里激烈地归向排满一途”[①]。而在中国历史演进的逻辑中，中国历史发展中“呼之欲出”的“庞大族类群体”在清朝已经得到王朝国家范围内的“巩固”和“凝聚”，“五方之

① 杨国强：《晚清的士人与世相》，生活·读书·新知三联书店2008年版，第326页；杨国强：《思想的恢张——论清末知识人的反满意识》，《思想与文化》2004年第00期。

民”、不同“族类群体”均是“大一统”王朝的臣民，各个“族类群体”没有清晰的边界，它们之间既互动又博弈，支配它们交往和区分的是“族属”或文化，即使是在晚清国家危机（政治危机）、边疆危机凸显的背景下，清王朝也试图构建起各个“族类群体”对“中国”的认同，维护“中国”的统一。同时，在苟延残喘之际，清末立宪运动中也已经提出要“平满汉畛域”，实现“五族大同”，促进“多元民族国家”的构建。从当时国家转型的角度来看，这是清王朝的最后设想和努力。事实上，在整个清王朝时期，各个“族类群体”的互动、交往、融合是存在和可能的，而清王朝没有实现最后的目标，其关键不在它的“价值取向”和“族类政策”的失败，而是其政体的腐朽及能力后衰败，因此，必须从根本上推翻它。正因为这样，资产阶级革命派从推翻清政府这个根本出发，借用了“民族主义”这一情感工具。但在运用民族主义的过程中，也存在一些消极影响。这些消极影响便是刺激了“国内他族”的“民族”意识以及后来的“分立”倾向（并且被帝国主义所利用）。

而改良派与革命派的分歧以其简单说是两派对“非汉族类群体”存在不同认知，毋宁说实际上是两派在理解“民族主义”的过程中受到中国既存族类群体和族际关系的影响，使得他们在使用“民族”概念的过程中出现认知上的混乱，后来，当两派对“民族”概念的认知不断深入后，都在努力地尝试把中国民族朝着“合”的方向解释。比如，君主立宪派主张的“大民族主义”强调合国内诸族组成一大民族，以对于国外之诸族也，即A+B+C+D+E=F的融合模式；而革命派主张的民族主义在一开始是单一的汉民族主义，之后则强调以汉族为主体，吸收其他诸族，进而同化于汉族。即A+B+C+D+E=A的模式。[①]应该注意的是，两派对“民族主义”的理解皆围绕“建国”及“大国民或大民族”展开。同时，受此影响，中华民国建立后，南京临时政府、北洋政府皆从国家一统、民族合一、国民统一的目标来认识国内各民族，强调“五族共和”“五族同化”“五族合一”“七族共和”“各民族一视同仁”等。一言以蔽之，从两派及其影响的社会政治力量的民族主义目标来看，他们虽然构建和使用了“各民族”称谓，但从根本上

① [日]王柯：《构筑“中华民族国家”——西方国民国家理论在近代中国的实践》，载《近代中国与世界——第二届近代中国与世界学术讨论会论文集（第一卷）》，中国社会科学出版社2005年版，第73页。

却是在统一、融合的目标下强调“各民族”的“合一”甚至“同化”。正是从这个角度来看，可以把这一阶段概括为少数民族建设的一般性阶段。即对“少数民族建设”没有形成清楚的目标和认识。

民国时期特别是南京国民政府时期，少数民族建设全面展开，诸多社会政治力量加入对少数民族建设的历程当中。其中一些社会政治力量从“各民族”（核心是少数民族）的立场积极推动少数民族建设，而其他一些社会政治力量则从中华民族（国族）或边疆地方的中华民族（“边疆民族”）等立场来认识和研究“少数民族”。具体来看，国民党及其三民主义意识形态影响下的国民党地方势力是从国族主义的立场来认识和看待境内的“少数民族”；共产党、苏联和共产国际影响下的社会政治力量则从“各民族平等”的立场来制定相应的民族政策；除此之外，受西方民族学影响的民族研究者则从文化的立场来划分细分国内民族。同时，各派社会政治力量的民族观念还处于相互影响相互纠葛的互动过程当中。比如，国民党内部因第一次国共合作时期受苏联和共产国际的影响而对国内“各民族”存在观念上的分歧，新疆盛世才政府甚至在苏联和共产国际的影响下对新疆各民族进行了划分和识别；而共产党在抗日战争时期也多次使用中华民族概念，并从中华民族抗战的立场强调各民族团结抗日，强调中华各族一致对外。总的来看，这一时期各社会政治力量的民族知识更加全面，并在各自的政治立场下阐释和运用民族概念，推动民族建设（中华民族建设或少数民族建设）。而在这种背景下，少数民族的民族意识也有明显提升。

值得注意的是，与近代其他社会政治力量及其民族主义立场有所不同，中国共产党秉持马克思主义的无产阶级国际主义民族观，特别关注“各民族平等团结”（由国际到国内）。正是在共产党的推动下，对少数民族的建设更加明确。这种明确主要体现在共产党民族观念话语及实践中的“各民族”与近代以来其他社会政治力量使用和构建的各“民族”或“各族”有显著区别。一方面，共产党建设少数民族的取向和内涵是清楚而明确的。共产党的民族观念实践以马克思主义民族理论为依据，长期围绕各民族展开，形成了以各民族为取向的观念话语，并以制度安排保障各民族的集体权利。在这样一套民族观念实践中，少数民族具有重要地位；另一方面，共产党所建设的少数民族具有固定的族称、明确的民族地位（政治地位和法律地位）、相应的集体权利和集体利益等。今天的少数民族格局及其少数民族的地位、内涵、利益等是党和国家通过民族识别及其相关民族工作实践达成的。

综合上述两方面的情况小结如下：共产党对少数民族的建设及共产党所建设的少数民族与近代其他社会政治力量对“少数民族”的建设及所建设的“各族”有质的改变或升华。一方面，共产党自成立之初就特别关注“各民族”，并积极推动“各民族”概念的构建和运用；另一方面，从少数民族建设的整个历史过程来看，近代以来的“各族（汉、满、蒙、回、藏等）”并非今天的“各民族”。今天的“各民族”主要是共产党在马列主义民族理论指导下与中国历史发展中演变至近代以后存在的各个族类群体的实际相结合，并通过民族识别建设完成的。从这两方面来看，可以认为，共产党在少数民族建设的过程中发挥了关键性作用，也可以认为共产党积极推动建设了少数民族。特别是新中国的民族识别是少数民族建设过程中的关键节点，它标志着中国少数民族建设的基本完成。

三、他称到自认：少数民族对“少数民族称谓”的逐步认同

从汉族与少数民族的关系看，少数民族建设不仅确认了汉族之外的各个民族，而且还确立了一个与汉族相对的“少数民族”整体。换言之，“少数民族建设”不仅要研究汉族之外各个民族的建设过程，而且还要从宏观上研究与汉族相对的“少数民族”整体的建设过程。其中便包括“少数民族称谓”的建设过程。而今天当国人约定俗成的使用“少数民族”概念（相对于汉族的“少数”）时，常常忽视了一个问题，即“少数民族称谓”的由来。针对这一问题，杨思机的博士论文《指称与实体：中国“少数民族”的生成与演变（1905—1949）》做了专门研究。同时，“少数民族称谓”又不仅是一个历史问题，它还是少数民族建设过程中的重要变量①。进一步讲，它是一个

① 从少数民族建设的个体与整体来看，“少数民族称谓”不仅是汉族之外各个民族的指称，而且还是汉族之外55个民族的统称。进一步讲，“少数民族称谓”是中国少数民族建设过程中的重要产物，否则，当今的国内民族关系或将被叙述为汉族与55个民族的关系，而非汉族与少数民族的关系。从这个角度来看，“少数民族称谓”的由来、演变及其“少数民族”自身的认同理应是中国少数民族建设研究的重要方面。

涉及“少数民族”统称的认同问题。包括“少数民族称谓”与少数民族如何衔接的历史过程(哪些社会政治力量在其中发挥重要作用等);少数民族对“少数民族称谓”的认同(少数民族对“少数民族称谓”的真实反应,以及逐步转变的过程)等重要问题。

同“民族”概念一样,“少数民族”一词也并非历史上就有。实际上,正如上文所述,当我们今天在使用“少数民族”概念时,不仅对“少数民族”一词的由来缺乏了解,而且忽视对少数民族如何获得“少数民族统称”的历程及何时认同“少数民族称谓”这一重要问题的研究①,多从主位视角梳理“少数民族”相关概念的演变,缺少对少数民族是否认同“少数民族称谓”的梳理。而后者能够真实地反映出“少数民族意识”的变化。事实上,从用“少数民族称谓”来指称汉族以外的民族(即后来的少数民族)到少数民族认同“少数民族称谓”之间有一个历史的发展过程。在这个过程中,一方面,共产党等社会政治力量发挥了重要作用;另一方面,少数民族自身也有逐步认同的过程。

四、自在到自觉:由族类认同到民族认同

“民族认同”是民族基本要素建设过程中的重要标志或核心变量,它是民族意识的重要构成。从构建论的角度看,民族认同的构建在某种程度上标志着民族的形成。对于中国各民族而言,56种“民族认同”的构建标志着56个民族的形成。56种“民族认同”的构建经历了由多样自在的“族类认同”到56种固定自觉的“民族认同”的变化过程。换言之,“民族认同”的构建并非凭空想象,它是建立在“族类认同”基础之上的。并且,由“族类认同”到“民族认同”的变化过程实际上在“民族”概念引入之后,民族识别开始之前就已经展开。

从民族识别和民族识别之前民族建设的过程来看,中国“民族认同”的建设经历了两个阶段。一是在“民族”概念引入之后,近代社会政治力量在

① 杨思机在他的博士论文《指称与实体:中国“少数民族”的生成与演变(1905—1949)》中提出了这个问题,并梳理了当时一些“非汉族类群体”对“少数民族称谓”的真实看法及变化过程,对本文的研究有重要的借鉴意义。

"族类群体"的基础上所构建的"各族"及其"各族"认同。主要是在民族识别之前已经获得"民族"称谓的满、蒙、回、藏、苗、瑶、黎、僮等公认的少数民族。在这个过程中，这些族体由过去的"某某""某某人"变成了"某某族"或"某某民族"，"民族"认同随即发生，民族意识也开始出现并不断觉醒；二是民族识别后所确认的56个民族，包括前一阶段已经公认的诸多少数民族和通过民族识别才获得族称（比如"直过民族"等）的少数民族。

上述两个阶段既表示"少数民族认同"构建的发展过程，也存在性质上的区别。从56种"民族认同"最终确认的角度看，民族识别是决定性的。在民族识别之前，虽有少数民族认同的发生以及少数民族意识的觉醒，但从其横向扩展和纵向延伸的角度来看，民族识别之前的少数民族认同并不是整体性的，它存在空间上的区域差异和族体内部的层次差异，以及族别上的时间差异和程度差异等。正因为如此，从总体上认为少数民族在民族识别之前仍处于自在状态。进一步说，在民族识别之前，少数民族还没有取得民族的地位和民族的集体性权利，以及形成民族的集体利益。进而没有形成统一的、边界清晰的、固定的民族认同来整合一个个"民族"及其内部的文化认同。对大部分少数民族和少数民族中的大部分而言，这一阶段出现的民族称谓更多是一种他称或者是民族上层的认知。广大少数民族在民族识别之前还不懂得聚拢在统一的、固定的民族认同下争取集体性权利和集体利益。对于大多数少数民族而言，其交往仍是文化性的，即仍停留在松散的"族类认同"层面。

少数民族的彻底自觉出现在民族识别之后，民族识别确认了官方认定的具有政治地位和法律地位的56种民族称谓，同时，通过相应的集体性赋权来保障少数民族作为一个集体的政治权利和民族利益。使得过去松散的（整体上相比较而言）"族体"（既有已经获得民族称谓，也有经过民族识别才获得族称的群体）开始聚拢在新的认同符号下共同保护和追逐本民族的利益。以郝瑞对彝族认同的研究为例进行说明，他在研究中指出，"彝族内部有众多支系，而在民族识别确认了彝族这种新的民族称谓后，彝族内部的个别支系不仅对本族群（族群在中国的特有内涵，被指56个民族内部的支系）保持着强烈的认同，而且他们还有意识地认同着彝族（一种官方认定的民族认同）。同时，彝作为一个民族概念在有关彝的学术研讨会议和干部的任用以及官员之间的交流等方面不断被想象和构建。在彝族中，民族意识虽不完全相同，但对于许多人来说（特别是官员和知识精英），原本是客位的族类已经变成了一种主位的认同，彝族已经成为一个真实的带有情感的民族（minzu）范畴。或许有一天，来自云南、贵州和广西的多种多样的‘支系’将成为一个息息相关的民族——彝族。”① 这些研究形象地展示了民族识别后既存的松散的“族类认同”是如何转向真实的固定的“少数民族认同”的。实际上，在民族识别之前，虽有民族称谓的构建，但并没有与之相关的民族地位和集体权利等，使得那个阶段的“族体”仍保持着“族类认同”。民族识别后，官方认定的新的固定的具有政治地位和法律地位的民族称谓及民族认同被确认，少数民族在一整套民族观念实践的保障和推动下彻底自觉。今天的民族身份已经成为一种象征，被划分的民族成分都会自觉地聚拢在本民族的称谓下不断地想象和构建本民族的内核并谋求各自的利益。

五、类型划分：基本要素建设的族别差异

从近代以来众多“族类群体”成为“少数民族”的基本要素来看，一方面，一些“族类群体”成为“少数民族”的基础条件好（独居，相对独立的生产生活方式），历史上就特征明显，且具有相应的意识，故近代以后对其基本要素的构建就相对自然，比如，满、蒙、回、藏等在“民族”概念引入之初，随即获得了“民族”称谓，因此，这一类型的“族类群体”转变为“少数民族”的构建成分相对偏弱；另一方面，一些“族类群体”在转变成“少数民族”的过程中，因迁徙融合再生而需要重新梳理其历史文化等，特别是在融合的过程中因已有特征的消失而在很长一段时间里不被承认为“民族”。这一类“族类群体”在获得民族称谓的过程中则具有较强的建构性。而民族建构性的这种强弱差异实际上引出了民族建设的类型问题，即今天的56个民族在近代以来的建设过程中存在族别差异，而这也增加了中国民族建设过程的复杂性。本书很难对今天中国的56个民族自近代民族概念引入

① 参见郝瑞著，巴莫阿依、曲木铁西译：《田野中的族群关系与民族认同——中国西南彝族社区考察研究》，广西人民出版社2000年版，第257—259页。

之后而发生的转变过程做一个全面的梳理，只能从基本要素的层面对少数民族建设的整个历史过程中的族别差异做一个宏观的把握。

其一，在“民族”概念指称范围不断扩大的过程中，各个“族类群体”获得“民族”称谓的过程存在时间上的先后差异。比如民族初期“满、蒙、回（包括缠回）、藏、苗、瑶、夷（彝）、哈（哈萨克）”等获得“民族”称谓，其他“族类群体”则不被认知或承认。中华人民共和国成立前夕，有13个已经公认的少数民族参加了中国人民政治协商会议第一届全体会议。此后，民族识别的各个阶段又先后识别出不同少数民族，直到1979年，中国的第56个民族——基诺族才被识别出来。而从获得“民族”称谓的角度看，少数民族建设具有相当的时间跨度。其二，近代以来的各个“族类群体”在转变为“少数民族”的过程中与政治发生了不同程度的联系。进一步讲，有些少数民族在被建设的过程中与政党、国家、民族（中华民族）发生了直接互动，而有些少数民族则没有那么突出的政治内涵。其三，在“少数民族”概念被正式提出以后，在一开始并非所有的“非汉族类群体”都认同“少数民族称谓”，自然，他们认同“少数民族指称”的时间也存在先后差异。其四，由“族类认同”向“少数民族认同”转变的过程中，各个少数民族的民族性存在差异。有的少数民族具有较强的单一民族认同，有的则在单一民族认同内部存在其他层面的认同。

第四节　各民族与中华现代国家及中华民族的互动

近代以来特别是辛亥革命以来，中国社会发生着急剧变化，整个社会处于重构的过程之中。而主导近代中国社会重构的力量或主体是国家与民族。进一步讲，近代中国社会的重构以现代国家构建和民族建设为主要标志。而少数民族建设只是近代中国国家构建和民族建设之中的一条线或一个侧面。一方面，少数民族建设是在近代中国国家构建与民族建设的大背景之下发生的；另一方面，近代中国国家构建和民族建设推动着少数民族建设的前进，也规定着中国少数民族建设的性质与特征。

一、中华现代国家构建过程中的“各民族建设”

在国家发展、演变的历史进程中，必然存在着构成国家人口的“人们群体/人群共同体”[①]，或者说生活在一起的人们群体的活动、交往成为国家形成的基本条件之一，并促成了国家的演变。而这样的人们群体随着国家的演变特别是当国家演变进入王朝国家末期以后，发生了质的转换。王朝国家末期，西方现代“民族”概念、民族主义、民族国家的一整套制度安排等纷纷传入中国，中国近代社会政治力量开始运用“民族”概念来形塑人们群体，运用民族主义思潮来激发民族精神，并以“建国”[②]为目标推动王朝国家的转型。由于王朝国家转型以构建现代国家为最显著特征，以重塑“国民”为基本内容，以激发自觉的民族精神为基本条件。因此，对于与国家相伴的“人们群体”而言，近代以来其最根本的变化在于随着现代国家的构建而由“自在”的人们群体向“自觉”的“国民/民族”的转变。

中国的少数民族正是在近代国家转型及现代国家构建过程中一步步“自觉”的。一方面，少数民族建设是中华现代国家构建过程中的重要变量，在中华现代国家构建的过程中，各个时期的社会条件不断变化，各个阶段的社会政治力量不断发展，并成为促成少数民族建设的重要因素。同时，各个时期少数民族建设所取得的成效与中华现代国家的构建紧密关联，国家权力的效度直接影响少数民族建设的成效。国家权力羸弱，社会政治力量多元，少

① 从人类社会形成的机理来看，“人们群体”与人类社会密不可分。在形成的一般机理上与较大范畴的人类社会是相通的。即“人们群体”就是人类社会的一种生存方式，是一种社会关系的体现。(周平：《民族政治学》(第二版)，高等教育出版社2007年版，第22页。)“人们群体”作为人类社会的一类群体，本质上是人的集合体，即表示生活在一起的一群人。“没有联合成为群体，我们绝不会变得更有人性，也不会生存下来。”[参见[美]莱斯利·里普森：《政治学的重大问题》(第10版)，刘晓等译，华夏出版社2001年版，第27页。]马克思也说过：“人是最名副其实的社会动物，不仅是一种合群的动物，而且是只有在社会中才能独立的动物。”[《马克思恩格斯全集》(第十二卷)，人民族出版社1962年版，第734页。]

② 由于nation-state引入中国之后被近代学人多翻译为“国民国家”，这里的“建国”也是指建设像西方那样的国民国家。今人多译为民族国家。

数民族建设难以统一，少数民族诉求难以全面实现。而新中国的成立，实现了少数民族的真正解放，新中国进行的民族识别实现了少数民族的彻底觉醒，把少数民族的发展推向新的台阶。另一方面，少数民族建设没有也不能超出国家权力的范围。不同社会政治力量对少数民族的建设皆没有背离国家统一的最高目标。或者说，少数民族建设被导向现代国家构建。从共产党的角度看，对少数民族的建设正是为了团结和巩固统一多民族国家。特别是共产党借由行政区域（区域性因素）将民族区域自治等保障少数民族集体权利的基本政治制度导向国家整合，既保障了少数民族的政治权利，也实现了国家权力在边疆民族地方的有效下沉（吴启讷语），进而把中华现代国家构建推向深入。

二、各民族建设与中华民族建设的交织

各民族建设有着特定的逻辑。从“民族”概念的范式看，中国民族建设缘起西方民族主义的传入，以及中国近代民族主义的兴起和中华现代国家的构建。值得注意的是，少数民族建设同样肇始于西方“民族”概念的引入及中国近代民族主义的形成。因此，对少数民族的建设也是近代民族主义推动的产物。同时，少数民族建设丰富了中国民族建设的内容，少数民族建设与中华民族建设构成了“中国近代民族构建的二重结构”。“在中国特殊的‘民族’生态及结构中，事实上出现了中华民族构建与少数民族构建的相互关系，形成了中国近代以来极富特色的二重性民族构建过程及民族构建的双重变奏。”[①] 中国少数民族建设与中华民族建设的过程不是截然分开的，它们相互纠缠并相互影响。而从“应有”的“民族建设”（nation-building）范式来看，中华民族建设（国族建设）与少数民族建设（历史文化群体的构建或族群建构）是两类不同性质、不同层次的族体建设。

在“二重性”民族建设展开的过程中，近代各政党、各阶级等社会政治力量对少数民族建设和中华民族建设给予了不同程度的关注。其中，一些社会政治力量强调“国内诸族”“各民族”自决而批评其他社会政治力量的单

① 周平：《中国民族构建的二重结构》，《思想战线》2017年第1期。

一民族论、中华民族的国族同化论；反之，强调中华民族的国族主义则很少提及“各民族”。这就使得中国的民族建设因近代社会政治力量的不同主张及力量对比而出现相互牵制的局面。比如，南京国民政府时期，国民政府虽在现代国家建设层面强调中华民族的国族主义，但因“各民族”的客观存在而不得不在国民政府的宪制变迁中承认了中华民国各民族的地位。同理，一贯主张“各民族自决自治”的共产党，在中华民族整体自觉的背景下，也强调了中华各族的统一抗战。

应该承认的是，在“两类”民族建设相互纠缠相互影响的过程中，中华民族的建设始终无法消除内部的“各民族”，而“各民族”的建设也没有超越中华民族的范畴，这是近代以来中国民族建设的整体特点。而需要强调的是，作为国家民族的中华民族建设涵盖内部的各民族本就是题中之义，但对各民族（核心是少数民族）的建设能否以对中华民族的认同为边界仍是一个需要持续关注的问题。在现代国家及国族建设的要求下，少数民族的建设是潜在变量和结构性因素，少数民族的建设须以国家民族为边界，须把对各民族的建设统合到中华民族建设的进程中来。同时，中华民族的建设也需要正视“各民族”建设的客观存在。这是中国民族建设面临的基本现实。

第六章

中国民族建设实践的评估与展望

如何评价中国近现代的民族建设过程，换言之，中国的民族建设产生了何种影响和效应，如何定位各民族建设？各民族建设与中华民族建设构成了中国民族建设的“一体两面”，各民族与中华民族的互动构成了中国民族结构的主要特点，它们之间既有“嵌合互构”，也有可能的“张力”。客观地看，各民族建设在中国近现代以来的各个历史阶段产生了相应的结果，形成了特定的效应，并具有深远的影响。时至今日，各民族建设的功能效应仍在持续释放，而如何把各民族建设给少数民族发展演进带来的这种根本性变化与当前推进中华民族共同体建设有机地衔接起来则成为一个具有重要理论和现实意义的持续性议题。

第一节　中国各民族建设的效应分析

各民族建设在一个历史进程中实现，产生了深远影响。从取得的成效来看，主要得到民国时期的国共两党，中华人民共和国成立后党和政府，以及少数民族自身的推动。正是在不同阶段内不同建设主体的持续推动下，少数民族建设取得丰硕成果，并在不同阶段产生了特定的效应。这些效应主要集中于国家、民族、政党和少数民族自身，特别是推动了少数民族的发展演变。同时，从少数民族建设的效应及影响中能够吸取经验智慧，并更好地引导现实中少数民族的发展进步。

一、民国时期各民族建设的积极效应

民国时期少数民族建设全面展开，产生了积极效应，特别是在国共两党的主要推动下，少数民族的基本要素初步形成，少数民族的国家意识和中华民族意识明显提升。同时，在国共斗争的特定条件下，中国共产党通过一整套民族观念实践动员和争取少数民族，唤起了少数民族对共产党的认同。

（一）少数民族要素的初步形成

少数民族要素是指由“族类群体”转变为民族的基本要求。包括民族称谓，民族认同（固定的边界），政治属性，自我意识（对少数民族称谓的认同）等。在民国时期，“族”或“民族”的称谓，少数民族的自我意识初步构建和形成，一些少数民族甚至也同政权发生了联系，并具有相应的地位。但这一阶段，民族称谓的用法还不固定，少数民族的政治属性并不明确，也没有广泛的获得集体性权利，少数民族的共同体意识不强，少数民族的认同并不具有官方性质。

首先，民国时期，“非汉族类群体”逐步获得“族”或“民族”的称谓。从最早的满、蒙、回、藏，到苗、夷，再到新疆的缠、哈等，“民族”称谓被逐步用来形塑“非汉族类群体”。南京国民政府时期，“少数民族”的范围越来越宽，在共产党的视域中，先后有数十种少数民族被提及，国民党、学术界等也在“边疆民族”或文化多样性的视角下不断认识和关注到“非汉族类群体”，盛世才则在新疆进行了民族划分，并确认了新疆的14个民族及称谓。

其次，主要是在南京国民政府时期，社会政治力量对少数民族建设的认识比较多元，并在不同认知取向、不同面向下推动了少数民族的建设。同时，也带来一个问题，即不同社会政治力量对少数民族的性质、内涵的看法不一。比如，国民党主张淡化民族意识，避谈国内民族问题；学术界则从文化的视角来把握少数民族；而共产党则帮助少数民族建立自治政权保障少数民族的集体权利等。

再次，民国时期特别是南京国民政府时期，社会政治力量为“非汉族类群体”构建了多样形态的统称。国民党偏向于使用“边疆民族”“宗族”

等概念来指称少数民族；共产党在马列主义民族理论的影响下推动“各民族”“少数民族”“弱小民族”“被压迫民族”等概念的使用；学术界则根据不同价值取向混用上述概念。

最后，少数民族认同是少数民族要素的核心。从构建论的角度看，民族认同的构建意味着民族的形成。而从今天55个少数民族固定的民族认同的角度看，民国时期并没有完成这个过程，既没有固化少数民族的认同，也没有识别少数民族的成分即明确少数民族认同的主体。

（二）少数民族国家意识和中华民族意识的提升

近代民族主义推动下的少数民族自觉具有层次性。“王尔敏先生曾敏锐地指出，中国近代民族主义实际上由三种自觉意识组成，一种是族类自觉意识，一种是文化自觉意识，一种是近代国家‘主权’意识。”[①]进一步讲，国家意识和中华民族意识也是少数民族自觉的重要内容。事实上，民国时期，在国、共两党推动少数民族不断觉醒的过程中，少数民族对国家和中华民族的认识也有所提升。

国民党构建“边疆民族”概念指称少数民族，并在客观上拓宽了“边疆民族”范围的同时，实际上更加强调“边疆民族”概念的中华民族内涵。有学者就认为，“南京国民政府在民族治理制度建构方面更多奉行一种淡化族裔观念、强调‘中华民族是一个’的国族主义话语”[②]。因此，国民党在特定“边疆民族”概念的指引下，推动实施边疆教育，目的是力行国族同化；推行“边政”，力图充实国力。抗战时期，为了挽救中华民族的危亡，充分激发民族主义的精神力量，国民政府对国族建设愈发重视，并把国族主义思想发挥到了极致。“中华民族是整个的”“只有一个中华民族”“中华民族‘宗支论’”等国族主义口号得到了相当范围的传播，中华民族的整体性明显提升。但是，由于国民党及南京国民政府自身的缺陷（政党属性所决定）和当时国内外政治形势的束缚，南京国民政府缺乏进行政治动员和国族整合的强大意识形态和统一宣传口径，并且不具备足够的经济、政治和军事实力对边

① 王尔敏：《清季学会与近代民族主义的形成》，《中国近代思想史》，社会科学文献出版社2003年版，第177—197页。

② 常安：《国族主义的话语建构与边疆》，《法律与社会科学》2014年第2辑，第116页。

疆地方进行直接统治，其在蒙、藏地方的行省化努力未获成功，其优礼边疆少数民族上层的做法因过于强调实用主义而缺乏长远考虑。诸多因素使得南京国民政府的“边疆民族政策”（准确地说，应该是边疆政策）收效甚微。其不仅没有建成强大的中华民族，反而因实用功利的同化政策而激起边疆少数民族的各种政治请愿和反抗。

而在国家统一的原则问题上，国共两党并没有根本分歧，共产党在关心、帮助、争取、动员少数民族的同时，也强调各民族的联合。抗日战争时期，共产党对少数民族的建设在一定程度上凝聚了中华民族。其根本点在于阐明了少数民族与中华民族的关系，把孤立的民族自决权整合到中华民族内部的自治权上来，并通过建立抗日民族统一战线来统合各民族。少数民族则积极融入共产党所领导的抗日民族统一战线中来，一是建立了相应的少数民族抗日武装，保家卫国，与日本帝国主义作坚决的斗争；二是国家意识、民族（中华民族）意识明显提升，在日寇入侵的亡国危机下，少数民族与汉族团结一致，共赴国难，为中华民族共同抗战做出了积极贡献。

（三）唤起少数民族对中国共产党的认同

共产党关注和建设少数民族有着特定的历史政治逻辑。从共产党的角度看，少数民族问题对于中国革命有重大意义，少数民族与中国革命同呼吸共命运，中国革命成功之时也是少数民族解放之日。更重要的是，从国共斗争的历史背景来看，少数民族在国共斗争中扮演了关键角色。在特定时期，能否赢得少数民族的支持甚至关系到革命的生死存亡。回溯历史，新民主主义革命时期，党在通过民族观念实践（关键是民族工作）回应少数民族利益诉求，推动少数民族发展、进步、觉醒的过程中，也唤起了少数民族对本党的认同。

提升了少数民族对共产党的认知。少数民族对共产党的真正认知主要发生在红军长征以后。长征时期，共产党和红军第一次亲身接触到少数民族，先后“经过了湘、桂、黔、滇、川、康、甘、宁等省的苗、瑶、侗、布依、壮、彝、羌、仡佬、藏、回等十几个少数民族的聚居区”[①]。这些地区民族关系复杂，特别是因历代统治者实行的民族压迫和民族歧视政策造成了汉

---

① 肖华：《忆红军长征在少数民族地区》，《民族团结》1983年第8期。

族与少数民族间的隔阂甚至仇视长期存在。加上国民党对红军的污蔑、离间以及虚假宣传，以及语言不通等条件使得少数民族对红军仍存芥蒂，对党缺少认知和信任。因此，要想顺利通过少数民族聚居区，就必须做好沿途少数民族的工作。为此，党和红军制定和发布了众多旨在争取、动员、发展少数民族的指示、须知、文件、通知等。并以实际行动践行党和红军的民族政策，努力消除隔阂，使少数民族慢慢地开始了解党和红军，理解红军，接纳红军，知道红军是一支解救穷人的军队。之后的革命进程中，党和军队矢志不渝地坚持民族平等，保障各少数民族的发展权利，加强与少数民族的来往互动，推动少数民族对党的认同上升到新的水平。

加深了少数民族与共产党的政治情感联系。长征时期，共产党与沿途的少数民族发生了难以忘怀的交往互动，对少数民族所遭受到的压迫和歧视深恶痛绝。而少数民族在与共产党的交往互动中，开始具有无产阶级革命意识和阶级意识。在共产党帮助下纷纷建立了自己的革命武装和苏维埃政权，少数民族革命或民族解放运动开始成为中国革命的重要组成部分，并在反对国民党压迫统治和外国侵略的斗争中发挥着积极作用。同时，一大批少数民族加入党的革命队伍，有的成为党的高级干部和红军将领。抗日战争时期，全民族到了最危险的时候，少数民族团结在共产党领导的抗日民族统一战线之下，党领导的少数民族抗日武装纷纷建立，并在共同对日作战的一致目标下，与共产党建立了血肉联系。解放战争时期，少数民族把自身的解放运动与共产党领导的新民主主义革命事业结合起来，在共产党的领导下，纷纷建立自治区、民族联合政府等自治政权，实现了历史上从未有过的当家做主。

赢得了少数民族对共产党的良好政治评价。一句“共产党真好”就能反映少数民族对党的良好评价。长征时期，在处理与沿途少数民族的关系问题时，党和红军持特别谨慎的态度，非常重视民族工作中的方式方法。通常张贴布告，宣传党的民族平等政策，以实际行动来消除民族隔阂。红军首长率先模范，以诚相待。红军士兵尊重少数民族的风俗习惯和宗教信仰。红军部队纪律严明，对少数民族秋毫无犯，通过保护少数民族的利益来赢得少数民族的同情和拥护，获得少数民族的良好评价，自动打消国民党反动派对党和红军的污蔑；抗日战争时期，中国革命的任务更加复杂，中华民族亡国灭种的危机空前加剧，能否联合全民族共同抗战关乎中华民族的生死存亡。在这样的时局下，共产党审时度势，从全民族大义出发，积极促成国共第二次合作，倡导建立抗日民族统一战线，强调民族团结抗日，坚持民族团结自治。既坚持和回应了少数民族的利益和诉求，也向全国人民阐明了自己的政策主张，并在抗日民族统一战线中发挥了中流砥柱作用；抗战胜利后，建设国内和平是全民族共同的愿望，共产党为此付出了巨大努力。同时，在向旧政协提交的《和平建国纲领草案》中，中共强调“在少数民族区域，应承认各民族的平等地位及其自治权”①。而这样的正确主张在旧政协会议讨论的宪法草案中获得通过。一言以蔽之，共产党在中国革命的紧要关头常常能够做出符合人民意愿，尊重和发展少数民族权益的正确抉择。因此，得到各民族人民的拥护和支持。

二、新中国成立初期各民族建设的政治效应

新中国成立初期，巩固新生政权、实现国家整合是摆在新中国面前的首要任务。在这个过程中，如何处理少数民族问题以及如何在少数民族聚居的地区“建‘政’设‘治’”，直接关系到少数民族对新生政权的认同与否，以及国家整合目标能否实现。为此，党和国家确认了少数民族在国家政治生活中的地位，推动了一整套保障和发展少数民族权益的民族观念的实践，构建了少数民族对新中国的认同②，加强了国家对少数民族地区的政治整合；推动了少数民族地区的发展。

① 中共中央统战部:《民族问题文献汇编》，中共中央党校出版社1991年版，第964页。

② 不同阶段的少数民族建设产生了不同影响。对于共产党而言，少数民族建设具有各个阶段的政治考量。当共产党执掌国家政权后，党除了要继续通过民族观念实践巩固少数民族对党的认同，还要构建少数民族对党所领导的新中国的认同。因为新兴国家建立之初，通常都面对着新国家的认同问题（参见［美］伊罗生:《群氓之族：群体认同与政治变迁》，邓伯宸译，广西师范大学出版社2008年版，第29页）。而从党执掌国家权力的方式来看，党实现了对国家权力的全面主导，并能够按照党和人民的意志来建设国家。从这个角度看，构建少数民族对新中国的认同在一定意义上是巩固少数民族对党的认同的重要内容。因党和国家的紧密联系，也使得少数民族对中国共产党的认同、对国家的认同具有某种一致性。有学者就把新中国成立后少数民族对党和国家认同表述为少数民族的“政党-国家”认同（参见白利友:《中国共产党的民族工作与少数民族的政党认同》，云南大学博士学位论文，2013年）。

（一）少数民族单位的确认

随着共产党领导的新中国的建立，“少数民族”的性质、地位逐步明确。一是明确了“少数民族”在统一多民族国家中的历史政治地位，实为明确了各个“少数民族”与国家、与中华民族的关系，即明确了“少数民族”是何种性质的“民族”；二是明确了“少数民族”与汉族的关系，“少数民族”是汉族的“兄弟民族”，确定了少数民族在统一多民族国家中的平等地位。至此，少数民族成为新中国政治生活中的重要单位，新中国的民族观念实践以此为单位展开。

1.统一多民族国家中的“少数民族”

“统一多民族国家”是具有特定内涵的意识形态概念，并主要得到中国共产党的运用和表述。它包括“统一”和“多民族国家”两部分意涵。统一多民族国家中的“少数民族”回答的是少数民族与国家的关系即少数民族的性质，以及少数民族在国家中的地位。对于“统一”而言，近代无数仁人志士、政党派别皆为之努力，国共两党在“统一”的目标上也并无二致；对于“多民族国家”，与之相区别的另一概念是“国民（民族）国家”。事实上，“民族”概念引入之后，中国是否要成为一多民族国家的认识并不清楚，关键是对少数民族与国家间关系的认识并不明确，反倒是构建“单一国民（民族）国家”的目标比较清晰。但“多民族”的意涵又孕育在近代中国国家构建及民族概念构建的历程当中，比如，“五族”共创民国，中国各民族、中国境内“少数民族”等概念和认识的形成。使得“单一民族国家”与“多民族国家”两种认识或目标交织纠葛在近代中国国家观念与民族观念当中。前者从中华民族的角度认识国家，后者从中国各民族的角度认识国家。

而共产党自成立之日起就关注少数民族问题，秉持各民族平等的思想，致力于推动各民族解放，得出中国是一个“多民族国家”的结论。但共产党并非一开始就提出“统一多民族国家”的理论，而是经历了由多民族联邦制逐步向“统一多民族国家”的转变。其中的关键节点是长征，长征时期，党和红军沿途经过了广阔的少数民族地区，主要领导人亲身接触了苗、瑶、僮、夷、回、番等少数民族，使得他们对中国多民族的现状有了更加深切的体会。更重要的是，长征时期，党开始学会把马列主义民族理论的普遍真理同中国各民族的具体实际结合起来。长征结束后，中共中央决定成立少数民族工作委员会，研究国内民族问题，指导民族工作。1938年8月，共产党的民族理论专家杨松发表《论民族》一文，在中华民族抗战的特殊条件下，试图把中国既是一个近代民族（国家），又是一个“多民族国家”的事实粘合起来。他说道：“对外而言，中华民族代表中国境内各民族，因而它是中国境内各民族的核心，他团结中国境内各民族为一近代国家；对内来说，中国境内还有各个不同的少数民族，但不同的少数民族又都是中华民国的国民。”① 杨松从国民的角度有意回避了少数民族是否是“中华民族”的问题，强调日寇是中国各民族的敌人，中华民国是各民族共同的祖国。同年10月，在毛泽东作的《论新阶段》的政治报告中指出，“团结中华各族，一致对日。允许蒙、回、藏、苗、瑶、夷、番各民族与汉族有平等权利，在共同对日原则之下，有自己管理自己事务之权，同时与汉族联合建立统一的国家”②。这就准确地阐释了少数民族、汉族与国家和中华民族的关系。1939年12月，中共以毛泽东的名义出版《中国革命与中国共产党》一书，讲道：“中国现在有四亿五千万人口，十分之九以上为汉人，此外还有蒙、回、藏、维吾尔、苗、夷、僮、仲家、朝鲜人等数十种少数民族。……中国是一个由多数民族结合而成的拥有广大人口的国家。”③ 这是党对“多民族国家”的较早论述。

之后，中共积极宣扬中国是一个多民族国家。但是采取多民族联邦制还是统一的单一制的问题并没有很快回答，党的七大仍然使用了联邦制的表述，而两种国家结构形式对“少数民族”的定位有很大区别。这一问题直到新政协召开之前才得以讨论解决。1949年9月7日，新政协筹备期间，周恩来在《关于人民政协的几个问题》的报告中提出了我们的国家是不是多民族联邦制的问题，并着重阐述了民族区域自治的主张，我们国家的名称叫中华人民共和国而不是“中华联邦共和国”④。同年9月29日，《共同纲领》规定“中华人民共和国境内各民族一律平等，各少数民族聚居的地区，应实行民族的区域政

① 中共中央统战部：《民族问题文献汇编》，中共中央党校出版社1991年版，第763—768页。
② 同上书，第595页。
③ 同上书，第626页。
④ 同上书，第1265—1267页。

治”[①]。这就以“临时宪法”的形式规定了少数民族与国家的关系，以及少数民族在国家中的性质和地位。1954年9月20日，中华人民共和国第一步宪法明确规定：“中华人民共和国是统一的多民族国家。”[②]进一步讲，中华人民共和国是由汉族和少数民族共同组成的统一国家。从少数民族的性质来看，少数民族与汉族一样，皆是中华人民共和国的政治主体，皆是国内层面的民族。

2.汉族的“兄弟民族”

“兄弟民族”概念是中共表述新型民族关系的重要意识形态概念，有着特定的意识形态内涵。回溯新民主主义革命的历史，1938年，汉人刘启光[③]在《统一抗战中的民族问题》一文中就已经使用了“兄弟民族”一词，并主要指满、蒙、回、藏四族。1943年，在追悼陕甘宁边区政府少数民族委员会委员那素（蒙人）时，回族代表彭怀安高度评价那素，认为他给我们“兄弟民族”指出了斗争的方向，这是少数民族间第一次以“兄弟民族”相称[④]。中华人民共和国成立前夕，“兄弟民族”作为汉族与少数民族间的相互称呼而被少数民族迅速接受，成为描述中国民族关系的重要意识形态概念，并在汉族与少数民族间快速传播。在汉人称呼少数民族方面，1949年9月7日，周恩来在向政协代表做的政治报告中谈到了陈嘉秉先生在东北的见闻，说道“东北的蒙、汉犹如兄弟一样”[⑤]。在少数民族方面，藏族代表天宝呼吁：“我们西藏人民要想避免被奴役的命运，就必须在中共领导下和汉族及国内其他兄弟民族亲密地、巩固地团结起来，坚决反对任何分裂民族团结的阴谋。并且，不仅我们藏族，即中国境内的任何少数民族都不能和汉族人民分裂，否则必将沦为帝国主义的奴隶。”[⑥]除此之外，夷族代表张冲、苗族代表朱早观、回民精英马玉槐等皆表示，在共产党的领导下，中国各兄弟民族一定能够团结在一起。[⑦]新中国成立以后，“少数民族”成为新政权中单独的政治单位，

①《民族政策文件汇编》第一编，人民出版社1958年版，第1页。

②《中华人民共和国宪法》，人民出版社1954年版，第2—4页。

③ 刘启光，原名刘锡九，1937年7月加入中国共产党。

④《那素委员追悼会上少数民族代表等的演辞》，《解放日报》1943年8月12日，第2版。

⑤ 中共中央统战部：《民族问题文献汇编》，中共中央党校出版社1991年版，第1267页。

⑥ 天宝：《西藏全体同胞，准备迎接胜利的解放》，《人民日报》1949年9月8日，第1版。

⑦ 参见《中国人民政治协商会议第一届全体会议各单位代表主要发言》，《人民日报》1949年9月28日，第2版；马玉槐：《庆祝人民政协》，《人民日报》1949年9月29日，第2版。

在新型民族关系的指引下，“兄弟民族”概念成为“少数民族”的经常统称，并被广泛运用于政治领域。[①]

“兄弟民族”概念的传播和运用产生了积极影响。它具有两方面的意涵：一是表明少数民族与汉族，以及少数民族间的兄弟般的关系，大大提升了少数民族的地位，特别是少数民族在国家中与汉族一样具有的平等地位；二是汉族是兄弟民族中的老大哥，是领导者。[②]而后一种意涵常常被忽视，稍有不慎就会被误解为“大汉族主义”。现实民族话语中多从少数民族的角度来强调兄弟民族的充分平等地位，在众多场合，甚至只用“兄弟民族”来描述“少数民族”。同时，“兄弟民族”概念的内涵和使用范围比“少数民族”更宽泛，“少数民族”仅是汉族对汉族以外的民族的称呼，以及少数民族的自称。但“兄弟民族”既可以是汉族对少数民族的称呼，也可以是少数民族对汉族，以及少数民族间关系的描述。它充分体现了汉族与少数民族，以及少数民族间关系的亲切互动。[③]

通过对少数民族性质、地位的明确，进而在国家政治生活、民族话语中确认了“少数民族单位”。

（二）少数民族对新中国认同的构建

在巩固新生政权的目标下，新中国成立初期，党和国家开展了一系列行之有效的民族工作。其中，中央民族访问团、少数民族观礼团，以及诸多

---

① 在湖南第一次各界代表大会上，各民族纷纷以“兄弟民族”的面貌出现（《湖南政报》1950年第10期）；1951年，云南昭通专区召开的第一届各民族代表大会甚至被称为“兄弟民族代表会议”（《昭通专区第一届兄弟民族代表会议总结》，《云南政报》1951年第9期）；等等。

② 1949年10月20日，在解释“民族自决权”问题时，新华社指出：“汉民族在中国境内占人口的绝对多数，而且今天汉民族是中国革命的主要力量，中国人民民主革命的胜利是在中国共产党的领导下主要依靠汉民族的努力得到的。一个人民民主国家，有一个占人口大多数的革命民族作为核心，作为国家的领导民族，去团结其他少数民族，共同从事革命事业和建设事业，是对国家和人民（各民族的人民）极为有利的。”言外之意是，既要反对大汉族（民族）主义，也要反对狭隘的民族主义。参见《党的民族政策文献资料选编（1922.7—1949.10）》，第117—118页。

③ 参见杨思机：《指称与实体：中国“少数民族”的生成与演变（1905—1949）》，中山大学博士学位论文，2010年，第293—296页。

促进民族团结的话语表述及实践产生了积极影响，加强了少数民族与国家的联系，建立了少数民族对新中国的认同。

为了把党中央毛主席的关怀送到少数民族地区，进一步宣传党的民族政策，调查和了解少数民族的情况和诉求，疏通与少数民族的关系，并为民族区域自治政策的实施提供扶助，由毛主席亲自提议和决定，1950年6月，中央人民政府政务院决定派出中央访问团。① 中央访问团的意义重大。首先，它是党中央毛主席、朱总司令的慰问团。新中国建立初期，边疆政治形势仍十分复杂。由于长期遭受民族压迫和歧视，且在国民党时期也受到大汉族主义压迫，造成边疆少数民族对党和解放军也存在一定隔阂，外加国民党残匪的挑拨以及少数民族上层的顾虑等等因素，使得广大少数民族同党的互动并没有全面广泛地建立起来。为此，党中央毛主席决定派访问团到少数民族地区开展慰问活动，树立党和国家对少数民族主动关怀的新形象。其次，中央民族访问团是民族政策宣讲团。宣传党的民族政策是民族访问团的重要内容。再次，中央民族访问团是民族平等团结的模范团。1950年5月，毛主席接见了中央访问团全体同志，与大家合影留念，并亲笔题写了“中华人民共和国各民族团结起来”。最后，中央民族访问团更是民族工作团。事实上，中央民族访问团的工作正是新中国成立初期民族工作的重要组成部分。

而通过中央民族访问团的慰问、宣传、调查、工作等，使得党的民族观念在少数民族地区进一步普及，少数民族的民族平等意识空前高涨。但更重要的是，建立了少数民族对新中国的一些认知。在访问团的努力下，党和国家取得了与少数民族特别是其上层的良好沟通，建立了相互之间的信任，打消了少数民族对“变革”的顾虑。

同时，1950年3月起，党和国家还组织邀请少数民族各方面人士到内地参观。② 这是党加强与少数民族互动，加深少数民族对新中国认识的重要内容。而“大规模的内地访问活动，使各少数民族群众最直观、最真切地体会到了各民族大家庭的温暖，感受到祖国发展的光明前景，增进了少数

① 中央民族访问团分西南、西北、中南、内蒙古和东北四路，各路访问团中又下设各省分团。参见刘增林：《中央民族访问团》，《中国民族》2019年10月6日。

② 参见李永进：《新中国成立初期民族交往活动对民族工作的重要贡献》，《河南师范大学学报》（哲学社会科学版）2015年第1期。

民族对党和国家的了解及感情，为改善民族关系、加强民族团结发挥了重要作用”[①]。同年，10月1日，周恩来总理在欢宴各民族代表大会上发表了讲话，再次重申和进一步宣传了党的民族政策，并“为庆祝各民族的空前大团结而干杯”[②]。

另外，在推动民族观念实践的过程中，党和国家多次强调“各民族一律平等”“中华人民共和国是各民族友爱合作的大家庭”“少数民族与汉族是兄弟民族”[③]等。并实行民族代表制，进行民族调查识别，实施民族区域自治，保障少数民族的平等权利等。这些民族观念及实践获得了少数民族的广泛赞誉，赢得了少数民族的认同。

（三）国家整合的实现

新中国成立初期，仍面临一系列复杂的政治问题，实现对少数民族及少数民族地区的政治整合是重要目标。在少数民族聚居的地区，最核心的问题是如何实现国家权力的下沉，即如何在这些地方建立政权，实施统治。或者说是如何把少数民族及少数民族地方导向国家整合。而自清末新政开始，之后北洋政府、南京国民政府都为此做出过尝试和努力，但受诸多因素影响和制约，其结果均以失败而告终。究其原因，与近代以来各剥削阶级采取民族压迫和民族歧视政策，不仅不保障少数民族的平等权利，而且同少数民族产生了阶级矛盾和民族隔阂等有重要关联。共产党执掌国家政权后，坚持马列主义的民族平等和民族团结思想，主动回应和关切少数民族的利益诉求，在具有临时宪法性质的《共同纲领》中明确了要通过民族区域自治来保障少数民族平等权利和集体权利的基本原则，在少数民族地区进行民主改革（并在此基础上推动民族区域自治的实践），同时，培养和使用少数民族干部。

从民族区域自治的角度看，民族区域自治在保障少数民族权益的同时，富含重要的政治功能。比如，民族区域自治规定了少数民族地方政权建设的

---

① 李永进：《新中国成立初期民族交往活动对民族工作的重要贡献》，《河南师范大学学报》（哲学社会科学版）2015年第1期。

② 参见人民出版社编：《民族政策文件汇编》（第一编），人民出版社1958年版，第4—5页。

③ 为了体现新型民族关系的内涵，少数民族与汉族之间以“兄弟民族”相称。有学者发现，1949年以后，“兄弟民族”“少数兄弟民族”成为经常性称谓。

基本原则（包括地方自治与国家统一，民族自治机关的民族化等），为吸纳少数民族参与政权建设搭建了组织架构。进一步讲，民族区域自治不能背离国家统一的政权建设目标。同时，在这一政治前提下，按照民族化的基本原则，少数民族得以广泛而平等地参与政权，并建设新中国。而共产党之所以能够把少数民族的政治诉求与国家整合的目标结合起来，与其对民族区域自治的准确运用和设计有关，即强调民族自治与区域自治的正确结合。中国台湾学者吴启讷认为“中共藉由行政区划将民族区域自治导向国家整合，中共推行民族区域自治制度的手法灵活、细腻而有原则，最终不止成功地在法律上将少数民族地区事务明确定位为主权国家内政，同时也将该制度中潜在的离心因子有效局限在可控制范围内，真正实现了中央政府对这些地区及少数民族直接有效的政治统治和行政管辖”①。

从少数民族地区民主改革的角度看，民主改革是广泛的社会变革，涉及少数民族地方政治、经济、文化等的转型。民主改革不同于武装斗争，它是在中国人民驱逐帝国主义势力和推翻国内反动政权的任务完成后，党中央为实现边疆各民族人民的解放而专门提出的特殊道路。按照周恩来总理关于民主改革的论述，民主改革的内涵为：“以人民解放军为后盾，以团结边疆各少数民族群众为基础，与少数民族上层协商，争取少数民族上层人士和群众取得共识，达到消灭剥削制度，建立社会主义制度的目的。”②在民主改革的过程中，党和国家通过有效的民主协商和积极的统战工作，使民主改革得到少数民族社会的支持和理解。民主改革后，按照民族区域自治的原则，少数民族地方建立了新的地方政权组织形式。少数民族社会传统的政治权力结构发生转型，传统的政治权力主体在改造后积极参与和融入新的政权建设过程，并在地方政权建设中发挥了作用。重要的是，他们引导广大少数民族心向党，跟着党走。

从培养和使用少数民族干部的角度看，少数民族干部政策为少数民族参与国家政权，行使国家权力提供了源源不断的动力。同时，少数民族干部的培养和使用为实现国家对少数民族地方的整合提供了政治资源，特别是通

---

① 参见吴启讷：《民族自治与中央集权——1950年代北京藉由行政区划将民族区域自治导向国家整合的过程》，载《“中央研究院”近代史研究所集刊》2009年第65期。

② 陈立旭：《周恩来关于少数民族地区民主改革的理论》，《云南社会科学》1998年第2期。

过党组织的培养，使少数民族干部成为党和国家介入少数民族社会的重要主体性力量[①]，使他们成为联结少数民族与国家的桥梁。

正是在民族区域自治、民主改革和少数民族干部政策等的推动下，少数民族社会传统的权力结构和治理结构发生了根本性变化，并为党和国家系统性的嵌入少数民族地区奠定了重要的政治基础和组织基础。同时，少数民族社会新的治理体系开始形成，并被导向国家整合。

（四）少数民族地区发展步伐的加快

党和国家的一系列民族观念实践不仅把少数民族和少数民族地方导向国家整合，而且推动了少数民族地区的发展。而从变革少数民族地区生产力和生产关系的角度看，少数民族地方的民主改革发挥了重要作用。

中华人民共和国成立后，为在全国范围内消灭剥削，确立社会主义制度，在共产党的领导下，少数民族地区进行了系统的民主改革。传统的“政教合一”、土司、山官、头人等政治体系—结构被废除；剥削阶级占有生产资料的落后经济制度被废除；社会形态向社会主义社会过渡。通过民主改革，共产党在少数民族地区重塑了一个新“社会政治结构”，重构了生产关系，解放了少数民族的生产力，推动了少数民族地区的变革与发展。

更重要的是，党和国家还通过民族区域自治制度对民主改革后的少数民族社会进行了合理的权力重置，既有效地避免了变革之后可能出现的不稳定，又借由民族区域自治实现了少数民族社会与国家的统合。进一步讲，共产党先从社会变革入手，然后再寻求制度“新政”。正是通过民主改革，共产党新中国为民族区域自治制度的实践重塑了新的社会基础。经过民主改革后，少数民族地方的阶级力量对比发生了根本性变化，包括少数民族精英在内的广大少数民族群众积极加入新政权的治理实践中，成为人民民主的一分子。可以这样理解，民族区域自治是“革命”之后的“新政”，而这里的“革命”便是民主改革，民主改革是民族区域自治制度奠基的关键。[②]而民主改革及民族区域自治制度的实践从根本上改变了少数民族社会，甚至促推了少数

① 任勇：《新中国成立后中国共产党的多民族国家整合研究：以西南地区为例》，《社会主义研究》2016年第4期。

② 常安：《统一多民族国家的宪制变迁》，中国民主法制出版社2015年版，第195页。

民族社会的“跨越式”发展，一些少数民族在这场变革中才被确认。

三、民族识别后各民族建设功能的持续释放

1954年民族识别第一阶段完成后，确认了38个少数民族，民族识别的标准或依据已经确定，少数民族的发展进入了一种官方确认的相对稳定的演变逻辑中，少数民族的建设在官方确认的民族框架内得以延续。而随之确认的少数民族和后来识别的少数民族也还在持续演变，在这个过程中，少数民族的自我发展能力继续增强，“国家政权建设”在少数民族地方深入推进，少数民族社会现代化进程明显提速。并且，因少数民族建设的延续还使得少数民族建设的功能处于持续释放的过程当中，在当前推进中华民族共同体建设的目标下，如何把少数民族建设给少数民族带来的这种发展进步融入中华民族伟大复兴的历史潮流之中正在成为一个时代命题凸显出来。

（一）少数民族自我发展能力的增强

在党和国家的民族观念实践不断推动少数民族发展演变的过程中，少数民族自我意识、自我奋进、自我发展的能力显著增强，核心是“少数民族利益”[①]的形成，以及少数民族学会了在特有的民族过程及民族生态中维护自身权益，发展本民族利益。少数民族利益与少数民族意识、少数民族发展能力相辅相成，正如马克思所讲的那样，人们所奋斗的一切都同他们的利益有关，一个利益共同体的凝聚必然是在追逐共同利益并实现利益的过

① 在民族（中华民族、少数民族）建设之前的各种以个人为中心或以松散的“族类群体”为中心的利益实现方式，一方面不能够满足群体的利益诉求，也很难形成共同体意识；另一方面不能够实现对国家或其他政治主体利益的制约，并多在国家语境外活动。而民族共同体一经形成就出现了与国家社会的博弈或对抗，并要求国家保障民族的利益。重要的是，在这个过程中民族学会了以集体的方式追逐利益，并作为一个集体开始活动。因为“利益群体具有追求和维持本利益共同体成员利益的强大力量，在利益冲突和利益角逐中，它具有比个人更为强大的竞争力和追逐力”（王伟光：《利益论》，人民出版社2001年版，第103页。转引自周平：《民族政治学知识体系的构建、特点即取向》，《政治学研究》2019年第1期）。因此，民族利益的获得与民族群体的集体行动和集体地位有关，为此，他们积极谋求获得集体权利以期巩固集体地位和保障集体利益。

程中达成的，而一个共同体的凝聚本身又巩固了共同体意识、提升了共同体的发展能力。换言之，少数民族的自我意识、发展能力正是在维护和发展自身权益、利益的过程中不断增强的。特别是改革开放后，市场要素及资本的力量影响着少数民族的发展逻辑。作为一个集体的少数民族的利益诉求越来越多样化，利益诉求越来越高，而围绕多样化和越来越高的利益诉求所进行的努力，使少数民族的发展水平上升到新的台阶。发展起来的少数民族为国家发展战略的实施、国家治理的推进发挥了积极作用，特别是生活在边疆地区的少数民族为国家守土固边、巩固边防、确保边境安全等做出了重要贡献。

（二）“国家政权建设”的深入推进

党和国家通过民族区域自治等政策、制度来推动少数民族建设的过程中，民族区域自治的实践也在不断发展完善。民族区域自治是党和国家在少数民族地方进行政权建设的基本政治制度，它的发展完善反映了“国家政权建设”的深入推进。

在1954年第一次全国人民代表大会及“五四宪法”颁布之前，民族区域自治在少数民族地方的实践并不规范，主要存在“民族自治区”和地方各级民族民主联合政府两种政权建设形式。[①] 1954年9月20日，中华人民共和

---

① 关于前者，1951年2月初，《民族区域自治试行通则（草案）》将“民族自治区”划分为相当于大行政区、省、专区、县、区和乡6个层级［参见《中国共产党与民族区域自治制度的建立和发展》（上册），第75—77页］。1952年2月22日，《中华人民共和国民族区域自治实施纲要》规定“各民族自治区的行政地位，即相当于乡（村）、区、县、专区或专区以上的行政地位，依其人口多少及区域大小等条件区分之”。“民族自治区”被划分为5个行政层级［参见人民出版社编：《民族政策文件汇编》（第一编），人民出版社1958年版，第67—72页］。按照上述规定，这一时期，建立自治机关的少数民族有蒙、藏、回、黎、苗、夷、瑶、东乡和人口很少的鄂伦春（参见宋月红：《新中国成立初期民族自治地方行政建制研究》，《中共党史研究》2012年第11期）。关于后者，民族民主联合政府与民族自治机关并非截然分开。事实上，当时是把它作为实行民族区域自治，建立民族自治机关的过渡。1950年4月3日，中共中央根据西南边疆多民族地区的具体情况，提出地方政权组织中的“人口比例制”和“民族代表制”的基本原则（参见《建国以来重要文献选编》第1册，中央文献出版社1992年版，第170—171页）。 （下转）

国第一部宪法将民族自治地方划分为“自治区、自治州和自治县”三级。[①]这就把民族自治地方的行政层级与地方政府的行政层级结合起来。之后，民族区域自治的实践更加规范和统一，并且在全国范围内得到全面的实施。同时，逐步撤销一些不规范的“民族自治地方”称谓[②]，并辅之以民族乡的建制[③]，使得中国的民族区域自治制度及实践趋于成熟和完善，少数民族地方的政权建设逐步巩固；1955年12月29日，国务院下发《关于改变地方民族民主联合政府的指示》，指出“中华人民共和国建立初期，为保障少数民族参加地方各级人民政府的权利，若干地区建立了地方民族民主联合政府，这在当时是必要的。中华人民共和国宪法颁布后，少数民族参加地方各级人民代表大会和地方各级人民委员会的权利更得到了充分保障。因此，根据中华人民共和国宪法，过去建立的地方民族民主联合政府应予改变”[④]。

改革开放以后，民族区域自治制度得以恢复和重塑，与前一阶段的“空转”相比，民族区域自治制度有了实际内容。《八二宪法》和《民族区域自治法》都对民族自治地方的自治权做了具体规定。[⑤]并在有利条件下新增了

（上接）7月21日，邓小平在欢迎中央西南民族访问团的讲话中，提到成立民族民主联合政府的几种情形。1952年2月22日，中央人民政府政务院第125次政务会议通过了《关于地方民族民主联合政府实施办法的决定》，指出“凡民族民主联合政府均为一级地方政权”；强调“建立地方民族民主联合政府的目的，是为了保障少数民族在地方政权中的平等权利”；并规定了建立民族民主联合政府的五种情况［参见人民出版社编：《民族政策文件汇编》(第一编)，人民出版社1958年版，第83—85页］。1954年，全国人民代表大会及地方各级人民代表大会的召开更加直接地体现了“民族代表制”的原则，少数民族参加人民代表大会和人民委员会的权利得到了更充分的保障。而民族民主联合政府的功能也开始弱化，加上《宪法》对民族自治地方（自治区、自治州、自治县）的规定，使得过去建立的民族民主联合政府纷纷向民族自治机关过渡。

① 人民出版社编：《民族政策文件汇编》(第二编)，第1—3页。

② 1955年12月29日，国务院下发《关于更改相当于区的民族自治区的指示》［参见人民出版社编：《民族政策文件汇编》(第二编)，第52—55页］。1956年10月6日，国务院下发《关于更改相当于区和相当于乡的民族自治区的补充指示》［参见人民出版社编：《民族政策文件汇编》(第二编)，第60—61页］。

③ 1955年12月29日，国务院下发《关于建立民族乡若干问题的指示》［参见人民出版社编：《民族政策文件汇编》(第二编)，第56—57页］。

④ 人民出版社编：《民族政策文件汇编》(第二编)，第58页。

⑤《新时期民族工作文献选编》，中央文献出版社1990年版，第241—246页。

一批民族自治地方。[①]1990年，“我国适合于建立民族自治地方的少数民族聚居区基本上都建立了民族自治地方。建立民族自治地方的任务已经基本完成”[②]。目前，少数民族地方的政权建设取得了显著成绩。我国已经在少数民族聚居地区建立了5个省级自治区，30个地级自治州，120个县级自治县。在55个少数民族当中，有44个少数民族已经建立了相应的自治地方。最大限度地尊重了我国各个少数民族的发展诉求，符合少数民族的发展实际。

（三）少数民族社会现代化的提速

“现代化”是表述近代以来中国社会快速变迁的一个重要描述性概念，它是一个过程，同时也是近代以来国家发展和国家治理的重要目标。少数民族社会的现代化是国家现代化的重要组成部分，要准确理解“现代化”及其带来的冲击，现代化绝不是“汉化”。

在现代化的浪潮中，包括少数民族社会在内的整个中国社会无法回避。而相比内地或汉族聚居地方，少数民族社会的现代化在很长一段时间里发展进程缓慢。一方面，少数民族地区在特定时间内在一定程度上为国家战略做出了重要贡献；另一方面，在党和国家民族政策的保护下，少数民族社会传统得以延续，少数民族的文化、宗教、习俗等受到尊重，一些观念根深蒂固。但改革开放后，中国社会的现代化进程快速推进，经济建设成为国家发展的一大中心任务，国家实施了一系列旨在加快中西部地区发展，特别是推动少数民族地区发展的重大战略。在市场、资本等要素的冲击下，少数民族社会及少数民族本身发生了翻天覆地的变化，并在主动融入国家现代化的进程中获得了诸多改革与发展的红利，同时，少数民族的自我发展能力也明显提升。而正是在国家与少数民族的相互作用及共同推动下，少数民族社会的变迁明显提速。其中，除了经济发展之外，最引起关注的便是少数民族自身所持有的传统观念和文化的变迁。随着少数民族社会与“外部”的交流和联系更加紧密。一些新的价值观念、现代交往工具、文化符号、娱乐形式等纷纷传入少数民族社会，少数民族在接触的过程中，即努力保持本民族的传统

---

①《中国民族统计年鉴（1949—1994）》，民族出版社1994年版，第138—149页。

② 李资源：《中国共产党民族工作史》，广西人民出版社2001年版，第444页。

不受影响，又接受现代化带来的便利。

第二节　中国民族建设的结构性特征及新时代的认知理路

少数民族建设及其结果是否会产生一些负面效应[①]（对中国的民族生态产生何种影响）？在少数民族已经整体发展起来以后，当少数民族建设出现一些风险性因素时，能否对少数民族建设进行适当规约？这些问题仍有待深入研究。而从现实关怀的角度看，应该合理地释放少数民族建设的政治功能，把少数民族建设的持续影响规避在对党和国家、国家民族更加有益的范围之内。在当前实现中华民族伟大复兴的新征程中，要把少数民族的发展与中华民族共同体建设有效衔接起来。

一、各民族建设与中华民族的结构性特征

民族在国家社会中形成并构成社会的主体，支撑着社会生活，同时，也“主动或被动地进入政治领域，并围绕权力享有产生政治行动。而相关政治行动一旦突破秩序的规约，便必然会影响到一定区域内的政治稳定”[②]。政治作为维系社会正常运行的公共权力，对于民族这种社会的群体性资源发挥着权威性作用。中国近现代的少数民族建设是国家政治塑造国内民族及其政治认同的典型，并且这种塑造带来了积极影响，产生了积极效应，奠定了现代中华民族共同体和中华现代国家的基本格局。但由少数民族建设开启的民族身份认同进路在理论上存在解构中华民族身份，虚化中华民族实体，弱化

① 从少数民族建设的整个历史过程看，这些影响多发挥正向作用或正效应。但随着党和国家的不断建设和发展，一些在过去产生积极影响的功能会面临可能的“隐忧”，比如，因少数民族建设而形成的“结构性”的中华民族并不能适应当前中华民族伟大复兴的历史潮流，使得少数民族建设的这种功能所产生的影响有可能成为一种消极的因素。因此，有必要把少数民族建设的这种功能引导到国家需要的道路上释放，使其发挥积极影响。

② 严庆：《浅谈民族因素与政治稳定》，《清华大学学报》（哲学社会科学版）2017年第6期。

中华民族一体性，增添中华民族的结构性特征的情况和可能。

少数民族建设蕴含着身份认同构建的要素，少数民族身份认同构建是少数民族政治认同构建的重要内容，特定时期，我们的民族政策和民族工作实践主要是以民族身份为依据或条件展开的，这种以民族身份为依据保障少数民族权益的民族政策体系和工作模式在革命、建设、改革时期赢得了少数民族的支持，维护了民族团结和社会稳定。但一段时期以来，少数民族发展和民族工作领域出现了一些新情况和新问题。进入新时代，习近平总书记强调了维护国家安全与实现各族人民根本利益的关系，铸牢中华民族共同体意识与各民族维护国家安全的关系，以及各民族维护国家安全与实现中华民族伟大复兴的关系。在"三股势力"合流、极个别跨界民族认同错位以及外部势力的煽动影响下，基于"身份"来制定相关民族政策并保障其权益的做法可能会进一步把身份、政治（制度、政策等）和利益结合在一起，强化相关政策的民族性、政治敏锐性，反过来可能会进一步强化民族的身份意识，甚至冲击民族与国家的关系。

二、从"国家社会"逻辑出发认识各民族建设

"国家社会"区别于无国家社会，是现代社会的主要形态，现代民族国家是民族与政治结合的典型形式①，民族与政治的纠葛或相互嵌入不能超越现代民族国家社会的范畴，一国范围内的民族与政治的关系受到该国社会秩序稳定目标的规约，进一步说，民族对政治的追求受到国家社会安全稳定的规约，同样，政治对民族的塑造也需要综合考虑一国民族的结构、类型及影响。在少数民族已经整体发展起来以后，当少数民族构建隐含一些风险性因素时，能否对少数民族建设进行适当规约？

从世界变局的现实情况看，民族因素对国家政治的影响越来越受到关注，美西方国家因大规模移民带来的"多族化"②现象冲击着民族与国家结合的典型形式或正常形式——国族国家。如何在统一的国家社会目标中规约

① 参见周平：《民族与政治的纠缠及政治学的认知》，《政治学研究》2022年第3期。

② 参见周平：《国民对现代国家的意义》，《武汉大学学报》（哲学社会科学版）2021年第2期。

好民族与政治的纠葛是应然的破解之道，从这个应然的路径出发，国家政治需要根据现实变化对民族进行调适或合理发挥权威性作用，把少数民族建设的持续影响规避在对党和国家、对中华民族更加有益的范围之内。特别是在强国建设和实现中华民族伟大复兴的时代征程中，要把少数民族的发展演变与铸牢中华民族共同体意识和中华民族共同体建设有效衔接起来。

三、推动各民族发展与中华民族共同体建设的衔接

要在坚持和完善民族区域自治的制度框架内，不断提升少数民族的民主法治意识和有序政治参与能力，完善少数民族政治体系，巩固民族区域自治在实现国家统合中的重要作用，不断推动少数民族的国族化或“国民化”[①]进程；要推动少数民族的经济发展与国家区域发展战略的衔接。少数民族经济体系的运转离不开统一的国内市场，要打破民族地域界限，改变少数民族各自封闭的经济交往方式，推动市场要素的交流，建设各民族间统一的开放的市场体系，实现各民族经济发展的开放共享；要推动少数民族认同中华民族和中华文化。在研究中，要深刻阐释中华各民族与中华民族共同体之间的关系。一是各民族与中华民族之间的关系。二是中华各民族之间（汉族与少数民族、少数民族之间）的关系。三是汉族与中华民族之间的关系[②]。现实中，各民族文化应该相互涵化，相互借鉴吸收，因此，要树立和突出各民族共享的中华文化符号、中华民族形象，推广普及国家通用语言文字。要拓展各民族交往交流交融的实效，推动少数民族社会生活方式的现代转变，实现民族交往的融通化，增强共同性。

---

① 参见周平：《塑造国民整体性：中华民族构建的内在逻辑》，《江汉论坛》2018年第8期。

② 关于第三个问题，学术界进行了相应的讨论，费孝通曾指出，汉族是中华民族凝聚的核心［参见费孝通《中华民族的多元一体格局》，《北京大学学报》（哲学社会科学版）1989年第4期］。但就目前来看，存在两方面的问题，一是鲜有论证汉族在铸牢中华民族共同体意识中的凝聚核心作用；二是错误地认为中华民族是汉族。特别是第二种认识容易造成汉族自身与部分少数民族对中华民族的错误认知。因此，很有必要把汉族和其他少数民族放在整个中华民族从自在到自觉的历史过程中进行整体性的说明，这就需要撰写一部完整的、各民族互动交往演变的“中华民族史”。

结 论

各民族建设核心是“少数民族建设”是指中国历史发展中的各个“族类群体”在近代以来逐步转变成“少数民族”的过程。在这个长期的历史过程中，社会政治力量对各个“族类群体”的政治推动起到了重要作用。各民族话语与各民族建设相互影响，特别是在中国共产党的推动下，少数民族概念话语逐步凸显，少数民族建设快速推进，在民族识别后获得了民族地位、集体权利，取得了巨大的进步。今天少数民族的自我发展能力已经显著增强，并在实现中华民族伟大复兴的宏伟目标下不断做出自己新的贡献。而少数民族建设并不是孤立的过程，它是百年来中国社会变迁的一个重要侧面，是中华现代国家构建过程中的重要变量，在实现中华现代国家统一的目标下，自始至终离不开对少数民族的关注。同时，少数民族建设与中华民族建设交织在一起，演绎了一段近代中国民族建设的双重变奏。因此，少数民族建设对中国社会的影响极大，从“统一多民族国家”的角度来看，它改变了中国的面貌，充分激发了国家内部相应主体的发展动力和国家的活力。并且，对解读中国民族特别是少数民族提供了新的视角和新的分析框架。而在总结这样一个复杂的历史政治过程时，应该重申一些事关本研究的核心问题，同时得出一些基本结论，亦可视为中国少数民族建设的一些特点。

第一，少数民族并不是杜撰、制造或创造的产物，更不是在一块“白板”上随意比画的结果，而是近代社会政治力量在中国历史发展中自然形成及演变的、强调“文野之别”的“族类群体”的基础上不断“加工”和形塑的产物。承认少数民族的构建性并非是要否定少数民族的族类历史，反之，在强调少数民族的“族类历史”的同时，也应该理性地看到今天的少数民族是近代西方“民族”概念引入之后一步步建设的结果。

第二，少数民族建设是在一个长期的历史政治过程中逐步实现的。从“族类群体”到“少数民族”的建设过程并非一蹴而就，对“少数民族”而言，它的形成需要一些基本条件。比如，固定的民族称谓和民族认同，集体性权利的保障，特殊的政治地位和法律地位，民族利益的形成，以及对“少数民族称谓”及各民族称谓的自觉认同等。而对于“族类群体”而言，由没有固定称谓的“某某人”到“某某民族”、由只有松散认同到固定民族认同、由没有集体权利到集体权利获得保障等的变化是渐进的，而这个渐进的变化过程十分复杂。

第三，少数民族是建设主客体相互作用的结果。在少数民族建设的过程中，一方面，近代以来的社会政治力量推动了少数民族的建设，即推动了“族类群体”朝着“少数民族”转换。其中，共产党发挥了关键性作用，充当了关键主体。如果说近代以来的社会政治力量参与了对少数民族的建设，那么，直到共产党的介入才使少数民族具有更加突出的政治属性，同时，才界定了少数民族的内涵；如果说少数民族刚开始对“群体指称”并无偏好，甚至也不情愿接受“少数民族”这个称谓，那么，正是在共产党的积极推动下，少数民族逐步接受和认同“少数民族称谓”；另一方面，少数民族自觉的过程并非完全是被动接受，既不单纯是少数民族建设主体推动的结果，更非西方解构主义学派所认为的完全是中国共产党的主导。因为少数民族的“民族主义”一旦被激发，并会在民族主义的刺激下，形成相应的民族意识和民族诉求，反过来又会对少数民族建设主体提出新的、更高的要求，进而影响建设主体的行为，并推动少数民族建设迈向新台阶。

第四，民族识别是少数民族建设过程中的关键节点。如果说用外来“民族”概念来嫁接各个“族类群体”标志着“少数民族”构建的开启，那么，直到新中国的民族识别才使得“某某民族”的称谓固定下来；如果说“非汉族类群体”自民族主义及“民族”概念引入以来便开始自觉，甚至也出现了相应的“群体意识”（比如五大族的凝聚），那么，直到新中国的民族识别才固化了55种“少数民族认同”，才实现了少数民族的彻底自觉。

民族识别之前的“少数民族建设”并不彻底。从建设主体的角度来看：其一，没有确认和固定“族类群体”的民族称谓，民族称谓的使用仍比较随便，“某某人”“某某族”“某某民族”经常并存混用；其二，没有明确“族类群体”的民族归属，有些族体虽然已经获得民族的称谓，但族体间相互关系并不清楚，归属仍十分混乱，即没有明确认同主体；其三，虽然认识到了少数民族与政治的联系，但并没有实现对少数民族的政治定位，也没有强化少数民族的政治属性；其四，没有固化族体的边界，虽给“族类群体”嫁接了“民族”称谓，但并没有给获得“民族”外衣的少数民族确定国家法定身份。

从少数民族建设客体的角度看，民族识别之前的少数民族建设过程虽给“族类群体”带来了一定的冲击，改变了“族类群体”自然的演变逻辑，一些“族类群体”在共产党和其他外部条件的刺激下，民族意识空前高涨，对民族主义充满热望。但客观地讲，这种冲击和影响并没有波及全国所有的“族类群体”，至少在革命尚未影响的区域，“族类群体”仍然在自己封闭的社会系统中过着自然的族体生活。中华人民共和国成立之后那些仍然处于阶级社会初期的“族类群体”就是一例。不仅如此，“族类群体”自身对民族，以及民族和国家关系的认识也还比较模糊，在当时的一般条件下，民族意识大多也仅限于获得承认。

从建设主客体的互动来看，民族识别之前，少数民族建设主客体相互作用的过程中还呈现出“非对称性互动”的特征。即社会政治力量对“少数民族”的建设存在时间和族别上不同步、空间和族别上不均衡、可及性（有效性）上不广泛等特征。而少数民族的利益诉求常常只在共产党的视域中得到较多回应。其他建设主体则忽视对少数民族意愿特别是忽视对少数民族底层大众利益诉求的关注，而只重视少数民族上层的意见。换言之，少数民族对建设主体影响甚微。并且，民族识别之前，一般性的“少数民族建设”并不具有政治上的强制性。

但从“族类群体”向“民族”转换的历史政治过程来看，民族识别之前的“少数民族建设”还是取得了一定成果，比如“少数民族”相关概念的传播和运用，细分国内民族的研究和实践，共产党领导的民族自治实践等。民族识别前已经公认的民族单位就是这一建设过程的结果，它为中华人民共和国成立后进行全方位的少数民族建设打下了坚实的历史基础、政治基础、族体基础。

新中国的民族识别确认了少数民族，并且，标志着少数民族建设的基本完成。从建设主体（共产党、社会科学家等）的角度看，固定了少数民族称谓，明确了少数民族成分，固化了少数民族的互动边界，构建和强化了少数民族的政治属性。使得一个个自然、松散、不固定、流动、历史文化特征明显的“族类群体”变成了56（核心是55个少数民族）个固定的政治属性凸显的“民族”。并且，民族识别建设的“民族”成为开展国家治理、构建国家认同的基本维度；从建设客体的角度来看，获得外部认同意味着获得相应的政治权利，在国家的政治生活中，只有国家认可的“民族”（称谓、成分）才具有交往的有效性。“民族”身份成为“族类群体”追逐共同利益的“工具”。“某某民族”因身份政治的驱使而不断获得少数民族的认同；从建设主客体互动的角度看，民族识别体现了少数民族建设主客体“双向”的“平等性”互动和“整体性”互动。一方面，少数民族的意愿得到了事实上的尊重，少数民族的诉求能够影响到党和国家的民族实践；另一方面，国家所确认的民族称谓或身份得到少数民族认同，进而实现了少数民族建设主客体逻辑的基本重合。

第五，少数民族建设具有持续性。民族识别后，少数民族发展演变的轨迹并没有停止运行，而是在民族识别所开启的民族过程中发生着新的持续的变化。而因少数民族建设的延续使得“少数民族”成为一种动态的存在物。并且，因这种持续性还使得少数民族建设对国家、民族、政党，以及少数民族自身所产生的影响也会持续存在且处于变化过程当中。因此，应该把民族看成是一个较为开放且动态的范畴。

参考文献

一、中文参考文献

1. 文献著作类

[英]埃里克·霍布斯鲍姆:《民族与民族主义》，李金梅译，上海人民出版社2006年版。

[英]爱德华·莫迪默、[英]罗伯特·法恩:《人民、民族、国家：族性与民族主义含义》，高泓、黄海慧译，中央民族大学出版社2009年版。

[英]安东尼·史密斯:《民族主义：理论，意识形态，历史》，叶江译，上海人民出版社2006年版。

[日]坂元广子:《中国民族主义神话——人种、身体、性》，岩波书店2004年版。

[匈]贝拉·库恩编:《共产国际文件汇编》第三册，中国人民大学编译室译，生活·读书·新知三联书店1969年版。

[美]本尼迪克特·安德森:《想象的共同体——民族主义的起源与散布》，吴叡人译，上海人民出版社2003年版。

常安:《统一多民族国家的宪制变迁》，中国民主法制出版社2015年版。

陈春华译:《俄国外交文书选择——关于蒙古问题》，黑龙江教育出版社1991年版。

陈连开:《中国近现代民族史》，中央民族大学出版社2011年版。

陈玉瑶、朱伦编:《民族与民族主义——苏联、俄罗斯、东欧学者的观点》，社会科学文献出版社2013年版。

《当代中国的民族工作》编辑部编:《当代中国民族工作大事记》(1949—

1988)，民族出版社1989年版。

《党的民族政策文献资料选编(1922.7—1949.10)》，中国社会科学院民族研究所民族问题理论研究室1981年编印。

[英]厄内斯特·盖尔纳：《民族与民族主义》，韩红译，中央编译出版社2002年版。

[美]菲利克斯.格罗斯：《公民与国家——民族、部族和族属身份》，王建娥、魏强译，新华出版社2003年版。

费孝通：《学术自述的反思：费孝通学术文集》，生活·读书·新知三联书店1996年版。

费孝通主编：《中华民族多元一体格局》(修订本)，中央民族大学出版社1999年版。

[澳]费约翰：《唤醒中国——国民革命中的政治、文化与阶级》，李恭忠、李里峰译，生活·读书·新知三联书店2004年版。

[美]费正清、[美]刘广京编：《剑桥中国晚清史》下卷，中国社会科学出版社1985年版。

[英]冯客：《近代中国之种族观念》，杨立华译，江苏人民出版社1999年版。

高旺：《晚清中国的政治转型——以清末宪政改革为中心》，中国社会科学出版社2003年版。

[日]古泽诚一：《爱国主义的创立——民族主义角度看近代中国》，岩波书店2003年版。

关凯：《族群政治》，中央民族大学出版社2007年版。

国家民委《民族问题五种丛书》总修订编辑委员会编：《民族问题五种丛书》(修订本)，民族出版社2009年出版。

国家民委办公厅、政法司、政策研究室编：《中华人民共和国民族政策法规选编》，中国民航出版社1997年版。

国家民族事务委员会研究室编：《新中国民族工作十讲》，民族出版社2006年版。

国家民族事务委员会研究室编：《中国共产党民族工作九十年》，民族出版社2011年版。

国家民族事务委员会政策研究室编：《中国共产党主要领导人论民族问题》，民族出版社1994年版。

郝时远主编:《田野调查实录——民族调查回忆》,社会科学文献出版社1999年版。

何龙群:《中国共产党民族政策史论》,人民出版社2005年版。

黄奋生:《抗战以来之边疆》,史学书局1944年版。

黄光学、施联朱主编:《中国的民族识别:56个民族的来历》,民族出版社2005年版。

黄兴涛:《重塑中华:近代中国“中华民族”观念研究》,北京师范大学出版社2017年版。

黄修荣:《共产国际与中国革命关系史》(上册),中共中央党校出版社1989年版。

菅志翔:《族群归属的自我认同与社会定义——关于保安族的一项专题研究》,民族出版社2006年版。

[英]H. R. 戴维斯:《云南:联结印度和扬子江的链环——19世纪一个英国人眼中的云南社会状况及民族风情》,李安泰译,云南教育出版社2000年版。

江应樑:《边疆行政人员手册》,云南省民政厅边疆行政设计委员会编印,1944年。

姜华宣等主编:《中国共产党重要会议纪事》(1921——2011),中央文献出版社2011年版。

金炳镐、王铁志主编:《中国共产党民族纲领政策通论》,黑龙江教育出版社2002年版。

金炳镐主编:《民族纲领政策文献选编》,中央民族大学出版社2006年版。

[美]柯博文:《走向“最后关头”——中国民族国家构建中的日本因素》,马俊亚译,社会科学文献出版社2004年版。

[美]孔飞力:《中国现代国家的起源》,陈兼、陈之宏译,生活·读书·新知三联书店2013年版。

黎瑛:《民国时期广西民族地区社会控制(1927—1949)》,社会科学文献出版社2015年版。

《李大钊选集》,人民出版社1959年版。

李国栋:《民国时期的民族问题与民国政府的民族政策研究》,民族出版社2007年版。

李国祁：《近代中国思想人物论——民族主义》，台湾时报文化出版事业有限公司1982年版。

李宏图：《西欧近代民族主义思潮研究——从启蒙运动到拿破仑时代》，上海社会科学院出版社1997年版。

李济：《中国民族的形成——一次人类学的探索》，上海世纪出版集团2008年版。

李谦编著：《回部公牍》，上海中国印刷厂刊印，1924年。

李世涛主编：《知识分子立场——民族主义与转型期中国的命运》，时代文艺出版社2000年版。

李维汉：《回忆与研究》，中共党史资料出版社1986年版。

李维汉：《统一战线问题与民族问题》，人民出版社1981年版。

李文海主编：《民国时期社会调查丛编：少数民族卷》，福建教育出版社2005年版。

李新总主编，韩信夫、姜克夫主编：《中华民国大事记》(第一册)，中国文史出版社1996年版。

李资源：《中国共产党民族工作史》，广西人民出版社2001年版。

梁启超：《饮冰室文集》，中华书局1989年版。

梁启超：《饮冰室文集点校》，吴松、卢云昆、王文光、段炳昌点校，云南教育出版社2001年版。

《列宁全集》(第二十五、三十六卷)，人民出版社1988年版。

《列宁全集补遗》(第一卷)，人民出版社2001年版。

林显恩：《国父民族主义与民国以来的民族政策》，“国立”编译馆1994年版。

《刘春民族问题文集》，民族出版社1996年版。

刘健清：《中国国民党党史》，江苏古籍出版社1992年版。

刘青峰编：《民族主义与中国现代化》，香港中文大学出版社1994年版。

刘晴波主编：《杨度集》，湖南人民出版社1986年版。

刘序渭编：《民国以来蒙古资料汇编》，台北金兰文化出版社1976年版。

卢露：《从桂省到壮乡：现代国家构建中的壮族研究》，社会科学文献出版社2016年版。

[美]路康乐：《满与汉：清末民初的族群关系与政治权力(1861—1928)》，

王琴、刘润堂译，中国人民大学出版社2010年版。

罗开云等：《中国少数民族革命史》，中国社会科学出版社2003年版。

吕思勉撰：《中国民族史·中国民族演进史》，上海世纪出版集团2012年版。

吕一燃编：《北洋时期的蒙古地方历史资料》，黑龙江教育出版社1999年版。

马健雄：《再造的祖先：西南边疆的族群动员与拉祜族的历史建构》，香港中文大学出版社2013年版。

马戎：《族群、民族与国家构建》，社会科学出版社2012年版。

马雪峰：《从教门到民族——西南边地一个少数社群的民族史》，社会科学出版社2013年版。

马玉华：《国民政府对西南少数民族调查之研究（1929—1948）》，云南人民出版社2006年版。

《毛泽东选集》（第三卷），人民出版社1991年版。

《民族政策文件汇编》第三编，人民出版社1960年版。

《民族政策文件汇编》第一、二编，人民出版社1958年版。

穆立立：《欧洲民族概论》，中国社会科学出版社1998年版。

内蒙古大学地方党史研究所：《内蒙古近代史论丛》（第三辑），内蒙古人民出版社1987年版。

倪伟：《“民族”想象与国家统制》，上海教育出版社2003年版。

宁骚：《民族与国家——民族关系与民族政策的国际比较》，北京大学出版社1995年版。

祁进玉：《群体身份与多元认同：基于三个土族社区的人类学对比研究》，社会科学出版社2008年版。

秦孝仪主编：《中华民国重要史料初编》，中国国民党中央委员会党史委员会1988年版。

全国政协文史和学习委员会编：《新疆五十年：包尔汗回忆录》，中国文史出版社2013年版。

荣孟源主编：《中国国民党历次代表大会及中央全会资料》（上、下），光明日报出版社1985年版。

陕西省民族事务委员会编：《陕甘宁边区民族宗教史料选编》，陕西人民出版社1991年版。

沈云龙:《中国近代史料丛刊》，文海出版社1996年版。

[美]施耐德:《顾颉刚与中国新史学——民族主义与取代中国传统方案的探索》，台北华世出版社1984版。

石启贵:《湘西苗族实地调查报告》，湖南人民出版社2008年版。

石之瑜:《族国之间——中国西南民族的身份策略》，台北扬智文化事业股份有限公司2004年版。

史筠:《民族事务管理制度》，吉林教育出版社1991年版。

[美]斯蒂芬·哈尔西:《追寻富强：中国现代国家的建构(1850—1949)》，赵莹译，中信出版社2018年版。

[美]斯蒂文·郝瑞:《田野中的族群关系与民族认同：中国西南彝族社区考察研究》，巴莫阿依、曲木铁西译，广西人民出版社2000年版。

[日]松本真澄:《中国民族政策之研究——以清末至1945年的“民族论”为中心》，鲁忠慧译，民族出版社2003年版。

孙振玉主编:《中国民族理论政策与民族发展》，民族出版社2012年版。

《孙中山全集》全十一卷，中华书局1981—1986年先后出版。

[美]唐德刚:《晚清七十年》，岳麓书店1999年版。

[美]唐德刚:《袁氏当国》，广西师范大学出版社2004年版。

唐文权:《觉醒与迷误——中国近代民族主义思潮研究》，上海人民出版社1993年版。

陶绪:《晚清民族主义思想》，人民出版社1995年版。

忒莫勒、乌云格日勒主编:《西盟会议始末记 侦蒙记 征蒙战事详记(外三种)》，黑龙江教育出版社2014年版。

汪晖:《现代中国思想的兴起》，生活·读书·新知三联书店2008年版。

[美]汪荣祖:《追求近代民族主义——章炳麟与中国革命》(1869—1936)，牛津大学出版社1989年版。

王铎:《五十春秋——我做民族工作的经历》，内蒙古人民出版社1992年版。

王柯:《民族与国家——中国多民族统一国家思想的系谱》，中国社会科学出版社2001年版。

王连芳:《马克思主义民族理论与中国解决民族问题的实践》，云南人民出版社1996年版。

王连芳:《云南民族工作回忆》，民族出版社2012年版。

王联主编:《世界民族主义论》，北京大学出版社2002年版。

王明珂:《华夏边缘——历史记忆与族群认同》，社会科学文献出版社2006年版。

王桐龄:《中国民族史》，吉林出版集团有限责任公司2010年版。

王文光、段红云:《中国古代的民族识别》(修订本)，云南大学出版社2011年版。

王文光:《中国民族发展史纲要》，云南大学出版社2010年版。

王希恩:《20世纪的中国民族问题》，中国社会科学出版社2012年版。

王钟翰主编:《中国民族史》(上、下)，武汉大学出版社2012年版。

[加]威尔·金利卡:《多元文化的公民身份：一种自由主义的少数群体权利理论》，马莉、张昌耀译，中央民族大学出版社2009年版。

翁独健主编:《中国民族关系史纲要》，中国社会科学出版社2001年版。

乌兰夫革命史料编研室编:《乌兰夫回忆录》，中共党史资料出版社1989年版。

吴仕民:《中国民族理论新编》，中央民族大学出版社2008年版。

吴雁南等主编:《清末社会思潮》，福建人民出版社1990年版。

西藏自治区政协文史资料研究委员会主编:《西藏文史资料选辑》，北京丰台印刷厂1985年印刷，内部发行。

[日]西村成雄:《中国的民族主义与民主主义——20世纪中国政治史的新视角》，研文出版1991年版。

喜饶尼玛:《近代藏事研究》，西藏人民出版社、上海人民出版社2000年版。

夏新华、胡旭晟整理:《近代中国宪政历程：史料荟萃》，法律出版社2004年版。

谢本书等编:《云南辛亥革命资料》，云南人民出版社1981年版。

《辛亥革命回忆录》(第八集)，文史资料出版社1982年版。

《辛亥革命回忆录》(第一集)，文史资料出版社1981年版。

熊芳亮:《从大清到民国：中国民族理论政策的历史变迁》，社会科学文献出版社2016年版。

徐永志:《中国近现代民族政治与社会研究》，民族出版社2011年版。

恂如编:《汪精卫集》第一卷，光明书局1929年版。

杨策、彭武麟:《中国近代民族关系史》，中央民族大学出版社1999年版。

杨策主编:《少数民族与抗日战争》，北京出版社2005年版。

杨建新:《中国少数民族通论》，民族出版社2005年版。

杨堃:《杨堃民族研究文集》，民族出版社1991年版。

杨思信:《文化民族主义与近代中国》，人民出版社2003年版。

[苏联]伊凡·麦斯特连柯:《苏共各个时期的民族政策》，林钢译，人民出版社1983年版。

余建华:《民族主义——历史遗产与时代风云的交汇》，学林出版社1999版。

《云南民族工作40年》编写组编:《云南民族工作40年》(上下卷)，云南民族出版社1994年版。

《云南民族识别参考资料》，云南省民族事务委员会研究室1955年印。

《云南少数民族人口统计表》，云南省人民政府民族事务委员会研究室1954年编印。

云南省民族事务委员会编:《云南民族工作大事记：1949—2007》，云南民族出版社2008年版。

张大军:《新疆风暴七十年》(第一册)，台北兰溪出版社有限公司1980年版。

张建军:《清末民初蒙古议员及其活动研究》，中央民族大学出版社2012年版。

张健:《国家范式转换与国族构建——近代中国国族构建研究》，中央编译出版社2015年版。

张淑娟:《民族主义与近代中国民族理论》，光明日报出版社2011年版。

张宪文、张玉法主编:《中华民国专题史》(第十三卷)，南京大学出版社2015年版。

张枬、王忍之编:《辛亥革命前十年间时论选集》(第一卷)，生活·读书·新知三联书店1960年版。

章开沅、罗福惠、严昌洪主编:《辛亥革命史资料新编》(第六册)，湖北人民出版社2006年版。

赵学先等:《中国国民党民族理论与民族政策研究》，中央民族大学出版社2010年版。

郑大华、邹小站主编:《中国近代史上的民族主义》，中国社会科学出版社2002年版。

郑凡、刘薇琳、向跃平:《传统民族与现代民族国家——民族社会学论纲》,云南大学出版社1997年版。

郑信哲、周竞红主编:《民族主义思潮与国族建构——清末民初中国多民族互动及其影响》,社会科学出版社2014年版。

中共广西壮族自治区委党史研究室编:《中国共产党与少数民族的解放斗争》,中共党史出版社1999年版。

中共内蒙古自治区委员会党史研究室编:《中国共产党与少数民族地区的民主改革和社会主义改造》(上册),中共党史出版社2001年版。

中共新疆维吾尔自治区委员会党史研究室编:《中国共产党与民族区域自治制度的建立与发展》,中共党史出版社2000年版。

中共中央党史研究室:《中国共产党历史》第1卷,中共党史出版社2011年版。

中共中央党史研究室第一研究部编:《共产国际、联共(布)与中国革命档案资料丛书》,第1、2卷,北京图书馆出版社1997年版。

中共中央党史研究室第一研究部译:《联共(布)、共产国际与中国国民革命运动(1920—1925)》,北京图书馆出版社1997年版。

中共中央党史研究室第一研究部译:《联共(布)、共产国际与中国国民革命运动(1926—1927)》,北京图书馆出版社1998年版。

中共中央党史研究室科研管理部等编:《中国共产党民族工作历史经验研究》,中共党史出版社2009年版。

中共中央党校党史研究室选编:《中共党史参考资料》(七),人民出版社1980年版。

中共中央书记处编:《六大以来党内秘密文件》(上、下),人民出版社1981年版。

中共中央书记处编:《六大以前党的历史资料》,人民出版社1980年版。

中共中央统战部、中央档案馆编:《中共中央抗日民族统一战线文件选编》,档案出版社1984年版。

中共中央统战部:《民族问题文献汇编(1921—1949)》,中共中央党校出版社1991年版。

中共中央文献研究室,中共新疆维吾尔自治委员会编:《新疆工作文献选编》(一九四九—二〇一〇年),中央文献出版社2010年版。

中共中央文献研究室、国家民族事务委员会编:《毛泽东民族工作文选》,中央文献出版社、民族出版社2014年版。

中共中央文献研究室编:《建国以来重要文献选编》第一册,中央文献出版社1992年版。

中共中央文献研究室编:《中华人民共和国开国文选》,中央文献出版社1999年版。

中共中央文献研究室等编:《西藏工作文献选编(一九四九—二〇〇五年)》,中央文献出版社2005年版。

中共中央组织部等编:《中国共产党组织史资料》第2卷,中共党史出版社2000年版。

《中国的民族事务》编写组编:《中国的民族事务》,民族出版社2009年版。

中国第二历史档案馆编:《中国国民党第一、第二次全国代表大会会议史料》(上),江苏古籍出版社1986年版。

中国第二历史档案馆编:《中华民国史档案资料汇编》,江苏古籍出版社1991年版。

中国第一历史档案馆、北京师范大学历史系编选:《辛亥革命前十年民变档案史料》(下册),中华书局1985年版。

中国国务院新闻办公室:《中国的民族政策与各民族共同繁荣发展》,人民出版社2009年版。

中国科学院近代史研究所史料组主编:《辛亥革命资料》,中华书局1961年版。

中国人民政治协商会议新疆维吾尔自治区文史会文史资料研究委员会编:《新疆文史资料选辑》(第9辑),新疆人民出版社1981年版。

中国人民政治协商会议云南省委员会文史资料委员会编:《云南文史资料选辑》(第三十六、四十一辑),云南人民出版社1991年版。

中国社会科学院历史研究所第三所编:《云南、贵州辛亥革命资料》,科学出版社1959年版。

中国社会科学院民族研究所编:《列宁论民族问题》(上、下),民族出版社1987年版。

中国社会科学院民族研究所编:《马克思恩格斯论民族问题》(上、下),民族出版社1987年版。

中国社会科学院民族研究所编:《斯大林论民族问题》,民族出版社1990年版。

中国社会科学院现代史研究室、中国革命博物馆党史研究室选编:《"一大"前后——中国共产党第一次代表大会前后资料选编》(一、二),人民出版社1980年版。

中国史学会主编:《中国近代史资料丛刊·辛亥革命》(七),上海人民出版社1957年版。

中央档案馆编:《中共中央文件选集》第一、三、四册,中共中央党校出版社1989年版。

中央档案馆陕西省档案馆:《中共中央西北局文件汇集》(1941),甲第1卷,内部馆存本,1994年印行。

周平:《多民族国家的族际政治整合》,中央编译出版社2012年版。

周平:《民族政治学》(第二版),高等教育出版社2007年版。

周平:《民族政治学二十三讲》,中央编译出版社2014年版。

周平:《中国少数民族政治分析》,云南大学出版社2000年版。

周天度、孙彩霞编:《救国会史料集》,中央编译出版社2006年版。

周勇:《少数人权利的法理:民族、宗教和语言上的少数人群体及其成员权利的国际司法保护》,社会科学文献出版社2002年版。

朱伦、陈玉瑶编:《民族主义——当代西方学者的观点》,社会科学文献出版社2013年版。

朱绣编著,吴均校注:《西藏六十年大事记》,青海人民出版社1996年版。

朱子爽:《中国国民党边疆政策》,国民图书出版社1944年版。

祝启源、喜饶尼玛:《中华民国时期中央政府与西藏地方的关系》,中国藏学出版社1994年版。

2.论文类

[苏联]Ю.В.勃罗姆列伊著,李一夫译:《论历史文化共同体的基本类型及其发展趋向》,《苏联民族学》1981年第1期。

安静波:《论梁启超的民族观》,《近代史研究》1999年第1期。

安琪:《评墨磊宁的〈立国之道:现代中国的民族识别〉》,《民族研究》2012年第3期。

敖俊德：《关于散居少数民族的概念》，《民族研究》1996年第6期。

白凡：《中国少数民族权利实现的制度构想之由来》，《人权》2001年00期。

白利友：《中国共产党的民族工作与少数民族的政党认同》，云南大学博士学位论文，2013年。

常宝，阳妙艳：《中国地方与族群文化的多元化及其情景——兼评杜磊（Dru Gladney）的〈民族国家是否构建了民族？〉》，《社会科学战线》2008年第8期。

陈金龙：《辛亥革命与中国共产党早期革命话语的建构》，《中共党史研究》2011年第10期。

陈茂荣：《"民族"概念的困境、原因及建议——兼论马克思主义民族理论》，《云南社会科学》2012年第6期。

陈茂荣：《文化民族与政治民族：由民族属性所衍生的话题》，《广西民族研究》2013年第1期。

陈蒙：《少数民族管理本民族内部事务权利论》，中南民族大学博士学位论文，2016年。

陈明明：《从族裔到国族》，《社会科学研究》2010年第2期。

陈献光：《解读霍布斯鲍姆的"民族"概念——以埃里克·霍布斯鲍姆的〈民族与民族主义〉为文本》，《广西民族学院学报》2004年第4期。

陈烨：《Ethnic group（族群）、Nation（民族）与中国的民族》，《黑龙江民族丛刊》2003年第3期。

陈之骅：《评列宁关于实现民族自决权的三种形式》，《世界社会主义研究》2017年第6期。

《大陆民族识别问题检讨》，《凤凰周刊》2012年第9期。

邓思胜、王菊：《斯大林的"民族"定义对中国的"民族识别"影响研究》，《广西民族研究》2010年第1期。

底润昆、张正明：《全国少数民族社会历史调查的前前后后》，《民族团结》1999年第4期。

底润昆：《乌兰夫与中华人民共和国民族区域自治法》，《民族团结》1999年第5期。

方维规：《论近代思想史上的"民族""nation"与中国》，《二十一世纪》2002年4月号。

冯建勇:《晚清民族国家构建中的“满蒙联姻”地位研究》,《长白学刊》2009年第6期。

高永久、秦伟江:《“民族”概念的演变》,《南开学报(哲学社会科学版)》2009年第6期。

葛兆光:《纳“四裔”入“中华”?——1920—1930年代中国学界有关“中国”与“中华民族”的论述》,《思想》2014年第27期。

龚志伟:《国耻叙事与近代中国的民族构建》,《史林》2011年第3期。

果洪升、王戈柳:《少数民族区域性自治在陕甘宁边区的实践》,《民族研究》1986年第3期。

韩锦春、李毅夫:《汉文“民族”一词的出现及其初期使用情况》,《民族研究》1984年第2期。

韩锦春:《“汉族”“少数民族”“中华民族”及其他》,《青海社会科学》1989年第5期。

韩锦春:《试论我国辛亥革命前在民族理论上的一些思考观点》,《民族研究》1987年第6期。

郝时远:《Ethnos(民族)和ethnic group(族群)的早期含义与应用》,《民族研究》2002年第4期。

郝时远:《中文“民族”一词辞源流考辨》,《民族研究》2004年第6期。

郝时远:《重读斯大林民族定义——读书笔记之一、二、三》,《世界民族》2003年第4、5、6期。

何叔涛:《对20世纪在中国最有影响的三大民族定义的简要评析》,《黑龙江民族丛刊》2009年第4期。

何叔涛:《汉语“民族”概念的特点与中国民族研究的话语权——兼谈“中华民族”、“中国各民族”与当前流行的“族群”概念》,《民族研究》2009年第2期。

贺萍:《新疆少数民族群体身份认同现状分析与思考》,《新疆社科论坛》2009年第3期。

侯德彤:《汉文中“民族”一词的出现并非始自〈东籍月旦〉》,《东方论坛》2002年第6期。

胡启明:《新中国推行民族区域自治的伟大成就》,《民族团结》1984年第7期。

黄修荣:《一套难得的珍贵档案史料集——〈共产国际、联共(布)与中国革命档案资料丛书〉述要》,《中共党史研究》2012年第10期。

黄铸:《中国共产党民族政策的重大转变——从联邦制到民族区域自治制度》,《中南民族大学学报(人文社会科学版》)2003年第4期。

贾小叶:《“中国近代史上的民族主义”学术研讨会侧记》,《近代史研究》2006年第2期。

降边嘉措:《刘格平与建国初期的民族工作》,《百年潮》2000年11期。

金海:《日本在内蒙古殖民统治》, 内蒙古大学博士学位论文, 2000年。

康基柱等:《新民主主义革命时期中国共产党的民族工作机构》,《满族研究》2011年第2期。

雷勇、陈斌:《解构话语下的族群身份与文化政治——以路易莎的〈少数的法则〉为中心之讨论》,《贵州民族大学学报》2014年第4期。

雷勇:《西方中心主义视野下的中国民族识别——以白荷婷的〈创造壮族——中国的族群政治〉为中心》,《广西民族研究》2012年第4期。

李保国:《马克思恩格斯视野中的民族主义及其当代价值》,《河南社会科学》2012年第5期。

李东红:《从地方一族到国家公民——“白族模式”在中国民族建构中的意义》,《思想战线》2014年第1期。

李富强:《壮族是创造的吗? ——与西方学者K.Palmer Kaup等对话》,《桂海论丛》2010年第2期。

李红杰:《论民族概念的政治属性——从欧洲委员会的相关文件看“民族”与“族群”》,《民族研究》2002年第4期。

李建辉:《中国政府民族工作机构的设置与历史沿革》,《民族团结》1999年第10期。

李绍明:《从中国彝族的认同谈族体理论——与郝瑞教授商榷》,《民族研究》2002年第2期。

李维汉:《回忆延安时的民族工作——纪念贾拓夫同志》,《民族研究》1981年第1期。

李玉伟:《北洋政府的民族政策与内蒙古的民族问题》,《内蒙古社会科学》(汉文版)2004年第2期。

李玉伟:《民国时期国民党政府的民族政策及内蒙古的民族问题》,《中央民族大学学报》2004年第1期。

李月华：《湘西苗疆土著民族与国民政府对话渠道的建立》，《民族论坛》2013年第4期。

廖杨：《中国少数民族形成的主要因素分析》，《广西民族研究》1999年第2期。

林同奇：《“民族”“民族国家”“民族主义”的双重含义——从葛兆光的〈重建“中国”的历史论述〉谈起》，《二十一世纪》2006年4月号。

林耀华：《关于“民族”一词的使用和译名的问题》，《历史研究》1963年第2期。

林耀华：《中国西南地区的民族识别》，《云南社会科学》1984年第2期。

刘琪、舒瑜、张思思、何文海问，墨磊宁答：《“民族识别”的分类学术与公共知识建构——斯坦福大学墨磊宁（Thomas S.Mullaney）博士专访》，《西南民族大学学报》2008年第6期。

马海云：《回族研究的新视野：一个方法论的讨论——兼评杜磊〈中国穆斯林〉》，《回族研究》1998年第4期。

马戎：《对苏联民族政策实践效果的反思——读萨尼教授（Ronald G.Suny）的，〈历史的报复：民族主义、革命和苏联的崩溃〉》，《西北民族研究》2010年第4期。

马戎：《理解民族关系的新思路——少数族群问题的“去政治化”》，《北京大学学报（哲学社会科学版）》2004年第6期。

马戎：《如何认识“民族”和“中华民族”——回顾1939年关于“中华民族是一个”的讨论》，《中南民族大学学报》2012年第5期。

马戎：《中国的民族问题与20世纪50年代的“民族识别”》，《西北民族研究》2012年第3期。

马威：《民国时期民族识别与分类的知识源流》，《西南民族大学学报》2011年第8期。

明跃玲：《民族识别与族群认同——以湘西红土溪村的民族识别过程为个案》，《云南社会科学》2008年第2期。

娜拉：《清末民国时期新疆民族人口及分布格局》，《黑龙江民族丛刊》2006年第3期。

潘蛟：《“民族”的舶来及相关的论争》，中央民族大学博士学位论文，2000年。

潘蛟：《“族群”及其相关概念在西方的流变》，《广西民族学院学报（哲学社会科学版）》2003年第5期。

潘蛟：《解构中国少数民族：去东方学化还是再东方学化》，《广西民族大学学报（哲学社会科学版）》2009年第2期。

潘先林：《"五族共和"思想的提出、确立与渊源论析》，《思想战线》2006年第3期。

潘先林：《红军长征与"中国是一个由多数民族结合而成的国家"理论的提出》，《民族研究》2016年第5期。

潘先林：《略论南京临时政府处理民族问题的政策及思想》，《中国藏学》2008年第4期。

潘先林：《辛亥革命时期云南军都督府民族政策析论》，《云南民族大学学报》2011年第6期。

彭文斌、汤芸、张原：《20世纪80年代以来美国人类学家的中国西南研究》，《西南民族大学学报》2007年第11期。

彭英明：《关于我国民族概念历史的初步考察》，《民族研究》1985年第2期。

皮学军、李乐为：《当代世界主要民族国家民族政治发展政策比较及启示》，《湖南师范大学学报》2015年第2期。

蒲跃、谷家荣：《民族识别与主体自觉——费孝通先生的关怀及其解决历史遗留问题的当代价值》，《中央社会主义学院学报》2012年第6期。

祁进玉：《20世纪50年代土族"民族识别"的口述史研究》，北京大学博士后研究报告，2009年。

祁进玉：《中国的民族识别与民族分类学体系化初探》，《中央民族大学学报》2016年第4期。

青觉：《马克思主义民族观的形成与发展》，民族出版社2004年版。

权新宇：《"他者"、国家与自我：白马族群建构的动态过程》，《哈尔滨学院学报》2013年第10期。

闰丽娟：《20世纪上半叶的西北少数民族研究述论》，《兰州大学学报（社会科学版）》2004年第3期。

［美］斯蒂文·郝瑞著，杨志明译：《论一些人类学专门术语的历史和翻译》，《世界民族》2001年第4期。

［美］斯蒂文·郝瑞著，张海洋译：《人类学研究的种种困惑》，《西南民族学院学报》2003年第2期。

［美］斯蒂文·郝瑞：《再谈‘民族’与‘族群’：回应李绍明教授》，《民族研究》2002年第6期。

［美］斯蒂文·郝瑞答：《田野、同行与中国人类学西南研究——访美国著名人类学家斯蒂文·郝瑞教授》，彭文斌问，《西南民族大学学报》2007年第10期。

宋月红：《新中国成立初期民族自治地方行政建制研究》，《中共党史研究》2012年第11期。

孙保全：《实体化与结构化：中华民族历史建构的双重逻辑》，《思想战线》2017年第2期。

孙保全：《以“家”构“族”：中华民族历史建构的独特逻辑》《西南民族大学学报》2018年第7期。

孙锡安：《列宁联邦制思想考察》，《探索与争鸣》1992年第5期。

覃乃昌：《从族群认同走向民族认同——20世纪中后期广西的民族识别研究之三》，《广西民族研究》2009年第3期。

覃乃昌：《马克思主义民族理论中国化的重大实践——20世纪中后期广西的民族识别研究之二》，《广西民族研究》2009年第2期。

覃乃昌：《实行民族平等政策的国家行动——20世纪中后期广西的民族识别研究之一》，《广西民族研究》2009年第1期。

唐静：《〈蒙古农民〉——我国少数民族斗争史上第一个马列主义刊物》，《民族团结》1982年第3期。

田心桃：《确定土家族是单一民族的见证》，《土家学刊》1997年第4期。

［澳］王富文：《评路易莎的〈少数民族准则〉》，胡鸿保译、纳日碧力戈校，《世界民族》2003年第3期。

王建娥：《国家建构和民族建构：内涵、特征及联系——以欧洲国家经验为例》，《西北师大学报》2010年第2期。

王菊、邓思胜：《族群身份之论争：跨文化间的交流与互动——郝瑞与李绍明的论争分析》，《广西民族研究》2009年第2期。

王菊：《斯蒂文·郝瑞的中国西南彝族研究》，《思想战线》2009年第5期。

王柯：《“民族”：一个来自日本的误会》，《二十一世纪》2003年6月号。

王连芳：《在中央访问团的日子里》，《民族团结》1999年第2期。

王联：《关于民族和民族主义的理论》，《世界民族》1999年第1期。

王明珂：《反思性研究与当代中国民族认同》，《南京大学学报》2008年第1期。

王文光、朱映占：《承认与认同：民国西南少数民族的身份建构》，《广西民族大学学报（哲学社会科学版）》2012年第1期。

王希恩：《当代西方民族理论的主要渊源》，《民族研究》2004年第2期。

王希恩：《多元文化主义与马克思主义民族理论的两点比较》，《科学社会主义》2010年第2期。

王希恩：《论“民族建设”》，《中国社会科学院研究生院学报》2004年第3期。

王希恩：《中国民族识别的依据》，《民族研究》2010年第5期。

温春来：《彝、汉文献所见之彝族认同问题——兼与郝瑞教授对话》，《民族研究》2007年第5期。

温士贤：《西南族群模式与中国经验反思——兼评斯蒂文·郝瑞〈中国西南的族群之路〉》，《民族学刊》2012年第5期。

吴启讷：《边疆政治与中国的近代转型——对中国近代史上边疆、族群历史书写的再思考》，《原道》2017年第1期。

吴启讷：《抗战洗礼下少数族群的中华民族化》，《江海学刊》2015年第2期。

吴启讷：《民族自治与中央集权——1950年代北京藉由行政区划将民族区域自治导向国家整合的过程》，《“中央研究院”近代史研究所集刊》2009年第65期。

吴启讷：《人群分类与国族整合——中华人民共和国民族识别政策的历史线索和政治面向》，《民族社会学研究通讯》2013年第138期；

吴瑛：《多维视野下的民族主义的诠释——评本尼迪克特·安德森的〈想象的共同体：民族主义起源与散布〉》，《当代亚太》2008年第2期。

肖华：《忆红军长征在少数民族地区》，《民族团结》1983年第8期。

许彬、谢忠：《论中共二大提出“民族自决”的历史原因》，《民族研究》2007年第2期。

杨堃：《关于民族和民族问题的几点思考》，《民族研究》1986年第4期。

杨思机：《指称与实体：中国“少数民族”的生成与演变（1905—1949）》，中山大学博士学位论文，2010年。

杨文笔：《“身在田野”与回族“真面目”的揭开——评〈中国人的族群认同——四个回族社区的人类学研究〉》，《民族艺林》2013年第3期。

姚大力、孙静：《“满洲”如何演变为民族——论清中叶前“满洲”认同的历史变迁》,《社会科学》2006年第7期。

姚茂臣:《二十世纪新中国民族工作回顾》,《中央民族大学学报》2000年第1期。

叶江:《当代西方的两种民族理论——兼评安东尼·史密斯的民族(nation)理论》,《中国社会科学》2002年第1期。

叶江:《解读安东尼·D.史密斯相关著述中的几个关键性术语》,《世界民族》2006年第5期。

叶麒麟:《从族群国家到公民国家:国家整合的话语转换》,《理论与改革》2012年第3期。

伊利贵:《民国时期西南"夷苗"的政治承认诉求:以高玉柱的事迹为主线》,中央民族大学博士学位论文,2011年。

俞祖华,耿茂华:《单一国族·一元一体·多元一体:民国时期中华民族整体观念的三种类型》,《东岳论丛》2018年第1期。

曾成贵:《民族自决与民族区域自治:中共民族政策的历史考察》,《绍兴文理学院学报》2007年第1期。

张凤阳、罗宇维、于京东:《民族主义之前的"民族":一项基于西方情境的概念史考察》,《中国社会科学》2017年第7期。

张凤阳:《西方民族-国家成长的历史与逻辑》,《中国社会科学》2015年第6期。

张宏莉:《俄罗斯этнос(民族)理论中的几个术语》,《民族研究》2006年第1期。

张建军:《关于斯大林民族定义及其相关理论问题的思考》,《广西民族研究》2009年第2期。

张健:《西方族体概念的语义流变与演进逻辑》,《西南民族大学学报》2018年第4期。

张双志:《南京国民政府时期的民族思想和民族政策》,《中国藏学》2003年第4期。

张永:《从"十八星旗"到"五色旗"——辛亥革命时期从汉族国家到五族共和国家的建国模式转变》,《北京大学学报(哲学社会科学版)》2002年第3期。

张兆和:《黔西苗族身份的汉文书写与近代中国的族群认同——杨汉先的族群认同》,《西南民族大学学报》2010年第3期。

赵家鹏:《五十六个民族是怎么来的》,《凤凰周刊》2012年第9期。

郑大华:《论杨松对民主革命时期中国共产党民族理论的历史贡献》,《民族研究》2015年第3期。

《中国民族工作机构及团体名录》,《民族团结》1995年第1期。

周传斌:《论中国特色的民族概念》,《广西民族研究》2003年第4期。

周平:《“亨廷顿之忧”发出了一个严重的警示》,《思想战线》2017年第5期。

周平:《“中华民族”建设:尚未完成的历史任务》,《探索与争鸣》2018年第4期。

周平:《当代中国族际关系的特点和走向》,《学术界》2015年第11期。

周平:《对民族国家的再认识》,《政治学研究》2009年第4期

周平:《多民族国家的政党与族际政治整合》,《西南民族大学学报(人文社会科学版)》2011年第5期。

周平:《论多民族国家的族际政治整合》,《思想战线》2010年第4期。

周平:《论民族的两种类型》,《云南行政学院学报》2010年第1期。

周平:《论中国民族国家的构建》,《当代中国政治研究报告》2008年00期。

周平:《民族国家认同构建的逻辑》,《政治学研究》2017年第2期。

周平:《民族区域自治制度的内在逻辑》,《学术界》2019年第6期。

周平:《民族区域自治制度在中国的形成和演进》,《云南行政学院学报》2005年第4期。

周平:《再论中华民族建设》,《思想战线》2016年第1期。

周平:《政治学视野下的中国民族和民族问题》,《思想战线》2009年第6期。

周平:《中国民族构建的二重结构》,《思想战线》2017年第1期。

周平:《中国民族政策价值取向分析》,《当代世界与社会主义》2010年第2期。

周平:《中华民族:一体化还是多元化?》,《政治学研究》2016年第6期。

周文玖、张锦鹏:《关于“中华民族是一个”学术论辩的思考》,《民族研究》2007年第3期。

周旭芳:《“1998年‘民族’’概念暨相关理论问题专题讨论会”综述》,《世界民族》1999年第1期。

朱桂莲,高翔莲:《论抗日战争时期毛泽东对中华民族命运共同体现代建构的贡献》,《理论月刊》2019年第9期。

朱伦:《西方的“族体”概念系统》,《中国社会科学》2005年第4期。

3.论文集

黄克武:《从追求正道到认同国族》,许继霖、宋宏编:《现代中国思想的核心观念》,上海人民出版社2011年版。

黄兴涛:《民族自觉与符号认同:“中华民族”观念萌生与确立的历史考察》,许继霖编选:《现代中国思想史论》上,上海人民出版2014年版。

马戎:《中国传统“族群观”与先秦文献“族”字使用浅析》,乔健、李沛良、李友梅、马戎主编:《文化、族群与社会的反思》,北京大学出版社2005年版。

马雪峰:《语言、差异政治与“民族”构建:“白族”与“白文”的近代历史》,王铭铭主编:《中国人类学评论》第19辑,世界图书出版公司。

[美]米尔顿·M.戈登:《种族和族群关系理论的探索》,马戎主编:《西方民族社会学经典读本——种族与族群关系研究》,北京大学出版社2010年版。

松本光太郎:《壮民族意识的“再生”——从“汉人后裔”到“壮族”》,范宏贵、顾有识编:《壮族论稿》,广西人民出版社1989年版。

[美]托马斯·S.墨磊宁著,曹何稚译:《国家的眼睛:社会科学家在中国民族识别工作中的角色》,林超民主编:《民族学评论》第4辑,云南人民出版社2015年版。

[日]王柯:《构筑“中华民族国家”——西方国民国家理论在近代中国的实践》,《近代中国与世界——第二届近代中国与世界学术讨论会论文集(第一卷)》,社会科学出版社2005年版。

吴启讷:《再造国族——中国民族识别的历史与政治面向》,台湾“中央研究院”近代史研究所编印:《两岸分治:学术建制、图像宣传与族群政治》(1945—2000)文集。

谢世忠:《“国族-国家”、共同体及其解构:评泰国与中国少数族群的人类学研究》,谢世忠:《国族论述:中国与北东南亚的场域》,台湾大学出版中心2004年出版。

姚大力:《想象的共同体——维吾尔民族的历史建构》,清华国学院编:《全球史中的文化中国》,北京大学出版社2014年版。

张兆和:《梁聚五关于苗族身份认同的书写:近代中国少数族群以及汉语文表述我族身份认同的个案研究》,“历史、现状、发展:中国民族研究西南论坛”

学术会议文章，2007年。

4.报刊

巴战龙:《“花园模式”：民族构建的中国模式》,《中国民族报》2014年5月9日，第005版。

陈连开:《历时40年的民族大识别》,《瞭望新闻周刊》1999年第26期。

关凯、郑少雄、古丽巍等:《“族群”是一个问题——围绕〈族群意识与历史书写〉一书的讨论》,《中华读书报(瞭望)》2015年8月19日，第005版。

关凯:《当代中国社会的民族想象》,《中国民族报(理论周刊·论坛)》2010年7月9日，第006派。

关凯:《民族“去政治化”：一种被挑战的理论?》《中国民族报(理论周刊·前沿)》2010年11月5日，第006年版。

关凯:《中国民族政策的话语生产》,《中国民族报(理论周刊·前沿)》2013年7月12日，第006年版。

韩震:《国家认同：想象的共同体，还是基于历史进程的民族构建》,《中国社会科学报》2010年5月11日，第006版。

李铱涵:《民族识别与族群认同问题的中外之争》,《中国民族报(理论周刊·前沿)》2014年1月17日，第006版。

梁敏口述，赵志研整理:《为壮族同胞创制拼音文字》,《中国民族报》2007年12月7日第6版。

马戎:《马恩笔下的阶级与民族之间的关系——重读马克思、恩格斯论著中的“民族”和“民族主义”(一)》,《中国民族报(理论周刊·前沿)》2013年3月8日，第006版。

马戎:《马恩怎样看待欧洲革命大潮中的各民族——重读马克思、恩格斯论著中的“民族”和“民族主义”(二)》,《中国民族报(理论周刊·前沿)》2013年3月15日，第006版。

芮逸夫:《西南少数民族虫兽偏旁命名考略》,《中国民族及其文化论稿》(上),台湾艺文印书馆1972年版。

沙力克:《“族群”和“民族”的国际对话》,《人民日报(海外版)》2001年11月2日。

吴薇、王明富：《美国教授看壮族——美国富尔曼大学副教授白荷婷访谈录》，《人民日报（海外版）》2001年12月19日，第5版。

熊芳亮：《民族国家形成时期的“民族”有别于古代意义的“民族”》，《中国民族报（理论周刊·论坛）》2009年1月9日，第006版。

杨奎松：《揭秘：共产国际与中国共产党真实关系》，《北京日报（理论周刊·文史版）》2011年5月16日版。

张廷休：《边疆教育与民族问题》，边疆论文集编纂委员会编纂：《边疆论文集》，台湾“国防研究院”1964年版。

赵志研：《“中华民族是一个”？——追记抗战初期一场关于中国是不是多民族国家的辩论》，《中国民族报（时空）》2008年12月26日，第007版。

周平：《现有民族理论应该增加对中华民族的论述》，《中国民族报》2013年11月8日，第005版。

二、外文参考文献

Anthony D. Smith, *The Ethnic Origins of Nations*, Blackwell Publishing, 1988.

Anthony D.Smith, *Myths and Memories of the Nation*, Oxford University Press, 1999.

Frederik Barth, *Ethnic Groups and Boundaries: The Social Orgnaization of Cultural Differences*, Oslo: University Forlaget, 1969.

Brackette F. Williams, "A Class Act: Anthropology and the Race to Nation Across Ethnic Terrain," *Annual Review of Anthropology*, Vol. 18, 1989.

David Bradley, "Yi", in Jane Leary and Carl Robino eds., *Facts About the World's Languages*, New York and Dublin: The H. W. Wilson Company, 2001.

C. Tilly, *The Formation of National States in Western Europe*, Princeton, 1975.

Horac Davis, *Toward a Marxist Theory of Nationalism*, New York: Monthly Review Press, 1978.

Dikotter (ed.), *Construction of Racial Identities in China and Japan*.Hong Kong : Hong Kong University Press, 1997.

Dru C. Gladney, *Do Nation-State Create Nations?*, a paper presented at Beijing

Forum 2007, Peking University (November 1-4, 2007).

Dru C.Gladney, *Ethnic Identity in China: The Making of a Muslim Minority Nationality*, Harcourt Brace College Publishers, 1998.

Dru C.Gladney, *Dislocating China: Reflections on Muslims, Minorities, and Other Subaltern Subjects*. Chicago: The University of Chicago Press, 2004.

Dru C.Gladney, *Muslim Chinese: Ethnic Nationalism in the People' s Republic of China*. Cambridge, MA: Council on East Asian Studies, Harvard University, 1991.

Dusko Sekulic, "Civic and Ethnic Identity: the Case of Crotia," *Ethnic and Racial Studies*, 2004, 27 (3).

Frank Dikotter, "Racial Discourse in China: Continuities and Permutations", in G. F. Frank Hudson, *The Nationalities of China*, G. F. Hudson ed., St. Anthony's Papers. London: Chatto & Windus, 1960.

Frank Dikotter, *The discourse of Race in Modern China*. London : C.Hurst & Co (pulishers) Ltd, 1992.

Stevan Harrell, *Ways of Being Ethnic in Southwest China*, Seattle: University of Washington press, 2001.

J. Armstrong, *Nations before Nationalism*, Chapel Hill, 1982.

Katherine Palmer Kaup, *Creating the Zhuang: Ethnic Politics in China*, Boulder & London: Lynne Rienner Publishers, Inc, 2000.

Charles Keys, " 'The Peoples of Asia' : Science and Politics in Ethnic Classification in Thailand, China and Vietnam," *Journal of Asian Studies*, 2002 (61).

Louisa Schein, *Minority Rules: The Miao and Feminine in China's Cultural Politics*, Durham & London: Duke University Press, 2000.

Colin Mackerras, "Conclusion: Some Major Issues in Ethnic Classification," *China Information*, 2004 (18).

Erick Mueggler, *The Age of Wild Ghosts: Memory, Violence, and Place in Southwest China*, Berkeley: University of California Press, 2001.

Philip White, "What Is a Nationality?" *Canadian Review of Studies in Nationalism*, 1985 (1).

Litzinger Ralph, *Other Chinas: The Yao and the Politics of National Belonging.*

Durham & London: Duke University Press, 2000.

Ernest Renan, "*What is a Nation*"?(1882), in Geoff Eley and Ronald Grigor Sunny eds., *Becoming Nation: A Reader*, New York: Oxford University Press, 1996.

Richard Pipes, *The Formation of the Soviet Union*. Cambridge, MA: Harvard University Press, 1954.

Rothschild Joseph, *Ethnopolitics*, Columbia University Press, 1981.

The Warwick Debate, "The Nation: Real or Imagined," *Nations and Nationalism*, 2(3), 1996.

Thomas Mullaney, "Ethnic Classification Writ Large: The 1954 Yunnan Province Ethnic Classification Project and its Foundations in Republican-Era Taxonomic Thought," *China Information*, Vol.18, No. 2(2004).

Thomas S. Mullaney. *Coming to Terms with the Nation: Ethnic Classfication in Modern China*. Berkeley: University of California, 2011.

Timothy Oakes, *Tourism and Modernity in China*, London: Routledge, 1998.

Walker Connor, *Ehno-nationalism: The Quest for Understanding*, Princeton University Press, 1994.

Wallerstein Immanuel, "The Construction of Peoplehood: Racism, Nationalism, Ethnicity," *Sociological Forum*, Vol. 2, 1987.

Wang Mingke, "A Discusson on the Ethnicity of Southwest Nationalities," *Chinese Review of Anthropology*, Vol.7, 2008.

后　记

好的学术著作往往代表一个学者的学术能力和学术水平，也常常使一个学者快速成长进步，同时，好的学术著作能为学界提供知识和思考。本书与好的著作尚有差距，主要在于我个人研究能力不足，但从选题本身及研究的学术性看，这是一个抛砖引玉的研究。

本书是在我博士论文的基础上修改而成。我的学术训练及博士论文的研究离不开恩师周平先生的培养、指导、关爱和教诲。从提出问题，到研究综述、研究方法、问题树、分析框架、开题报告的撰写及开题，从论文第一稿到第八稿，以及每稿之前对提纲的修改完善都倾注了先生大量的心血和汗水，特别在先生视力有恙的情况下，仍保持了高频度的阅读及指导；在论文写作的关键阶段，为了给我赢得可能的答辩机会，先生为我安排时间，制定计划，多次当面和电话指导，一稿一稿地帮我把关，一字一句地提出建议，鼓励我坚持；当我的研究遇到难以解决的难题，写作可能停滞而错失答辩机会，即使远在国外，先生也通过长时间的越洋电话给予我十分关键的指导。而先生纯粹且富有关爱的指导、教诲令我十分愧疚。读博期间，我未能做到心无旁骛地读书研究，造成目前的书稿仍有许多不足，希望这种不足能为我继续做好本研究提供新的动力和空间。

图书的出版离不开出版社的组织编排和专业工作，感谢学苑出版社洪文雄社长的亲自审读及提出的重要意见，感谢审稿专家的宝贵意见，特别感谢责任编辑陈佳老师的用心编辑和辛苦付出，感谢助理编辑余兴亚老师的辛勤工作。这些专业的审读编校工作保证了本书的顺利出版。

本书的出版还要感谢中国社会科学院民族学与人类学研究所领导和同事的指导和帮助，感谢我的借调单位领导和同事对我个人研究事宜的关心和支持。

还要说明的是，尽管已经努力修改完善书中内容，但囿于个人能力和视野局限，书中疏漏甚至偏颇之处恐难避免，诚望学界前辈、同仁与读者不吝指正。

王江成

2025年3月17日